大学生创业管理

主　编　董海林　龚　荒

中国矿业大学出版社

内 容 提 要

本书结合当前国内创业创新活动的实践特点和发展趋势，基于对创业者的培训和高校创业课程教学的需要，运用国内外创业管理理论研究的最新成果，对创业过程中的关键理论和操作实务进行系统阐述。全书共分9章，主要内容包括：创业管理概述、新创企业的成长规划、创业团队与企业文化建设、组织设计与人力资源管理、技术创新与产品管理、市场开发与营销策略、会计报表与财务管理、创业生涯管理、收获与退出策略。章后面附有若干创业案例。采用的案例是从数百个案例中精选出来的，以经典创业案例和新编案例为主，颇具代表性和时代感。

本书可作为高校创业管理课程教学用书、创业培训用书和自学参考书。

图书在版编目(CIP)数据

大学生创业管理 / 董海林，龚荒主编. —徐州：
中国矿业大学出版社，2017.6
ISBN 978-7-5646-3593-0

Ⅰ.①大… Ⅱ.①董… ②龚… Ⅲ.①大学生—创业
②企业管理 Ⅳ.①G647.38②F270

中国版本图书馆CIP数据核字(2017)第143196号

书　　名 大学生创业管理
主　　编 董海林　龚　荒
责任编辑 何晓惠　姜　华
出版发行 中国矿业大学出版社有限责任公司
（江苏省徐州市解放南路　邮编221008）
营销热线 (0516)83885307　83884995
出版服务 (0516)83885767　83884920
网　　址 http://www.cumtp.com　**E-mail**：cumtpvip@cumtp.com
印　　刷 虎彩印艺股份有限公司
开　　本 787×960 1/16　**印张** 13.75　**字数** 262千字
版次印次 2017年6月第1版　2017年6月第1次印刷
定　　价 30.00元

本书编委会名单

前　言

树立创业精神，倡导和实施自主创业，这不仅是时代发展、社会转型的要求，也是生活方式和价值观念的重大转变。如今，越来越多大学生和年轻人正在选择成为一个创业者，开辟新事业，实现自由和独立自主的梦想，希望成就辉煌的职业生涯。成功的创业需要的不仅仅是运气和金钱，它是创造力、承担风险和战略计划的整合过程。创业的本质是富有创业精神的个体与创业机会的契合，即创业是以机会为导向，整合资源，建立企业，科学管理，以实现潜在商机价值的过程。如何教授大学生创业的知识和技能也成为今天大学教育的一个最具挑战性的任务之一。

提升创业技能的重要途径之一是开展创业教育。创业教育一方面可以帮助和指导受教育者去创建自己的企业，传授他们创业知识，培养创业思维，使他们了解创业活动过程的内在规律及涉及的关键问题和风险，帮助其理性地规划职业发展路径；另一方面，创业教育也是一种素质教育，它并不是让所有的受教育者都去创建自己的企业。实际上创业行为普遍存在于各种组织和各种经营活动中，运用创业精神和创业思维开展工作是取得成绩和进步的前提。因此，系统地学习创业管理相关知识，不仅能够培育和开发大学生的创新精神、创业素质，而且可以培养和提高大学生的社会生存能力、竞争能力和可持续发展能力，成为社会所需要的高素质复合型人才。

基于上述目标，我们编写了这本教材。本书在框架结构设计上做了精心构思和安排，既考虑到了读者阅读、学习的方便，又兼顾了该学科的整体性和系统性。本书依照上述的创业管理过程来展开，共分9章，内容包括：创业管理概述、新创企业的成长规划、创业团队与企业文化建设、组织设计与人力资源管理、技术创新与产品管理、市场开发与营销策略、会计报表与财务管理、创业生涯管理、收获与退出策略。章后面附有若干案例。

本书由董海林、龚荒任主编，王栋、丁冲、姜曼任副主编。在本书编写过程中，编者学习、借鉴和参考吸收了国内外专家学者的教材、著述和研究成果，在此谨向他们致以诚挚的谢意。

本书的出版得到了中国矿业大学大学科技园有限公司和中国矿业大学出版

社的大力支持，得到了中国矿业大学管理学院王华清教授的许多帮助，在此一并表示感谢。由于编者学识水平有限，书中定有疏漏之处，恳请各位同仁及读者指正(电子信箱:gonghuang@163.com)。

编　者

2017 年 5 月

目 录

第一章　创业管理概述

本章提要

- 创业的内涵特征
- 创业管理的内涵特征
- 创业管理的一般过程
- 创业管理与传统管理的区别
- 新创企业管理与成熟企业管理的区别

第一节　创业与创业管理

一、创业的内涵特征

大学生创业是近几年的热门话题，但“创业”在汉语中是个新词，在国内也是新生事物，因此，人们对什么是创业这一问题，也是仁者见仁，智者见智。在此，我们不做学术上的考究，只简单谈一谈什么是“创业”，什么样的人可称之为“创业者”。

“创业”有广义和狭义之分。广义地说，人们在下列 3 种情况下都可称为创业：

- 强调开端和初创的艰辛与困难；
- 突出过程的开拓和创新的意义；
- 侧重于在前人的基础上有新的成就和贡献。

狭义地说，就是对“创业”最直接、最普遍的理解，即“创办自己的企业”、“自己当老板”。也就是说，创业首先是与为别人打工相对的，是自我雇佣。英文中“创业者”和“企业家”是同一个词 entrepreneur。entrepreneur 一词有“承担”之意，这正是创业者、企业家与公司中普通经理人的根本区别——作为一个创业者、企业家，必然要承担风险，既有商业上的风险，也有其他方面的风险。同时，企业家与创业者也有所区别，企业家是指组织、管理企业并承担商业风险的人，而创业者除了上述任务外，还有一项更重要的任务，那就是从无到有创立企业。

关于“创业”，一个常用的定义是：创业是一个发现和捕获机会并由此创造出新颖的产品、服务或实现其潜在价值的过程。创业必须要贡献出时间和付出努力（心理与生理），承担相应的财务、精神和社会的风险，并获得金钱的回报、个人的满足和独立自主。

上述定义主要强调了创业活动的以下特征：

(1) 创业创造出某种有价值的新事物。这是一个创造的过程，创造的是社会需要的某种产品或服务，以及承载、运作它们必需的组织实体——企业。

(2) 创业活动最显著的特点为机会导向。创业活动的开展往往是因为创业者发现了有价值的机会。简单地说，创业活动实质上就是识别机会、开发和利用机会，实现机会价值的过程。

(3) 创业需要贡献出必要的时间，付出极大的努力。要完成整个创业过程，要创造新的有价值的事物，就需要大量的时间，而要获得成功，没有极大的努力是不可能的。

(4) 承担必然存在的风险。创业的风险有多种形式，通常风险来自于财务、精神以及社会等方面。

(5) 给予创业者以创业报酬（收获）。作为一个创业者，最重要的回报可能是其由此获得的独立自主，以及随之而来的个人满足。对于追求利润的创业者，金钱的回报无疑是最重要的，很多创业者乃至旁观者，都把金钱的回报视为成功与否的一种尺度。

二、创业管理的内涵特征

创业管理（Entrepreneurial Management）从英文的字义上来看，也可以称作企业家的管理。对这一概念的解释在不同时期有不同的含义，这种变化从一定程度上反映了管理思想，尤其是企业战略管理思想的演变过程。

狭义的创业管理思想的概念，即把创业管理的研究对象定位于企业设立前后的管理，也就是企业设立之前的各项准备工作和设立之后早期所涉及的管理，包括识别与利用机会、组织资源、制订计划、创建新组织等。大多数日本学者也采用狭义的创业管理概念。需要说明的是，本书的内容并不覆盖创业管理的全部内容，因为本书是“大学生创业教育系列丛书”中的一部，有关创业机会识别与利用、创业计划书制订等内容在丛书其他部分中已有阐述，因此本书仅重点针对企业创业初期的成长规划、运营管理及创业退出的有关问题进行研究。

广义的创业管理不仅仅针对新创企业，即使在现有企业或成熟企业里，由于竞争、市场需求、产业演变和环境的变化，企业需要不断地寻求新的增长机会，开发新的业务，只有具有创新与创业精神的企业才能具有活力和竞争力，这就需要企业战略思想和管理方式的调整。因此，创业管理从理论概念来讲，它不仅仅是新企业的创业管理，也是现有成熟企业存在和需要的创业管理。

综上所述，创业管理是一种以机会为驱动、以创新为导向的管理活动和方式，它不仅存在于新创企业，现有企业或大公司也需要创业管理。所不同的是，新企业的创业管理需要从机会导向向行为导向转变（即从机会管理、任务管理向对人的管理转变，开始追求效率和制度化、规范化）；而现有企业的创业管理强调创新，旨在发觉新的机会和进一步提高效率，是机会管理和行为管理的结合。

一般来说，创业管理具有以下特征。

1. 创业管理是“以生存为目标”的管理

新事业的首要任务是从无到有，把自己的产品或服务卖出去，“掘到第一桶金”，从而在市场上找到立足点，使自己生存下来。在创业阶段，生存是第一位的，一切围绕生存运作，一切危及生存的做法都应避免。最忌讳的是在创业阶段提出不切实际的扩张目标，盲目铺摊子、上规模，结果很有可能是“企而不立，跨而不行”。那么，什么是生存的来源呢？只有赚钱。赚钱是企业生存的唯一来源，赚钱是创业管理的首要目标。在创业阶段，亏损、赚钱、又亏损、又赚钱的过程可能要经历多次反复，直到最终持续稳定地赚钱，才算是度过了创业的生存阶段。把赚钱作为唯一标志，还因为只有开始持续地赚钱，才能证明企业探索到了新事业可靠的商业模式，才有了追加投资的价值。从投资回报的角度来看，新事业新在哪里？不是新在技术上，不是新在产品上，而是新在商业模式上，也就是新在满足顾客需求、创造价值和赚钱的不同方式上。新事业要超越已有的竞争对手，一定要探索到新的成功的商业模式，这是创业管理的本质所在。

2. 创业管理是“主要依靠自有资金创造自由现金流”的管理

现金对企业来说就像是人的血液，企业可以承受暂时的亏损，但不能承受现金流的中断，这也是创业为什么强调“赚钱”而不是“盈利”的原因。什么是企业的自由现金流呢？就是不包括融资，不包括资本支出，以及不包括纳税和利息支出的经营活动净现金流。自由现金流一旦出现赤字，企业将发生偿债危机，可能导致破产。自由现金流的大小直接反映了企业的赚钱能力，它不仅是创业阶段也是成长阶段管理的重点，区别在于对创业管理来说，由于融资条件苛刻，只能主要依靠自有资金运作来创造自由现金流，从而使管理难度更大。创业管理要求创业者必须锱铢必较，花企业的钱时要千方百计地增收节支，加速周转，控制发展节奏。

3. 创业管理是充分调动"所有的人做所有的事"的团队管理

新企业在初创时，尽管建立了正式的部门结构，但很少有按正式组织方式运作的。典型的情况是，虽然有名义上的分工，但运作起来是哪里急、哪里紧、哪里需要，就都往哪里去。这看似"混乱"，实际上是一种高度"有序"的状态：每个人都清楚组织的目标和自己应当如何为组织目标作出贡献，没有人计较得失，没有人计较越权或越级，相互之间只有角色的划分，没有职位的区别，这才叫作团队。这种运作方式培养出团队精神、奉献精神和忠诚。即使将来事业发展了，组织规范化了，这种精神仍然存在，成为企业的文化。在创业阶段，创业者必须尽力使新事业部门成为真正的团队，否则是很难成功的。这种在创业时期锻炼出来的团队凝聚力，是经理人将来领导大企业高层管理班子的基础。

4. 创业管理是一种"经理人亲自深入运作细节"的管理

经历过创业的经理人大都有过这样的体验：曾经直接向顾客推销过产品，亲自与供应商谈折扣点，亲自到车间里追踪过顾客急要的订单，在库房里卸过货、装过车，跑过银行，催过、策划过新产品方案，制订过工资计划条，被经销商骗过，让顾客当面训斥过等。这才叫创业，否则一切怎么会从无到有？由于创业者和经理人对经营全过程的细节了如指掌，才能使得生意越做越精。有些创业者和经理人在企业做大后，仍然对关键细节事必躬亲，不能有效地授权，反而成了一种缺点。细节是关键，生意不赚钱，就是由于在细节上下的功夫不够。

5. 创业管理是彻底奉行"顾客至上，诚信为本"的管理

创业的第一步，就是把企业的产品或服务卖给顾客，这是一种惊险的跨越，如果不是顾客肯付钱，怎么收回成本再赚得利润？企业是因生存的需要而把顾客当作衣食父母的。经历过创业艰难的企业家和经理人，一生都会把顾客放在第一位，可以说是刻骨铭心。再有，谁会借钱给没听说过的企业？谁会买没听说过的企业的东西？谁会加入没听说过的企业？企业靠什么迈出这三步？靠的是诚信，也只有靠诚信。所以，一个企业的核心价值观不是后人杜撰的，是创业阶段自然形成的，创业管理是在塑造一个企业。

第二节　创业管理的一般过程

创业管理的过程一般包括 4 个阶段：识别与评估市场机会，准备并撰写创业计划，获取创业所需资源，管理新创企业。见表 1-1。为避免与大学生创业教育系统丛书其他部分的交叉重复，本书并不涉及该创业过程的全部内容。

对创业 4 个阶段的描述虽然能够把创业的过程表示出来，但还不能清晰地

展示创业过程的全貌，我们可以根据创业经历并结合他人的创业过程，以制造业为例提出一个通用性的创业过程模式，如图 1-1 所示。

表 1-1　　创业过程简表

第一阶段 识别与评估市场机会	第二阶段 准备并撰写创业计划	第三阶段 获取创业所需资源	第四阶段 管理新创企业
1. 创新性	1. 创业环境分析	1. 创业者现有资源	1. 管理方式
2. 机会的估计与实际的价值	2. 创业团队准备	2. 资源缺口与目前可获得的资源供给	2. 创建企业文化
3. 机会的风险与回报	3. 创业心理准备	3. 通过一定渠道获得其他所需资源	3. 发展战略
4. 机会、个人技能与目标	4. 撰写创业计划		4. 商业模式
5. 竞争状态	• 营销计划 • 财务计划 • 生产计划 • 组织计划 • 运营计划		5. 新创企业管理 • 组织与人事管理 • 技术与产品管理 • 市场营销管理 • 财务管理

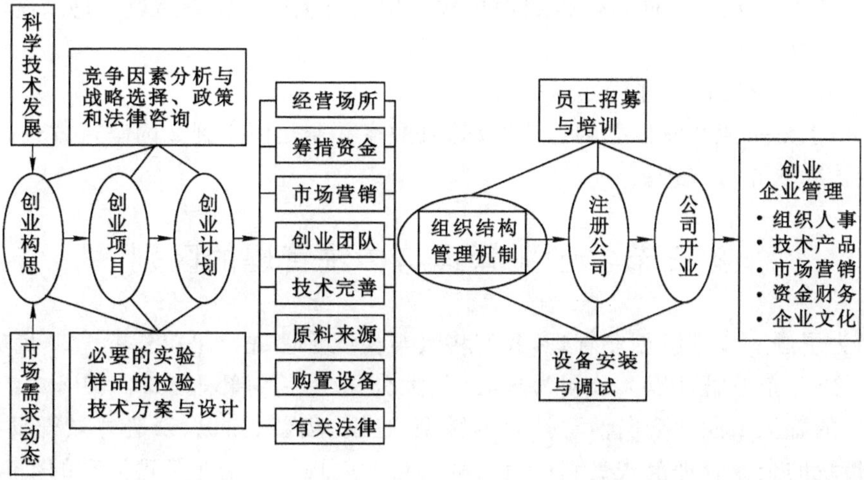

图 1-1　创业的一般过程

创业管理的一般过程如下。

(1) 由技术与市场两个主要方面来形成创业构思。一般来说创业构思可能有几个需要进行认真筛选。

(2) 认真思索而形成的创业构思,还需要进行竞争因素分析并作出战略选择,同时,对技术进行必要的研究、实验或补充实验,及进行工业化初步设计等。当确定创业并已经形成创业构思后,创业者需要一小笔创业启动资金或称为公司开办费,主要用于必要的研究与开发、工艺与设备设计、技术与市场调研、可行性研究及创业计划、市场营销策划、公关策划及广告策划等。

(3) 由创业者组织形成小组,进行项目可行性研究,进一步形成创业计划。如果创业者自己不能完成或没有时间,可以外请咨询公司来完成创业计划。

(4) 计划完成后或同时,需要进行创业前的准备,比如:确定公司形式、创业团队、经营班子、营销策划、销售方式与销售渠道、技术完善、经营场所选择、原材料来源落实、设备选型或购置与加工、有关法律批文等,最为重要的是落实创业资本,并尽快到位。

(5) 一切准备好后,开始注册公司,领取营业执照、银行开户、办理税务登记等。主要管理人员到位。建立健全公司的各种规章制度。

(6) 进行员工招募与员工培训,同时进行设备安装、技术与工艺调试。生产出工业产品,作为工业品大样送检,或送到用户手中进行检测与确认。

(7) 签订销售合同,购入原材料,按计划进行生产。完善质量管理系统。

(8) 开业典礼。

(9) 对新创企业进行管理。

以上是一般企业创办的过程脉络,其顺序并非是由 1 到 2 的串行方式,而大多应该采取并行方式。

第三节 创业管理与传统管理的区别

为了进一步理解创业管理,我们将其与传统管理进行比较分析。20 世纪 80 年代之前,企业管理以大公司为核心,是大公司主导的管理范式。但 80 年代以后,伴随着从工业社会向信息社会的转型,速度、创新、知识、创造力显得日益重要,传统的企业管理范式受到严重挑战。创业管理属于企业管理活动的范畴,但又不同于传统企业管理,是一种综合性、不确定性及动态性的管理,是更加复杂的企业管理工作。两者主要区别如下:

(1) 两者的出发点不同。传统管理的出发点是效率和效益,而创业管理尽管也要注重效率和效益，但更侧重于通过找寻机会来取得迅速的成功；传统管理通过计划、组织、领导和控制来实现生产经营，而创业管理则是在不成熟的组织体制下，更多地依靠团队合作、创新和冒险来实现新事业的发展。

(2) 面向的主体不同。传统的管理理论是以现有的大公司为研究对象，是面向经理人的管理；创业管理则是以不同层次的新建事业以及新的创业活动为研究对象，面向的主体是企业家、创业者。

(3) 两者的研究内容有所不同。创业管理首先涉及的是创建企业问题。企业从无到有，是一个复杂的、综合性很强的过程，因而创业管理是一门具有综合性、整合性的交叉实用管理学科，涉及多方面的管理问题。以往，创业管理一直立足于创建企业的研究，现在则转向成长企业、成熟企业，乃至企业并购方面的研究；创业管理伴随企业成长的全过程。而传统管理经常是单向、单一的，针对企业运作的某个方面具体问题，强调系统性和职能管理。

(4) 管理过程性质不同。创业管理伴随着企业的设立、成长与壮大，是一种不确定性的管理，因而是一个动态性、不确定的管理过程。而企业管理则是静态的管理，只是针对特定企业在特定时点、面对特定问题的管理。

因而，创业管理需要创造性地运用管理理论并综合运用多学科知识解释和分析创业活动规律，促使人们像企业家那样思考和行动，以把握市场机会，整合各项资源并创造新价值。

图 1-2 是美国百森商学院归纳的创业管理范式的变化(小斯蒂芬·斯皮内利，2006)，从中可以看出创业思维与传统管理(尤其是战略)思维的不同。

传统管理模式	创业管理模式
● 资源分配模型	● 机会驱动模型
● 一般管理	● 创业领导力
● 成本导向	● 成长导向
● 强调稳定性	● 强调创新和风险
● 受资源约束	● 以创新为框架
● 区域性	● 全球视角

图 1-2　两种管理范式的比较

第四节 新创企业管理与成熟企业管理的区别

虽然创业精神在新创企业和成熟企业中体现的原则、种类和来源大同小异，但在创业管理的过程、路径以及侧重点方面却有着明显的区别。

(1) 从企业生命周期的视角来看，企业作为有机的生命体，在不同的发展阶段，具有不同的特征，会遇到不同的问题，必须采用相应的管理模式和解决方案。创业管理对成熟企业来说，核心在于创新；而对新创企业来说，核心在于管理(德鲁克，1995)。现有的企业经过长时间的努力和关注已经形成了既定的管理模式和组织体系，但由于组织惰性和路径依赖，需要学习如何创新。新创企业则正处于由个人管理向组织理性转变的过程中，还不是一个真正意义上的组织，因而新创企业需要通过创业管理就企业的愿景和目标达成共识，建立共同遵循的组织原则和制度，培育各司其职、分工协作的团队。总体看来，这种生命周期特性体现在创业管理中便是：成熟企业里，原有的体制和成功是推行创业的主要障碍，而新创企业的主要障碍在于缺乏团队和约束。缺少高层管理团队，是新创企业在初步成功后无法转变成真正意义上的组织的关键所在。柯林斯和波勒斯(2002)指出永续经营且受人尊敬的企业都在创业初期注重组织建设，其领袖有着强烈的组织导向，致力于建立深植于组织的基本程序。高层管理团队的建设正是新创企业组织建设的重中之重。

(2) 新创企业和成熟企业在追求创新的过程中采取不同的创业模式。对于新创企业而言，在有效的营销管理和现金流管理的基础上，构建具有共同价值观、相互信任、彼此协作的高层管理团队，打造创业型组织是需要关注的要点，以免创业活动仅仅停留在商业活动层面而无法成为有组织的行为。成熟企业的创业活动成败关键在于能否处理好新业务与旧业务、新组织与旧组织的关系。既要构造一个有利于孕育创业活动、培养创业精神的组织，又要使创业机构这个具有不同成长规律的新组织在原有组织中独立发展。而且，独立发展并不等于完全分离，需要的是不同的政策和模式。更重要的是，不同的创业管理模式下，必定会产生不同的创业行为以及不同的投资者和创业者的关系。

成熟企业已经历过市场竞争的检验，建立了带有组织特征的管理模式和制度规范。这些都成为未来发展的基础，但同时又为创业活动设置了潜在的障碍。其中最大的障碍在于企业容易沉浸在过去的成功中。解决问题的思路包括两个方面：如何建立有利于培养创业精神的组织，如何使创业活动在组织中顺利开展。

(3) 新创企业和成熟企业的管理具有不同的结构特征。新创企业的结构特征主要有两个:一是集权决策。在一个小组织内,总经理通常作出有关公司经营的大多数决策,当经营规模足够小和简单时,一个人就能了解与制定决策相关的全部信息。二是非正式管理。创业型公司具有典型的非正式性。它很少有正式的程序、系统和结构。因为公司很小,各项活动通过创业者的个人监督即可。况且,公司很年轻、没有经验,它并没有学到取得成功所必需的常规之道。

成熟企业的管理是一种专业管理(一般管理),专业管理也具有两个主要特征:一是决策责任的分配。大公司规模复杂,个人不能作出公司全部的管理决策,因此总经理必须将责任授权给下一级管理人员。这种授权的方式既决定了公司的结构,又反过来被公司的结构所决定。二是正式控制体制的使用。相对于决策责任的分配,公司采用了正式的体制,因为总经理本人不能事必躬亲,这就需要一些体制来指导和评估那些决策人的业绩。这些体制通常包括:制定目标,监控违反目标的行为,奖励积极的行为。除此之外,总经理还制定政策和标准工序来指导下属的经营活动。

总之,完善的大企业领导面临的问题、局限性不同于个体创业者,他们需要学习不同的事情。换句话说,大企业知道如何管理,但它的领导者有必要学习如何成为一名企业家,如何去创新。新起步的企业创业者则必须学习如何成为一名企业家,如何创新,除此之外,他还需要学会如何管理企业。

【案例】大学生成功创业案例

宫生辉,2001 年毕业于东营职业学院畜牧兽医专业,2004 年成立了山东佳诚动物药业有限公司,从事动物药品的生产和销售。经过几年的发展,如今公司已初具规模。公司的壮大为减轻社会就业压力作出了自己的贡献,并与多所高校的科研机构建立了长期合作关系,同时为社会的发展创造了良好的效益。

宫生辉自小生活在一个普通的农民家庭中。1998 年他初中毕业,当考试分数还没下来时,就怀揣着对大城市的向往和在家一定没啥出息的念头,只身一人坐车到了济南,投靠一个同村的哥哥,开始了他的学厨生涯。学习厨艺是他与社会第一次真正意义上的接触。因为初学只能从底层学起,练习刀工时,经常会因为不小心而切到手,而且往往是一直练到胳膊发软;每天住在酒店地下室里,阴冷潮湿,因为身体过敏而经常遭受痛苦;切葱时被呛得眼泪直流……当时这一切曾使他心灰意冷,甚至绝望。

1998 年,东营职业学院入学通知书送到了家里,他突然觉得自己的机会来了。顺利入学之后,他万分珍惜在学校的时间,班主任张老师对学生特别关心,在技术实践以及社会上很多方面都对他们进行指导，使他们学到了很多东西。2001年他们毕业，张老师又推荐他们几个同学到好利来药厂实习。宫生辉选择的岗位是业务，凭着初生牛犊不怕虎的闯劲，加上自己的吃苦耐劳，很快从业务员做到大区经理，这期间也积累了很多经验。

勤劳靠双手，打工不如创业。几个同学一沟通，不约而同地都有创业激情。可是万事开头难，创业初期最难解决的就是资金问题，创业资金从哪里来呢？他们又想到了张老师，请教张老师后，他们经过千辛万苦一共凑到8万块钱，马上开始了人生的第一次创业。

2004年，他们注册了东营佳好生物科技公司（动物药品的生产和销售），考虑到资金问题，他们采用租用办公室、产品以代工补助的方式生产。他们没有自己的生产车间，靠卖别人的产品赚钱，但是卖别人的产品有很多不足之处：一是利润低，二是市场容易出现冲突。于是他们就靠专业知识和业务经验自己设计产品包装，自己配置产品，自己宣传并拿到别的公司生产，然后各自负责各自的市场，组织销售。起初他们觉得自己的优势在于对市场比较熟悉，但实际操作起来就难得多了，因为兽药行业门槛比较低，而且鱼龙混杂，产品雷同较多，加上他们是一个新品牌，客户短时间内接受的程度低，毫无客户忠诚度可言。于是，他们研究寻找销售思路，通过共同的研究，他们得到的结论是：办法只有一个，那就是勤跑，力争让每个养殖户先知道有家佳好公司在做兽药，使不使用产品是下一步的事。他们天天在市场上跑，串鸡棚，走访养殖户，聊疾病，一天下来口干舌燥、头昏脑涨，脚上都长了血泡。功夫不负有心人，很多养殖户开始接受他们的产品，他们通过产品实验逐渐打开了市场。于是，他们开始把这种模式在全国推广。通过努力，客户被他们这些年轻人的务实和干劲所感染，客户越来越多，公司也随之开始逐步壮大。2005年，公司更名为山东佳诚动物药业公司。

个人创业犹如播下“星星之火”，但最终目的还是实现“星火燎原”。经过两年的辛勤劳作，公司在资金等各方面都有了不同程度的提高，这为以后的扩大打下了坚实的基础。“把智慧和心血奉献给新老客户，用实际行动诠释当代大学生的责任与担当，在广袤的绿野上高唱青春之歌”，这是老师激励他们的话。“海阔凭鱼跃，天高任鸟飞，浅尝辄止不是我们年轻人的个性，我们要在创业的大潮中用智慧实现人生更大的跨越。”这是宫生辉和他的伙伴们的誓言。

2006年，国家农业部对全国兽药企业进行整改，实行新的规定。他们觉得这是个好机会，于是经过一番商议，开始了新的计划，准备自己建厂。计划定好后，开始了各个方面的筹备工作。因为农业部要求严格，加上他们没有建厂经验，于是就请专家、搞培训。3个月的时间，全厂30多名职工吃在工地、住在工地，白天做报表、晚上搞培训，有时候培训到凌晨往椅子上一靠就睡着了，早晨起来，新一天的工作继续开始，每个职工都毫无怨言。

2006年3月，农业部专家来厂验收的日子到了，每个人既兴奋又担心，对能不能通过验收心里没底，但不管怎样都要面对。经过专家两天的审查和检验，农业部专家组组长刘同民宣读验收结果时，时间像是静止了一样。当宣布山东佳诚动物药业有限公司以高分通过GMP验收、颁发GMP证书及兽药生产经营许可证时，整个房间沸腾了。人们流下了激动的泪水，同时他们的团队也得到了农业部及省市领导的表扬，领导们鼓励他们把事业做大做强。

从领到证书这刻起，山东佳诚动物药业有限公司真正步入了现代化制药企业的行列。公司总投资1 000多万元，拥有粉剂、散剂、预混剂、液体消毒剂等生产线；拥有员工136人，其中高级技术人员50多名，大专以上学历的员工占公司总人数的80%；还与东营职业学院、山东农业大学、中国农业大学等多所高校的科研机构建立了长期合作关系。公司科研实力雄厚，并拥有高效液相色谱仪、紫外分光光度计、十万分之一天平等先进的实验仪器和检测设备。到2009年，公司年销售额达到2 000多万元，实现总利润400多万元。

想干事、敢干事、能干事、干成事，他们就这样凭着自己执着的追求和付出赢得了同行的好评，赢得了客户的信任，从而使自己站在更高的起点规划公司的未来。然而，公司大了责任也就大了，近期他们为有效地占领和开发市场，建立了与大型养殖场和养殖集团公司的长期合作关系，并采取减少产品流通渠道的方式，让公司销售部直接与养殖公司签约，把流通成本让利于客户。这些方式和方法使公司收到了良好的经济效益和社会效益。他们秉承以高科技人才为依托、科技为先导的理念，力争把佳诚打造成底蕴深厚、员工爱戴、产品优良、公众信赖、合作共赢的优秀公司。

【案例】松下电器的起步[①]

如今的松下电器已是名满天下，但它的创始人松下幸之助却是从100日元开始创业的，松下的人生经历非常坎坷。他出生时家境贫寒，刚上到小学四年级就不得不离开父母，来到大阪。最初松下是在一家火盆店和一家自行车店做学徒，之后进入大阪电灯股份有限公司工作。在22岁那年，松下升任检查员（即前往客户家，检查前一天技工完成的电灯安装工作），并开始研究电灯插座的改良

① ［资料来源］摘编自：http://blog.sina.com.cn/s/blog_57ce0e3a010004np.html.

设计，但他的第一个设计方案却没有被主任认可。检查员这一过于轻松的工作渐渐使松下产生了厌倦的情绪，最终他下了决心："辞掉公司的工作，制造电灯插座，卖给公司"。

辞职以后，他首先着手做的事情就是生产革新插座。最先碰到的是资金方面的问题。对这一方面，松下的准备显然是不充分的。松下当时所有的资本还不到100日元，计有：① 在大阪电灯公司工作7年的退休金33.2日元；② 离职公积金42日元；③ 储蓄20日元。合计：95.2日元。在当时，100日元不够买一台机器或一套模具。第二个问题是人员。相比较来说，这不算困难，有他的夫人和内弟共同创业。此外，两位过去的同事林伊和经田也答应来帮忙。第三个问题是场地。在当时的情形下，资金少，人员少，还没有必要设厂。解决的办法是松下夫妇把原来的住房退掉，另找了一间较宽敞的房子，其中大的一间作厂房兼起居室，小的一间作卧室。

虽然资金、人员、场地的问题有了着落，但创业中更大的问题则是松下他们很少考虑过的技术问题。松下醉心于革新发明，但他一向所从事的还仅仅是修理和装配方面的工作，和制造没有多大的关系。他的两位同事也并不比他高明多少。虽然他们对技术革新很感兴趣，但资金、人员、场地条件的局限和压力，迫使他们亲自动手，土法上马，克服了一些困难。这期间，最难解决的是插座外壳的材料问题。松下等人都知道那是一种合成材料，其成分大概是沥青、石棉、滑石粉一类的东西，但对于配料比例、合成方法却一窍不通。今天，这类的合成品随处可见，并不是什么新鲜物，其配方和合成技术也大多进入了公用领域。可在当时，许多技术工艺还处在摸索阶段，就是已有的资料也被发明者视为绝对机密的技术资料。松下及其合作者反复实验，找到相关材料加以分析，但还是不能合成。正当松下等人正为此头痛时，听说过去的一位同事正研究这类合成品，那位同事把自己的研究心得告诉了松下他们，并给予了详尽的讲解。

松下他们突破了合成材料的技术，剩下的金属片等问题就比较容易解决了。第一批改良插座制造出来了。此时，本来对自己的革新充满信心的松下，反倒感到心里没底了：能卖出去吗？上哪儿去卖呢？怎么定价呢？松下他们5人，论技术是门外汉，搞销售也是门外汉。

电器批发商他们一个也不认识，行情也不懂，定价就成了大问题。于是，只好请经田带着样品找电器行的老板看看，说出自己的估价，请对方评说，然后再作决定。结果并不怎么乐观，经田跑了很多家电器行，有一家叫他等了很久，最后却让他下次再来，连东西都没有看。有一家拿着样品却问些不相干的事情："你们是什么时候开始做电器的？除了插座还有别的东西没有？要是有别的东西我们或许还可以销售一些。”另一家却说：“这种东西也不知道好不好卖，我们现在还无法订购。”听到这些不好的消息，大家都有些灰心丧气。但松下坚持认为，既然辛辛苦苦地作出来了，当然不能半途而废，必须接着推销。一连十几天，经田几乎跑遍了大阪市的大街小巷，总算卖掉了100多个，收回10多日元的成本。在这种情况下，大家都意识到，这种新插座并不符合市场要求，只能放弃了。

要想继续维持下去，只能以新产品代替这种插座。但新产品的开发谈何容易，看来只能在已有的基础上继续开发改良插座。当时的情景，不但要有资金的继续投入，而且新插座能否成功，还是个未知数。松下的合作者经田和林伊深感为难，暂时与松下分手。这样一来剩下的就只有妻子、内弟和松下3个人了。

此时的松下曾有过另做其他生意的打算，但很快他就放弃了这种念头。他认为，无论如何也不能放弃这种努力，一定要坚持下去，在最艰苦的时候，松下曾把自己和妻子的衣饰等物品送进当铺换钱。

虽然改良插座没有成功，可是一家制造电风扇的川北公司在阿部商店见到这种产品时，对它外壳的合成材料颇感兴趣。他们通过阿部商店找到松下，希望订购1 000只用这种材料制造的电风扇底盘。此前，他们的电风扇底盘是陶瓷制作的，极易破坏，成本也不低，希望改用合成材料制作。经过努力，松下如期交货，终于收到了1 000个电风扇底盘的货款，共160日元现金。扣除模型费等本钱，大约净挣80日元。这是松下创业以来挣到的第一笔钱。

川北公司经过试用，情况良好，决定继续订购。于是在次年年初，又向松下交付了2 000只底盘的订单。松下在1917年7月开始办厂，到年底，有了初步的收获，奠定了事业的基础。此时，松下觉得，风扇底盘的订货会源源不断而来，资金势必相应积累。为了能够应付大量订货，厂房、人员必须有相应的扩展和增加。而且初步的成功，使松下的电器制作的雄心又重新燃起，开始增加产品，扩大生产，经过多年的努力，终于从改良插座和改良插头的发明生产者成为举世闻名的电器公司的创始人。

【案例】马云：从顽皮少年到商界大侠[①]

马云，中国电子商务网站的开拓者，阿里巴巴网站创始人兼CEO。

马云和他的创业经历，与其他互联网精英相比，显得格外不同。

马云的侠气自小有之。为了朋友，为了义气，马云小时打架无数，受过处分，身上缝过13针，也曾多次被迫转学。从家长到老师、邻居，都对这个顽皮孩子的

① ［资料来源］杨得志．马云：从顽皮少年到商界大侠．中国青年报，2004-7-26．

前途不抱希望。

从小到大，马云不仅没有上过一流的大学，而且连小学、中学都是三四流的。初中考高中考了两次，高中考大学考了三次，其中第一次高考，数学只考了1分。在他第三次参加高考前，他的老师说："你要是考上的话，我的名字倒过来写。"

"我自己觉得，算，算不过人家，说，说不过人家，但是我创业成功了——如果马云能够创业成功，我相信80%的年轻人创业能成功。"

马云特意叮嘱记者，一定要把这些话告诉所有想创业的年轻人。

1984年，历经辛苦的马云终于跌跌撞撞地考入杭州师范大学外语系——他的成绩是专科分数，离本科线还差5分，但恰好本科没招满人，马云就这样幸运地上了本科，并凭着满腔热情和一身侠气，当选为学生会主席。

大学毕业后，马云在杭州电子工业学院教英语。1991年，马云初涉商海，和朋友成立海博翻译社。结果第一个月收入700元，房租2 000元，遭到人们讥讽。

在大家动摇的时候，马云坚信：只要做下去，一定有前景。他一个人背着大麻袋到义乌、广州去进货，翻译社开始卖礼品、鲜花，以最原始的小商品买卖来维持运转。

"我一直的理念，就是真正想赚钱的人必须把钱看轻，如果你脑子里老是钱的话，一定不可能赚钱的。"初次下海的经历，给马云留下了深刻的体会。

1994年底，马云首次听说互联网；1995年初，他偶然去美国，首次接触到互联网。对电脑一窍不通的马云，在朋友的帮助和介绍下开始认识互联网。当时网上没有任何关于中国的资料，出于好奇的马云请人做了一个自己翻译社的网页，没想到，3个小时就收到了4封邮件。

敏感的马云意识到：互联网必将改变世界！

随即，他萌生了一个想法：要做一个网站，把国内的企业资料收集起来放到网上向全世界发布。

此时，刚刚步入而立之年的马云已经是杭州十大杰出青年教师，校长还许诺他外办主任的位置。但是，特立独行的马云放弃了在学校的一切地位、身份和待遇，毅然下海。

此时，互联网对于绝大部分中国人还是非常陌生的东西；即使在全球范围内，互联网也刚刚开始发展：大洋彼岸，尼葛洛庞帝刚刚写就《数字化生存》、杨致远创建雅虎还不到一年；而在北京，中国科学院教授钱华林刚刚用一根光纤接通美国互联网，收发了第一封电子邮件。

在此情形下，远在尚未开通拨号上网业务的杭州，马云就已经梦想着要用互联网来开公司、下海、盈利。这个想法立即遭到了亲朋好友的强烈反对。

"我请了24个朋友来我家商量。我整整讲了两个小时,他们听得稀里糊涂,我也讲得糊里糊涂。最后说到底怎么样?其中23个人说算了吧,只有一个人说你可以试试看,不行赶紧逃回来。我想了一个晚上,第二天早上决定还是干,哪怕24个人全反对我也要干。"

"其实最大的决心并不是我对互联网有很大的信心,而是我觉得做一件事,无论失败与成功,经历就是一种成功,你去闯一闯,不行你还可以掉头;但是你如果不做,就像晚上想想千条路,早上起来走原路,一样的道理。"

1995年4月,马云和妻子再加上一个朋友,凑了两万块钱,专门给企业做主页的海博网络公司就这样开张了,网站取名为"中国黄页",成为中国最早的互联网公司之一。

3个月后,临近杭州的上海正式开通互联网,马云的业务量激增。在各企业纷纷忙着建立自己主页的时候,马云的先见之明为他带来了丰厚的利润。当时,制作一张主页,中英文对照的2 000字内容、一张彩照,开价就是2万元人民币。不到3年,马云就轻轻松松赚了500万元利润,并在国内打开了知名度。

1997年,在国家外经贸部的邀请下,马云带着自己的创业班子挥师北上,建立了外经贸部官方网站、网上中国商品交易市场、网上中国技术出口交易会、中国招商、网上广交会、中国外经贸等一系列国家级站点。

这段经历对马云弥足珍贵。他告诉记者:"在这之前,我只是一个杭州的小商人。在外经贸部的工作经历,我知道了国家未来的发展方向,学会了从宏观上思考问题,我不再是井底之蛙。"

1999年3月,马云和他的团队回到杭州,用50万元人民币在一家民房里创办了阿里巴巴网站,进行二次创业。

采用什么模式?当时全球互联网所做的电子商务,基本上是为全球顶尖的15%大企业服务。但马云生长在私营中小企业发达的浙江,深知中小企业的困境。他毅然作出决断——"弃鲸鱼而抓虾米,放弃那15%大企业,只做85%中小企业的生意。"

"如果把企业也分成富人穷人,那么互联网就是穷人的世界。因为大企业有自己专门的信息渠道,有巨额广告费,小企业什么都没有,他们才是最需要互联网的人。而我就是要领导穷人起来闹革命。"

马云要做的事就是提供这样的一个平台,将全球中小企业的进出口信息汇集起来——"中小企业好比沙滩上一颗颗石子,但通过互联网可以把一颗颗石子全粘起来。用水泥粘起来的石子们威力无穷,可以与大石头抗衡。而互联网经济的特色正是以小搏大、以快打慢。”

就这样，1999 年 9 月，马云的阿里巴巴网站横空出世，立志成为中小企业敲开财富之门的引路人。当时国内正是互联网热潮涌动的时刻，但无论是投资商还是公众，注意力始终放在门户网站上。马云在这个时候建立电子商务网站，在国内是一个逆势而为的举动，他根据长期以来在互联网上为商人服务的经验和体会，明确阿里巴巴的发展方向是为商人建立一个全球最大的网上商业机会信息交流站点，这种为商人与商人之间实现电子商务的服务在整个互联网界开创了一种崭新的模式，并很快引起美国硅谷和互联网风险投资者的关注，被国际媒体称为继雅虎、亚马逊、易贝之后的第四种互联网模式。

阿里巴巴所采用独特的 B2B 模式，即便今天在美国，也难觅一个成功范例。马云以“东方的智慧，西方的运作，全球的大市场”的角度来设计公司的发展，使阿里巴巴获得了高盛等世界著名风险投资机构的 500 万美元投资，创造一个网站一分收入没有而每日品牌增值 100 万元人民币的奇迹。

网站注册成立一个月后，由高盛牵头的 500 万美元风险资金便立即到账。马云用这笔钱做的第一件事情，就是从香港和美国引进大量的外部人才。这个时期，也正是马云对外宣称“创业人员只能够担任连长及以下的职位，团长级以上全部由 MBA 担任”的时候。彼时，12 个人的高管团队中除了马云自己，全部来自海外。

1999 年底，马云以 6 分钟的讲述获得有“网络风向标”之称的软件银行董事长兼总裁孙正义的赏识。两人进行了 3 分钟的单独谈判后，马云获得了孙正义 3 500 万美元的风险投资。

软件银行每年接受 700 家公司的投资申请，只对其中 70 家公司投资，而孙正义只对其中一家亲自谈判。

事实证明，无论是高盛还是孙正义，对马云的判断都是准确的。在电子商务领域，马云显示了自己的独特视角和预见性：创业当年，阿里巴巴的会员就达到八九万；2000 年达到 50 万；在 2001 年互联网的严冬季节，依然实现了百万会员的目标，并成为全球首家超过百万会员的商务网站；目前的会员总数已经超过 350 万。

在互联网最寒冷的冬天里，阿里巴巴成为最早宣布赢利的.com 之一，并被哈佛、斯坦福等著名商学院选为案例，连续 4 年被《福布斯》评为全球最佳电子商务站点。

2000 年 1 月，阿里巴巴与全球首屈一指的互联网投资者——软库携手，引入软库的 2 000 万美元投资，同时，与软库合作开发日文、韩文及多种欧洲语言的当地阿里巴巴国际贸易网站。

2003年5月，阿里巴巴投资1亿元人民币推出个人网上交易平台淘宝网(Taobao.com)，致力打造全球最大的个人交易网站，2004年7月，又追加投资3.5亿元人民币。至2005年7月10日，淘宝网在线商品数量超过800万件、网页日浏览量突破9 000万、注册会员数突破760万，2005年二季度成交额达16.5亿元人民币，遥遥领跑中国个人电子商务市场。在全球权威Alexa2004年排名中，淘宝网在全球网站综合排名中位居前20名，中国电子商务网站排名第1名。

2003年10月，阿里巴巴创建独立的第三方支付平台——支付宝，正式进军电子支付领域。目前，支付宝已经和国内的工商银行、建设银行、农业银行和招商银行，国际的VISA国际组织等各大金融机构建立战略合作。至2005年3月，通过支付宝在淘宝网的日均交易额就已超过350万元人民币，且增势依然十分迅猛。

2004年2月，阿里巴巴特意在北京公布了自己总额为8 200万美金的新一轮私募成功，这是迄今为止中国互联网业金额最大的一次募资。这笔战略投资加上此前风险投资的结余和自身1亿多元人民币的利润，目前，阿里巴巴已有10亿元人民币的现金在手，已经可以和国内任何一家门户网站并驾齐驱了。

马云就此放出豪言——“2004年，我们要实现每天利润100万；2005年，我们要每天缴税100万。”这话如同马云本人一样——看似狂妄，实则精明。马云对外宣称的数字，都是通过财务统计过的：单日赢利100万元的目标，其实在2003年7月就已经单月实现了；而他在公众面前夸下每天缴税100万元的“海口”，也都是公司内部正在执行的目标。

“伟大的企业要能赚钱，光会赚钱的企业不是伟大的企业。”阿里巴巴创始人、首席执行官马云被著名的“世界经济论坛”选为“未来领袖”、被美国亚洲商业协会选为“商业领袖”，是50年来第一位成为《福布斯》封面人物的中国企业家，并曾多次应邀为全球著名高等学府麻省理工学院、沃顿商学院、哈佛大学讲学。2002年5月马云成为日本最大的《日经》杂志的封面人物，《日经》杂志高度评价阿里巴巴在中日贸易领域里的贡献。

阿里巴巴成立至今，全球十几种语言400多家著名新闻传媒对阿里巴巴的追踪报道从未间断，被传媒界誉为“真正的世界级品牌”。全球著名的互联网流量监测网站Alexa.com对全球商务及贸易类网站进行排名调查，阿里巴巴网站排名首位。

马云的魅力不仅仅在于让自己的公司赢利，为了整个行业的发展，他的侠者气质也挥洒得淋漓尽致。著名的“西湖论剑”便是一例。

2000 年 9 月 10 日，阿里巴巴成立一周年之际，通过马云的积极奔走并请大侠金庸从中穿针引线、广发英雄帖，中国互联网的风云人物——新浪的王志东、网易的丁磊、搜狐的张朝阳以及 8848 的王峻涛等，在马云的诚意感召下欣然赴约。这些行走于互联网商海江湖的英雄，这些平时激烈竞争和搏杀的对手，首次坐到了一起，在美丽的西湖畔共同探讨互联网的发展和对策。

马云后来干脆将此活动改为了一年一度的“西湖论剑”，成为中国互联网界的年度盛事。

在马云的办公室里，高高悬挂着金庸先生手书的题词——“临渊羡鱼，不如退而结网”。细品马云一直以来的创业足迹，这个题词正是点到要害，这也正是马云步步成功的秘诀。

2005 年 8 月 11 日下午 2 点，雅虎中国与阿里巴巴终于握上了双手。阿里巴巴全面收购雅虎中国的所有资产，其中包括雅虎门户，雅虎一搜、IM、mail，还有 3721 网络实名、一拍上的所有资产，此外，雅虎还将给阿里巴巴公司投入 10 亿美金现金，作为阿里巴巴重要的战略策略投资者之一，雅虎也将获得阿里巴巴 35％的股权。同时，这笔买卖也成为 10 年来中国互联网产业最大一笔合并案，并改写了中国互联网历史。面对未来，马云又有豪气的预言——“中国互联网从广告市场的争夺到短信息市场的争夺，再到网络游戏市场的争夺，很快就要进入对电子商务市场的争夺。一直以来互联网的重要意义就在于：互联网正在为客户和原厂商创造新的价值，并在此基础上，引发更大规模化的企业活动。”

“中国电子商务产业格局将产生巨变，一个新的互联网应用人群正在形成主流，互联网将由‘网民’和‘网友’时代进入‘网商’时代。作为网商的代言人，阿里巴巴有一个使命，那就是要把互联网带入网商时代。”

第二章　新创企业的成长规划

本章提要

- 企业生命周期的特征
- 艾迪思企业成长三阶段模型
- 企业持续成长的关键问题
- 企业战略的基本问题
- 战略层次与类型
- 战略选择的基本思路
- 基于核心竞争力的发展战略
- 商业模式的概念与结构
- 商业模式设计与评价
- 特许经营模式
- 战略联盟与合资企业
- OEM 模式

第一节　企业成长的生命周期

在成长与老化的共同作用下，每一个企业都存在着自身的生命周期。企业的生命周期是指企业从诞生到死亡的时间过程。人的寿命由于受到自然生理因素的限制是有限的；而企业组织却不受这些限制，因而从理论上来说可以无限延长，但历史上长寿的企业却并不多见。世界上存在时间最长的企业大约有 700 多年，瑞士的劳力士公司和美国的杜邦公司存在时间超过 200 年，美国的通用汽车公司和西方电气公司也有 100 多年。然而，更多企业的生命周期却是很短的。

有关研究报告指出：在日本和欧洲，企业的平均生命周期为 12.5 年。在美国，有 62% 的企业平均生命周期不到 5 年，存活能超过 20 年的企业只占企业总数的 10%，只有 2% 的企业能活 50 年。英荷壳牌石油公司的一项调查表明，

1970 年名列美国《财富》杂志前 500 强的大企业，其生命周期只有 40～50 年，到 1983 年，它们中有 1/3 已经消失。根据我国经济学家的研究，我国的企业寿命更短，大集团企业平均寿命在 7～8 年，一般的中小企业只有 3～4 年。可见，从总体上说，世界上企业的平均生命周期都不长，企业组织整体上呈现出高死亡、短寿命的态势。

因此，认识和把握企业生命周期规律，采取积极措施应对企业衰亡的挑战，尤其把握好新创企业成长期管理，促使企业健康成长，成为创业者奋斗目标和创业实践的重要课题。

一、企业生命周期的特征

生命周期理论是经济学与管理学理论中最普遍的假设之一，它描述了某种产品、技术、产业或事业都有一个从产生到消亡的周期，如同人的寿命一样，企业的创建与成长过程也存在生命周期规律。由于创业企业平均寿命短，如何做强、做久，成为许多创业者共同关心的问题。

对企业生命周期的研究首先体现在企业成长阶段的划分上，就成长阶段的划分，最基础也是最常见的划分是将企业创立与发展过程划分为四个阶段，分别是培育期、成长期、成熟期和衰退期。

(1) 培育期。处于培育期的企业称为初创企业，或者说是企业的初创阶段。初创企业的产生一般有两种情况：一是在获得一定的资金或技术之后，由个人或合伙或国家投资创建的新企业；二是由原有企业合并、接管其他企业而形成的新企业。在这一阶段，企业的生存能力还比较弱，市场占有率低、管理水平差、市场地位还不稳定，很容易受到已存在企业的威胁，风险较大。但初创阶段的企业较有活力，富有创业精神，由生存欲望所激发的奋斗精神、创新精神、大无畏精神成为这一时期企业成长的主要动力，是精神转化为物质的阶段。

在培育期，企业要解决的首要问题不是成长问题而是生存问题。只要能在市场上站住脚，能活下来，就能为将来的迅速成长创造机会和希望。

(2) 成长期。企业能经过培育期存活下来，一般会较快地转入成长期。这里的“成长”是狭义的，指由小企业发展壮大为中型或大型企业的规模扩张状态。处于成长期的企业可以在比较短的时间内获得较高速的成长，规模经济开始产生作用，企业经济实力增强、市场占有率提高、员工人数增加、主业日益明显、抵御市场风浪的力量得以加强。

处于成长期的企业都是行业内比较引人注目的企业，通常也处于非常激烈的竞争环境中。因而虽进入成长期，但因经营战略方面的重大失误，断送企业前程的事例不在少数。成长期的企业依然不能掉以轻心，尤其是应该注意不能被众多令人耀眼的投资机会绕花了眼，犯了放弃主阵地、搞盲目多元化经营的战略冒进错误。

(3) 成熟期。企业坚持过了成长期，就会进入成长速度放缓，但利润率提高的收获季节。这一阶段的企业为成熟企业。现实中能进入成长期的企业就不多，而能进入成熟期的企业就更是屈指可数了。绝大多数企业在成长过程中就销声匿迹、被无情地淘汰了。进入成熟期的企业一般是规模较大的企业，市场占有率也较高，竞争企业已经不太容易撼动其地位，因而不需要再做大量的投入，就可以获得比较好的收益。

成熟期后期的企业一般开始考虑多元化经营问题。追求可持续成长的企业，会有效地利用成熟期回收的丰厚利润再投入到新的事业领域中去。但由于原有事业已经不可能期望有满意的成长空间，企业就必须到原有事业领域以外去寻找新的增长点。这一转变被称为企业蜕变过程。

(4) 衰退期。成熟期的企业如果不能成功进行蜕变的话，就会成为衰退企业（当然也有未成熟先衰退的）。企业步入衰退期的原因很复杂，但以下几种主要原因普遍存在：一是企业随某个关键人物（如创业者）的离去而衰退。二是随产品或服务市场（如电报业务）的消亡而衰退。三是随技术的落后而衰退。四是由于企业组织的自然老化而衰退，如患了大企业病的企业官僚主义横行、本位主义泛滥、创新精神缺失、应变能力下降，等等，总之，是企业失去活力或生命力。

企业长寿或者持续成长的手段是“变革创新”。首先，企业可以通过不断的产品革新超越某一产品的寿命，使其持续成长。其次，企业可以通过技术的不断革新，突破某一技术的寿命周期而持续成长。再次，企业还可以通过事业的追求或转换，跨越特定事业的寿命周期获得持续成长。最后，企业还可以通过制度创新，不断为企业的可持续成长构建新的制度平台，为企业注入活力，使企业保持精神上的年轻。这一系列的革新过程，就是企业的“蜕变”过程。习惯上，企业界把成长过程中的重大革新阶段称为第二次创业、第三次创业。这使企业的成长过程出现一定的动荡期，或者说处于危机点。如果变革成功，企业就会进入一个新的成长期，但如果变革不成功，则进入衰退过程。

二、艾迪斯企业成长三阶段模型

关于企业生命周期较系统的研究是由美国管理学家伊查克·艾迪斯博士于1989年提出来的，称之为企业生命周期理论。该理论主要从企业生命周期的各个阶段，分析了企业成长与老化的本质及特征。艾迪斯把企业生命周期形象地比作人的成长与老化过程，认为企业的生命周期包括三个阶段九个时期（见图2-1）。一是成长阶段，包括孕育期、婴儿期、学步期、青春期。二是成熟阶段，包括盛年期、稳定期。三是老化阶段，包括贵族期、官僚化早期、官僚期，然后进入死亡。

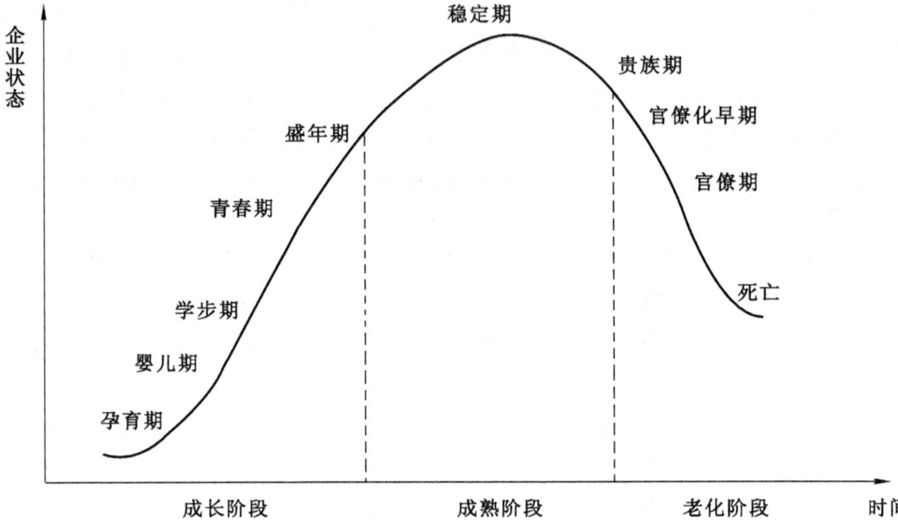

图 2-1　企业生命周期各阶段示意图

在生命周期的不同阶段，企业存在不同的问题，有其特殊性，见表 2-1。在一个阶段向另一个阶段转换时，问题就产生了。为了学会新的行为方式，企业必须放弃旧的行为模式。当企业花费精力努力从旧的行为模式转变到新的行为模式时，出现各种问题都是正常的，企业凭借自己内在的能量就可以解决正常的问题；不正常的问题则需要外部干预。企业成长意味着具备了处理更大、更复杂的问题的能力。创业家的职责就是对企业进行管理，使之能够进入下一个更富有挑战性的生命阶段，将企业引向盛年期，并保持盛年。

表 2-1　　企业生命周期中各时期的特点

时期	特　点
孕育期	企业尚未诞生，仅仅是一种创业的企图
婴儿期	行动导向，机会驱动，因此，缺乏规章制度和经营方针；表现不稳定；易受挫折；管理工作受危机左右；不存在授权，专权管理；创业者成为企业生存的关键因素
学步期	企业已经克服了现金入不敷出的困难局面，销售节节上升，企业表现出快速成长的势头，但企业仍是机会优先，被动的销售导向，缺乏连续性和重点，因人设事

续表 2-1

时期	特 点
青春期	企业得以脱离创业者的影响，并借助职权的授予、领导风格的改进和企业目标的替换而再生。老员工与新来者之间、创业者与管理人员之间、创业者与公司之间、集体目标与个人目标之间的冲突是这一时期的主要问题
盛年期	企业的制度和组织结构能够充分发挥作用；视野的开拓与创造力的发挥已制度化；注重成功，企业能够满足顾客的需求；能够制订并贯彻落实计划；无论是销售还是赢利能力方面，企业都能承受增长所带来的压力；企业分化出新的婴儿期企业，衍生出新的事业
稳定期	企业依然强健，单开始丧失灵活性，表现为对成长的期望值不高；不努力占领新市场和获取新技术；对构筑发展远景失去了兴趣；对人际关系的兴趣超过了对冒险创新的兴趣
贵族期	大量的资金投入到控制系统、福利措施和一般设备上，强调的是做事的方式，而不问所做的内容和原因；企业内部缺乏创新，把兼并其他企业作为获取新的产品和市场的手段；资金充裕，成为潜在的被购并的对象
官僚化早期	强调是谁造成了问题，而不去关注应该采取什么补救措施；冲突和内讧层出不穷；注意力集中到内部的争斗，忘记了顾客
官僚期	制度繁多，行之无效；与世隔绝，只关心自己；没有把握变化的意识；顾客必须想好种种办法，绕过或打通层层关节才能与之有效地打交道

[资料来源]张玉利：《创业管理》，机械工业出版社 2006 年版.

三、企业持续成长的关键问题

国内创业学知名学者张玉利认为，企业在经过创业期的快速成长后，通常都会面临管理转型问题。企业要保持持续成长，更多地取决于以下三个要素。

1. 复杂环境下的战略规划能力

大部分资源要素在企业成长过程中都具有边际效用递减的特征，即随着资源拥有量的增多，对企业成长的贡献程度都有减弱的趋势，尽管有的资源要素，如管理者的分权能力和控制系统，在企业成长的初期阶段重要性不断增强。唯一不具有这种特征的是战略规划，随着企业的成长，战略规划的作用不仅没有减弱，反而不断增强。

明确的战略对企业创建初期的快速成长起到了重要的作用，但这一时期企业家制定的战略显然具有这样一些特点：一是明显的销售导向，一切以在短期内拥有顾客并迅速扩大销售量为核心；二是缺乏系统的分析，更多地凭借企业家及其团队对产业的理解，凭借他们的胆识甚至是运气；三是战略具有战术性，从对企业发展和资源配置的作用看，具有战略的特征，而以大公司的实践或者从理论角度衡量，则又具有明显的战术特征，战略的持续性和系统性不足。企业再成长的战略规划需要在原来的基础上调整，甚至制定新的战略规划。此时，企业家及其团队面临的内外部环境因素在数量上要比创业初期多得多，环境因素的变化及其交互作用的动态性更为复杂，甚至可能比大企业所面临的环境还要复杂。因此，此时战略规划的重点是要把握对复杂环境的应对，然后才是系统性问题。

2. 组织与战略的匹配以及组织能力的增强

创业初期推动企业快速成长的主要动力是创业精神，组织的力量并不是决定性的因素，最多只是对创业精神的发挥没有阻碍作用而已。组织是涵盖管理因素最多的管理职能，员工素质与结构、系统与控制、所有者的分权能力等都直接与组织相关。可以说，企业再成长及后续持续成长应该主要来自于组织能力的支撑。对索尼、惠普、宝洁、IBM 以及沃尔玛等著名企业而言，创始人的最大成果，即其最重要的贡献在于他们所建立的组织。创新、战略的实施、资源的整合效率，在很大程度上都要依赖于组织的能力。

3. 创新与创业精神的强化

创新是企业持续成长的永恒动力。与创业初期以及稳定的大公司相比，转型企业面临的创新压力更大，一方面，初期创业的成功会促使许多人模仿而抵消创新优势，而企业家及其创业团队迫于生存压力会减少对创新的关注和投入，加上初期经营模式的惯性使企业家容易忽略创新；另一方面，没有大企业所具有的资源和组织保证，难以开展基础性的研究工作。因此，如何保持创业初期的创新能力和优势，加大创新力度并将其转化为公司的核心竞争力，是企业家此时面临的最大挑战，而持续创新的源泉在于组织的创业精神，或者称公司创业精神。

第二节　企业成长的战略选择

一、战略基本问题

企业战略就是关于企业作为整体该如何运行的根本指导思想，它是对处于动态变化的内外部环境之中企业的当前及未来将如何行动的一种总体表述。企业战略所要回答的核心问题就是企业存在的理由是什么，也就是企业为什么能够从外部得到回报并生存下去。对于企业存在理由这一核心问题的回答，可以分解成以下三个基本问题。

（1）我们的企业是什么？回答这一问题，需要说明企业目前到底在做什么事，从而引发对于现状的思考，这是企业制定战略的出发点。一个不清楚自己当前处于什么地位以及正在做什么的企业，是很难确定其要往哪里去及该到哪里去的。

(2) 我们的企业将是什么？回答这一问题，需要说明企业经营与运作如果按照现存的状态发展下去，将会到达一个什么样的境地。同时需要回答的是，企业“将”要达到的状况是否是企业想要达到的。

(3) 我们的企业应该是什么企业？回答这一问题，需要明确按企业现在的状况发展下去的结果和企业想要达成的结果间的差距，即要引发对于目标的思考。一个不清楚自己未来应处于什么地位以及该做什么的企业，是很难确定其前进的路线及具体日程的，也是很难长期生存及进化发展的。

事实上，对于上述三个战略基本问题，只要对“业务”两字作比较广义的理解，则这种提问的思维方式可以推广应用到更为广泛的管理及人生领域。做任何事都自我发问：到底是什么？要做什么？应该做什么？为什么？将有助于透过现象抓住问题的本质。对于战略基本问题的思考和分析，将有助于明确企业存在的意义，丰富经营者的人生，提升企业的整体价值。

【专栏】 宗教、哲学、伦理、战略的基本问题比较。

宗教问题——人从何来？将要到哪去？最终到哪去？

哲学问题——人是什么？将是什么？应该是什么？

伦理问题——道德是什么？将是什么？应该是什么？

战略问题——业务是什么？将是什么？应该是什么？

二、战略的层次和类型

(一) 企业战略的层次

企业战略通常分成两个或三个层次结构，如图 2-2 所示。图 2-2(a)为单一业务公司的战略结构，由于企业只从事一项业务，因此其企业总体战略和竞争战略是一样的；图 2-2(b)为跨行业经营企业的战略结构，它的战略结构包括三个层次，即企业总体战略、竞争战略和职能战略。

企业总体战略，又称公司战略，主要决定企业应该选择哪些经营业务，进入哪一行业或领域，实际上是解决企业如何成长或发展的问题，当然也包括在不利环境下的收缩和巩固问题。

我们可以将这一层次的战略统称为成长战略，它指出了企业在发展过程中可选的方向，主要包括密集性成长战略、一体化成长战略和多元化成长战略三种形式，这三种形式还可进一步细分。

竞争战略主要涉及如何在所选定的行业或领域内与竞争对手展开有效的竞争，即主要解决竞争手段问题。我们可以将这一层次的战略看作是一般战略或

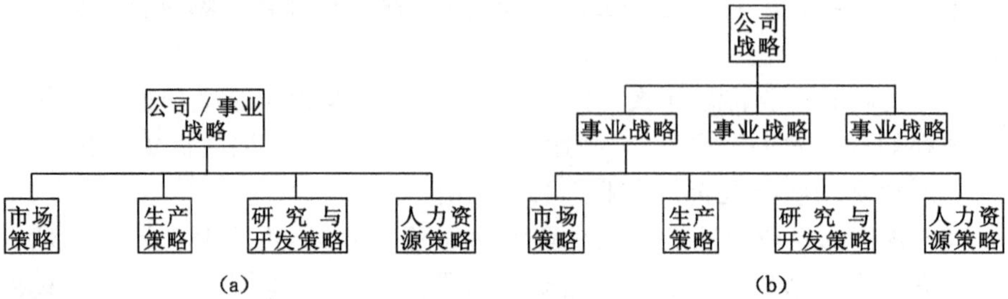

图 2-2　企业战略结构图

(a) 单一业务公司的战略结构;(b) 跨行业经营企业的战略结构

基本战略,它是企业赖以生存和与竞争对手争夺市场的基本工具。著名管理学家、"竞争战略之父"迈克尔·波特把竞争战略分为三种基本类型,即成本领先战略、差异化战略和集中化战略。竞争战略主要是由企业下属的各个事业部考虑的,因此又称事业部战略。

第三层次的战略是职能战略,它是在职能部门中,如生产、市场营销、研究与开发、财务、人事等部门,由职能管理人员制定的短期目标和规划,其目的是实现公司和事业部门的战略计划。职能战略通常包括生产战略、市场战略、研究与开发战略、财务战略、人事战略等。

如果说公司战略和经营战略强调"做正确的事情"(Do the Right Things),那么职能战略则强调"将事情做好"(Do the Things Right),它直接处理这些问题——生产及市场营销系统的效率、顾客服务的质量及程度、争取提高特定产品或服务的市场占有率等。

公司战略、竞争战略及职能战略构成了一个企业完整的战略层次,它们之间相互作用,紧密联系。如果企业整体要想获得成功,必须将三者有机地结合起来。企业中每一层次的战略构成下一层次的战略环境,同时,下一层次的战略为上一层次的战略目标实现提供保障和支持。

本章限于篇幅,只讨论前两个层次的战略形式。

(二) 企业总体战略

企业总体战略就是有关一个组织整体的全局性的战略,它主要说明组织经营的主要方向。因此,企业总体战略的基本内容是经营范围、资源部署以及有关全局性的方针和原则。按照组织偏离起点的程度,可以划分为成长战略、稳定战略、紧缩战略。成长战略也称发展战略,是指在现有基础水平上向更高一级的方向发展的战略。稳定战略也称为防御战略,是指只能保持现有战略基础水平的战略。紧缩战略是指从现有战略基础起点往后倒退的战略。这里重点研究组织的成长战略。成长战略有三种，即密集性成长战略、一体化成长战略和多元化成长战略。

1. 密集性成长战略

密集性成长战略，又称专业化成长战略，是指企业在原有生产领域内充分利用产品和市场方面的潜力，求得成长发展的战略。它有三种形式，即市场渗透战略、市场开发战略和产品开发战略。

市场渗透战略，指企业利用现有产品或服务在老市场上进一步渗透，增加企业现有产品和服务的销售额和利润额的一种战略。它是在市场对本企业的产品或服务的需求日益增大时最常用的，也是最易成功的一种成长战略。例如，某些零售或饮食企业在本市范围内增设连锁店，为顾客提供更方便的服务，有利于增加产品或服务销售量。

市场开发战略，指利用现有产品进一步开辟新市场的战略。当老产品在原有市场范围内已无进一步渗透余地时，就要设法开辟新市场，以求得企业进一步成长。例如，某产品由某一地区推向到全国，甚至推销到其他国家和地区。

产品开发战略，指以开发新产品的办法扩大企业产品在老市场上的销售量。产品开发要根据消费者需要的变化，充分满足消费者的需要。

2. 一体化成长战略

一体化成长战略是指以企业当前活动为核心，通过合并或兼并其他企业，取得规模经济增长的一种战略。它有水平一体化和垂直一体化两种基本形式。

水平一体化战略，指通过把性质相同或生产同类产品的其他企业合并起来，扩大企业经营规模的战略。水平一体化可以是购买竞争对手的股票或其他资产，也可以是通过两个或两个以上的集团共同经营来扩大企业的实力。

垂直一体化战略，强调企业向两个方向扩张——当朝着最终用户方向扩张时，称为前向一体化；当朝着最初的资源供应厂家方向扩张时，称为后向一体化。前向一体化有利于促进产品的销售，增加企业的市场渗透能力，如一家钢铁厂与另一家使用本厂钢管制造家具的家具厂实行联合。后向一体化有利于减少企业对投入资源，尤其是关键资源的依赖性。

3. 多元化成长战略

多元化成长战略是指企业生产更多种类的产品甚至几个行业的产品，又称为多角化或多种经营战略。例如，一家公司既从事生物保健品的生产和销售，又从事房地产的开发和销售。

多元化成长战略的优点是：能为企业提供原来所在行业不能提供的成长机会，可以向更具有经济优势的行业转移以提高整体获利能力；有利于企业发挥规模经济的优势，充分利用机会实现跳跃式的发展，提高企业的整体竞争力；能够分散风险，应变能力强，通过多行业经营，可以避免当某一行业经济不景气时可能使企业面临严重的经济危机。

多元化成长战略虽然受到了很多企业的青睐，但是，它也有一定的缺点：会使企业规模膨胀，大大增加管理上的难度，容易失控；往往要跨几个行业，有可能出现外行领导内行的情况，甚至出现决策失误，不利于发挥自己的优势。

【案例】海尔的成长与战略选择

海尔集团创立于1984年，前身是青岛电冰箱总厂。经过20多年的艰苦奋斗，海尔从一个濒临倒闭的集体小厂发展成为在国内外享有较高美誉的跨国企业。目前已拥有包括白色家电、黑色家电、米色家电、家居集成在内的86大门类13 000多个规格品种的产品群。在全球，很多家庭都是海尔产品的用户。

海尔的高速成长重要原因之一就是每个时期它都有着一个明确而有效的战略在起着主导作用。海尔的发展战略可以分为四个阶段：

名牌战略阶段——在1984年到1991年，海尔一心抓质量，7年时间只做一个冰箱产品。海尔产品依靠高质量和个性化设计赢得了越来越多的消费者。海尔的无形资产从无到有，海尔品牌价值跃居中国第一。

多元化战略阶段——在1992年到1998年，海尔走低成本扩张之路，吃“休克鱼”，建海尔园，“东方亮了再亮西方”，以无形资产盘活有形资产，成功地实现了规模的扩张。

国际化战略阶段——在1998年到2006年，海尔坚持“先难后易”、“出口创牌”的战略，搭建起了一个国际化企业的框架。海尔产品已进入欧洲15家大连锁店的12家、美国10家大连锁店的9家。2002年海尔实现海外营业额10亿美元，是中国家电业出口创汇最多的企业。在美国、欧洲初步实现了设计、制造、营销三位一体的本土化布局。

全球化品牌战略阶段——2006年到2012年，海尔为了适应全球经济一体化的形势，运作全球范围的品牌，即要在每一个国家的市场创造本土化的海尔品牌。

网络化战略阶段——2013年至今，海尔适应互联网时代发展特征，探索建立互联网平台型企业，完善“人单合一双赢”商业模式，致力于实现企业平台化、用户个性化、员工创客化。

（三）竞争战略

根据波特的理论，企业在市场竞争中获得竞争优势的途径虽然很多，但最基本的有三种，即成本领先、差异化和集中化战略。波特将其称为关于竞争的一般性战略。

1. 成本领先战略

成本领先战略，也称为低成本战略，是企业努力发现和挖掘所有的资源优势，特别强调生产规模和出售一种标准化的产品，在行业内保持整体成本领先地位，从而以行业最低价格为其产品定价的竞争战略。成本领先战略要求企业是低成本的生产者，而且必须是成本的领导者。而且，它提供的产品必须是能与竞争者同类产品相竞争，或至少顾客是愿意接受的。企业通过大规模高效率的运作、技术创新、廉价劳动力或通过优惠地取得原材料来获得成本领先优势。

值得注意的是，采用成本领先战略意味着企业可以通过其低成本地位来获得持久的竞争优势，从而成为行业中的高水平经营者。它与一般的降价竞争并不相同，后者往往以牺牲企业利润为代价，有时甚至亏本运营。换句话说，尽管爆发价格战时具有成本领先地位的企业具有更强的压价能力，但采用这些策略时的指导思想并不一样。

2. 差异化战略

所谓差异化战略，是指企业向顾客提供的产品在行业范围内独具特色，这种特色可以给产品带来额外的加价。如果一个企业的产品的溢出价格超过因其独特性所增加的成本，那么，拥有这种差异化的企业将取得竞争优势。

这种战略强调高超的质量、非凡的服务、创新的设计、不同凡响的商标形象，以实现与众不同的特色。特色的选择必须有别于竞争对手，并且增加的收益足以超过追求别具一格的成本。

3. 集中化战略

前两种战略是在广泛的市场中寻求竞争优势，而集中化战略则是集中在狭窄的细分市场中寻求低成本优势或差异化优势。也就是说，管理者选择产业中的一个或一组细分市场（如产品品种、最终顾客类型、分销渠道或地理位置），制定专门的战略向此细分市场提供与众不同的服务，目标是独占这个市场。当然，集中化战略是否可行取决于细分市场的规模，以及该细分市场能否弥补集中化战略的附加成本。

不管采取三种基本战略中的哪一种战略，要获得长期成功还必须保持住竞争优势。这就要求管理者持续地作出努力，使自己始终领先于竞争对手一步。

三、战略选择的基本思路

结合企业自身所面临的外部环境、使命目标、内部实力状况导出有针对性的战略对策，可从以下三个层面来考虑。

1. 特色

以独特性赢得顾客。这就是做与竞争对手不同的活动或以不同于对手的方式完成类似活动,以特别的活动能力,创造独特、有价值的地位。采取特色做法的关键是从顾客认知角度考虑,以便让其切实感觉到所需的主观及客观的特色,而不仅仅是企业自己通过专门测试仪器或手段能证明的特色。

特色就是做别人不做的事,有所创新,有所不同。对于小企业来说,要与大企业竞争,只有尽量做到与众不同,才能脱颖而出。当然,与众不同需要勇气,更需要智慧以把握住顾客的内在需求。一般来说,创造特色可以采取提供特殊产品或服务、满足特殊顾客群需要、采用特殊途径满足顾客这三种做法。

2. 取舍

权衡利弊作出抉择。企业要作出战略上的取舍,主要理由有三点:第一,"有所为有所不为"。由于受到管理者及企业资源、能力、时间的限定,必须权衡得失,结合特色建设作出选择。第二,"鱼和熊掌难兼得"。只有围绕特色作出取舍,才有可能使竞争对手欲学不能,即要仿效就必然会有所得和有所失。第三,"为他人留有生机才能活,只顾私利害人终害己。"此外,采取所谓赢家统吃、全面封杀对手的做法,从长期看还可能引起民怨及政府干预,从而使企业公众形象受损。

3. 组合

可以从三个方面加以考虑:第一,管理创新组合,这就是在提升潜能的基础上,关注整体协同效应的发挥。第二,市场创新组合,这就是在拓展市场容量的同时,关注网络协同效应的发挥。第三,资源创新组合,这就是在争取竞争资源的基础上,关注竞合协同效应的发挥。在谈到企业发展设想时,经常听人说:"我们人与技术都不缺,就缺资金。"或者说:"我们资金与人才都不缺,就缺好项目。"实际上,这里缺的都是战略组合能力。

四、基于核心竞争力的战略选择

1. 核心竞争力的概念

企业的能力往往是多种多样的和多层次的,不仅表现在企业各种生产经营环节或各职能领域内,而且还存在于企业内部各层次上。有的能力在经营中起一般的、必要的作用,有的能力起支持、帮助企业赢得竞争优势的作用,而有的能力则起到持续地支持企业赢得某种竞争优势的作用。能够帮助企业持久地建立竞争优势的能力,我们称之为企业的核心能力。

核心能力又称为核心竞争力,是指能使企业长期或持续拥有某种竞争优势的能力,它通常表现为企业经营中的累积性学识,尤其是关于如何协调不同生产技能和有机结合多种技术流的学识。如果把一个公司比喻成一棵大树,树干和大树枝是核心产品，小树枝是业务单位，叶、花和果实是最终产品，那么提供养分和保持稳定的根系就是核心能力。比如，大规模集成电路的技术是企业的核心能力，而用大规模集成电路的技术做成的芯片是核心产品，用芯片做成的电视机、电话、电脑、DVD、数码相机等一系列电子产品是最终产品。Intel公司在全球个人计算机市场上的份额微乎其微，而在个人计算机芯片生产上却凭借其拥有的核心能力而占有了全球市场的绝对份额，并据此获取了巨额利润。核心能力是企业持续拥有某种竞争优势的源泉，是市场竞争中的“核武器”，也是企业各个业务单位的“黏合剂”，更是新事业或新业务发展的“能力源”。

2. 核心竞争力的识别和特征

核心竞争力的形成要经历企业内部资源、知识、技术等的积累、整合过程。正是通过这一系列的有效积累与整合，形成持续的竞争优势后，才能为获取超额利润提供保证。但是，并不是企业的所有资源、知识和能力都能形成持续的竞争优势，都能发展成为核心能力。要成为核心能力必须具备以下条件：

(1) 有价值。也就是核心能力必须能够提高企业的效率，可以帮助企业在创造价值和降低成本方面比其竞争对手做得更好。

(2) 异质或稀缺的。核心能力是企业所独有而未被当前或潜在竞争对手所拥有的，或只有少数竞争对手才拥有的。

(3) 难以模仿。如果核心能力易被竞争对手所模仿，或通过努力很容易达到，那么它就不可能给企业提供持久的竞争优势。那些内化于企业整个组织体系、建立在系统学习经验基础之上的专长，比建立在个别专利或某个出色的管理者或技术骨干基础之上的专长，具有更好的、更持久的竞争力。

(4) 难以替代。一般产品、能力很有可能受到替代品的威胁，但核心能力应当是难以被替代的。比如，美国联邦快递公司的核心能力是准确、快速的物品传递能力，其优势在于其工作系统可以保证第二天将用户的包裹寄送到美国任何地方；麦当劳的核心能力是标准化的经营管理能力与在不同分店的食品递送能力，其遍布全球的几千家店可以向用户提供几十亿个质量、口味相同的汉堡包，这也不是其他快餐公司所能做到的。

(5) 可扩展。核心能力可以通过一定的方式衍生出一系列的新产品或服务，它犹如一个“技能源”，由此向外发散，为消费者不断提供新的产品或服务。

核心能力的说法有多种，几乎涉及企业的方方面面，既涉及企业“内部”，又涉及企业“外部”，既可以表现为刚性的产品和技术，又可以表现为软性的经营管理能力。

3. 基于核心竞争力的战略选择

企业在市场经营过程中可能会遇到种种外部机会的诱惑，有的企业由此走上了多元化扩张的道路。多元化经营既可以给企业带来巨大的收益，也可能加剧企业的经营风险。机会也有可能是陷阱。在评估外界机会时，要认真考虑这种机会与企业自身竞争力的关联性，把企业的发展建立在充分利用核心竞争力的基础上。为此，应做到以下几点。

(1) 客观评估企业多元化经营的必要性与能力。企业在采用多元化之前，必须客观评估企业多元化经营的必要性。切不可头脑发热，跟潮流，盲目进行多元化。尤其是对自身能力的评估，除要考虑企业现有的资源存量之外，还必须考虑企业是否具备把新业务领域培育成利润增长点期间所需要的资源数量。当企业不具备这些资源时，其他业务领域的预期收益再好企业也不能进入。

(2) 坚持把主业做好之后再考虑多元化。稳定而具有相当优势的主营业务，是企业利润的主要来源和企业生存的基础。企业应该通过保持和扩大企业自己所熟悉与擅长的主营业务，尽力扩展市场占有率，以求规模经济效益最大化。要把增强企业的核心竞争力作为第一目标，在此基础之上，兼顾“专业化”与“多元化”。世界上的优秀企业在业务领域的选择上，都是首先确立了自己的核心业务(即主营业务)之后，以此为基础，考虑多元化经营的。

(3) 新业务领域与现有业务领域之间具有一定的战略关联。当企业内部不同业务单元之间可以通过分享共同的资源，组合相关的生产经营活动，进行核心专长如技术开发、管理能力、品牌等的转移时，则把企业不同业务部门之间的这种关系称为战略关联。在多元化战略实施中，能够建立有效的战略关联，是决定多元化成败的核心因素之一。一般来说，企业应该首先选择那些与其主营业务和已经建立的核心能力关联密切，容易获得关联优势的业务领域作为多元化的主要进入目标。其根本原因在于，与进入关联程度低的领域相比，进入关联度高的领域更容易依托在主营业务领域建立起来的优势地位和核心能力，以较低的成本和风险建立优势地位。

五、战略管理的分析方法

组织要进行正确的战略管理必须认清形势，采用合适的分析方法，使制定出来的战略及竞争策略与环境、资源和组织结构相匹配。本节介绍几种战略管理常用的分析方法。

1. SWOT 分析法

所谓 SWOT 分析，就是指制定组织战略时，必须仔细分析组织内部条件的优势(Strength)和劣势(Weakness)与外部环境的机遇(Opportunity)和威胁

(Threat)，主要遵循扬长避短、攻其不备和出奇制胜的原则，及时把握机会，使组织的能力与环境相适应，以获取经营成功的一种分析方法。通过 SWOT 分析，可以列出表 2-2 所示的 SWOT 矩阵。

表 2-2　　SWOT 矩阵

	优势(Strength)	劣势(Weakness)
内部条件	产权技术 产品创新 良好的财务 高素质的管理人员 公认的行业领先者 ……	设备老化 产品线范围太长 营销能力较弱 成本高 企业形象一般 ……
	机会(Opportunity)	威胁(Threat)
外部环境	一体化 市场增长迅速 能争取到新的用户群 有可能进入新的市场领域 可以增加互补产品 ……	竞争压力增大 政府政策不利 用户的需求正在转移 新一代产品已经上市 ……

对 SWOT 矩阵中的各项因素进行分析，可以看出企业的优势、劣势、机会和威胁有 4 种可能的组合，如图 2-3 所示。

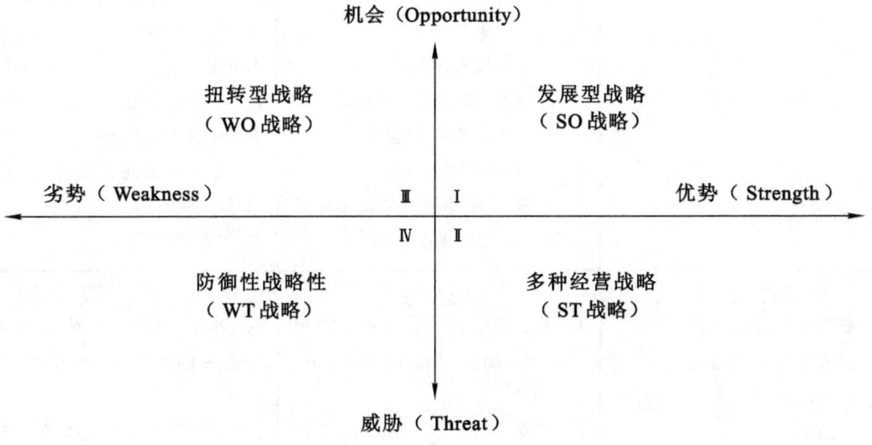

图 2-3　SWOT 分析图

企业有 4 种可供选择的竞争策略：

(1) SO 战略。企业面临最理想的外部环境和内部条件。此时组织应该运用自身的优势去充分利用外部环境出现的良机，充分利用现有的资源，获得较快的发展。

(2) ST 战略。环境中存在一些威胁，但企业在这方面属于优势。企业应将组织优势扩大到最大限度，把环境造成的威胁减少到最低程度。如利用现有优势在其他产品或市场上建立长期机会，实行多种经营战略来分散环境带来的风险。

(3) WO 战略。环境中存在机会，但是公司在这方面是劣势，力量不够。企业应致力于改变内部劣势，采取扭转型战略，同时，有效地利用外部环境带来的机会。例如，在某些优势领域内存在的一些弱小企业，可以采取在企业内大力发展那些优势领域，或者积极地从外界获得那些所需要的能力，就可能充分利用外界环境存在的良机。

(4) WT 战略。环境中存在一些威胁，而企业在这方面也处于劣势，这是最不理想的情况。在这种情况下，企业最好采取防御型战略，以避开威胁并逐渐消除劣势，如紧缩开支或实行清理等。

表 2-3 所示为耐克公司 SWOT 矩阵分析。

表 2-3　　耐克公司 SWOT 矩阵分析

	优势——S	劣势——W
	1. 品牌忠诚度 2. 市场营销技术 3. 产品研发技术领先 4. 低成本、高质量制造体系 5. 高于平均水平利润率 6. 1.24 亿元战略基金 7. 菲尔 · 耐特的未来式领导风格使事件处理速度很快	1. 高于平均水平杠杆作用 2. 财务上不能达到 30% 的年增长目标 3. 宽松的管理风格造成沟通不充分，不适合于大公司 4. 缺少正式的管理体系，造成成本控制不利 5. 产品线太宽
机会——O 1. 美国市场需求增长 2. 引入低成本产品线 3. 增加注重地位与时尚顾客群喜爱的产品 4. 增加个性化产品 5. 海外市场扩大	SO 战略 1. 大范围进行 R&D 开发新的产品线，例如足球装（O1、O2、O3、O4） 2. 开发中等收入、妇女以及国际市场（ O1、O2、O5、S4）	WO 战略 1. 削减产品线，将精力集中在盈利多的产品上（W2、W5、O3、O4） 2. 重新设计组织机构使方向更能集中（W3、O3、O4、O5）

续表 2-3

威胁——T	ST 战略	WT 战略
1. 市场成熟，竞争加剧 2. 价格竞争加剧 3. 一般品牌和私人商标增加 4. 社会趋势由运动装向时尚装转变 5. 新竞争者的进入	1. 在 R&D 方面继续创新缩短新产品开发周期（S3、T1、T4、T5） 2. 制定富有竞争力的价格策略（S4、T2、T3）	1. 削减产品线（W2、W5、T1） 2. 加强管理控制系统，使产品线得以控制（W2、W5、T1）

2. BCG 分析法

BCG 分析法是由美国波士顿咨询集团（Boston Consulting Group）首创的一种规划企业产品（业务）组合的方法，又被称为波士顿矩阵、四象限分析法或产品系列结构管理法。

BCG 分析法是假定企业拥有复杂的产品系列，并且产品之间存在明显差别，具有不同的市场细分，在这种情况下，企业决定产品结构时应主要考虑两个基本因素：一是企业的相对竞争地位，以市场占有率指标（指本企业某种产品的市场份额与该产品在市场上最大竞争对手的市场份额的比率）表示；另一个是业务增长率，以销售增长率指标（指前后两年产品市场销售额增长的百分比）表示。这两个因素相互影响、共同作用的结果，会形成四种具有不同发展前景的产品类型。企业应针对不同类型的产品采取相应的战略对策，其具体形式如图 2-4 所示。

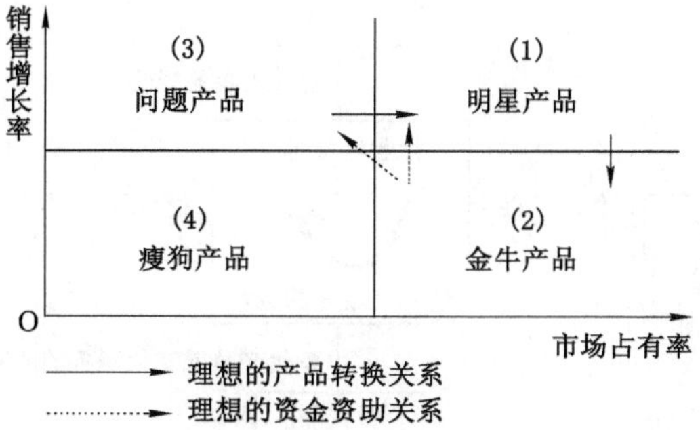

图 2-4　BCG 分析图

(1) 明星产品。销售增长率和市场占有率为“双高”的产品，是企业最具长期发展和获利机会的产品。由于该类产品增长较快，它所需要的投资量一般超过其自身的积累能力，因此在短期内应成为企业资源的优先使用者，应用扩张性的发展战略，即增加资源投入，积极扩大经济规模和市场机会，加强竞争地位。

(2) 金牛产品。低销售增长率、高市场占有率的产品群。这类产品已进入市场成熟期，销售量大，产品利润率高，是企业回收资金、支持其他产品，尤其是明星产品发展的投资后盾。

(3) 问题产品。高销售增长率、低市场占有率的产品群。这类产品是企业的新生力量，但前途未卜。由于市场占有率低，其获利能力不明显，现金创造力较低。

(4) 瘦狗产品。低销售增长率、低市场占有率的产品群。这类产品的市场已经饱和，因而竞争激烈，利润率低，处于保本或亏损状态，负债比率高，无法为企业带来收益。因此，瘦狗类产品应采取撤退战略，即减少批量，缩小业务范围，逐渐撤退，甚至立即淘汰，并将剩余资源向其他产品转移。

六、行业竞争结构分析

根据美国学者波特(M. E. Porter)的研究，一个行业内部的竞争状态取决于五种基本竞争作用力，如图 2-5 所示。这些作用力汇集起来决定着该行业的竞争程度和最终利润潜力，并且最终利润潜力也会随着这种合力的变化而发生根本性的变化。企业的竞争战略目标在于使企业能在行业内进行恰当定位，以最有效地抗击五种竞争作用力并影响它们朝有利于自己的方向变化。

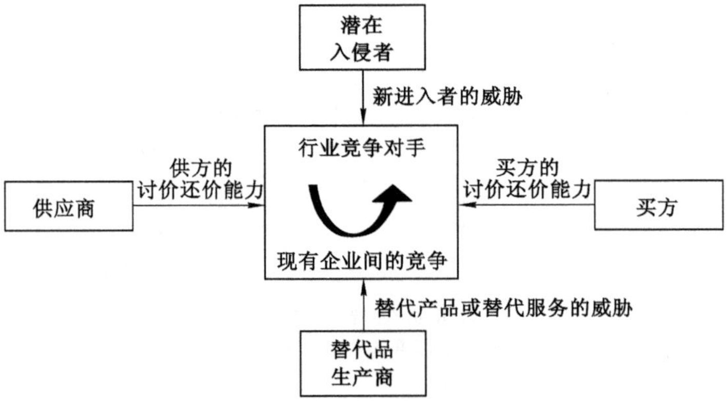

图 2-5　驱动行业竞争的五种力量

1. 行业内现有企业之间的竞争

对大多数行业来讲，行业盈利水平主要取决于行业内现有企业的竞争激烈程度，因此，企业必须重视对行业内部的现有竞争对手的研究。行业内企业的竞争程度取决于很多因素。

(1) 行业市场集中度大小。当行业内企业数量较多而且力量比较均衡的时候，行业集中度较低，竞争激烈；而仅有一个或少数几个大型企业主宰的行业，集中度较高，行业内竞争则不太激烈。

(2) 行业增长速度的快慢。增长速度较快的行业中，由于总体市场需求的扩大，各企业都有进一步发展的空间，都可以从行业的快速增长中获益，因而行业竞争相对不激烈；而在增长速度较为缓慢的行业，行业内各企业为了争取更高的市场占有率，容易发生价格战及促销战，竞争比较激烈。

(3) 产品差异化程度。当行业内企业产品差异化较高时，各企业有各自不同的用户，竞争程度较低；而当差别化程度很低时，竞争就较为激烈。

(4) 退出壁垒。退出壁垒既有经济上的，也有战略上和感情上的。经济上的投入越大，特别是固定的专用资产投入越大，退出就越困难；员工安置成本过高、对原行业的感情因素等，也是影响退出的重要壁垒。退出壁垒高，行业竞争就激烈；反之，则相对和缓。

2. 潜在入侵者的威胁

潜在的入侵者也是影响行业竞争结构的敏感力量。一般而言，当行业具有较高的投资回报时，就会吸引很多的潜在加入者。新加入者的竞争将导致整个行业内平均利润的下降。

潜在加入者是否会真的采取行动入侵到行业中来，主要取决于新企业进入该行业需要克服的障碍和付出的代价(即进入壁垒)。行业进入壁垒主要包括：

(1) 规模经济。规模经济指的是由于大规模生产经营所形成的成本优势。规模经济表明企业经营只有达到一定规模，才能收回经营过程中的各种耗费。规模经济的存在阻碍了对行业的入侵，因为它迫使进入者或者一开始就以大规模生产并承担遭受原有企业强烈抵制的风险；或者以小规模生产而接受产品成本方面的劣势。这两者都不是进入者所期望的。

(2) 学习效应。学习效应亦称学习或经验曲线效应，指的是由于重复做某件事(某项活动)次数的增加，人们可以从中找到(学到)更加具有效率的做事方法，从而可以降低成本。这些成本下降主要来自于员工对工作的改进、生产布局的合理化、专门设备和工艺的开发、经营管理的控制等方面。学习效应对那些以知识为基础的企业具有更为重要的意义。

(3) 产品差异。如果顾客已经对行业产品形成了独特的认识、信念或偏爱，已成为行业内企业的“忠诚顾客”，那么新加入者要想占领市场，就必须克服消费者对这种老品牌的忠诚。

(4) 进入分销渠道的难易程度。好的分销渠道已被行业内企业瓜分完毕。新入侵者面临挤入已有分销渠道或建立新的分销渠道的压力。

(5) 政府政策。对于进入的行业，政府往往采取限制甚至封锁或鼓励、补贴的政策。

3. 替代品的威胁

替代品是指那些与本企业产品具有相同或类似功能的产品。替代品投入市场后，会使企业原有产品的价格处于较低的水平，降低了企业的收益；替代产品的价格越具有吸引力，价格限制的作用就越大，对企业构成的威胁也就越大。因此，替代品限定了行业内的厂商可能的最高限价，从而限制了一个行业的潜在收益。替代品生产商的分析主要包括两方面内容：第一，判断哪些产品是替代品；第二，判断哪些替代品可能对本企业经营构成威胁。

4. 买方的讨价还价能力

作为生产性的购买方(客户)，本企业的产品就是购买方的原材料，购买方总是倾向于要求降低购买价格，要求高质量的产品和更多的优质服务，其结果是使得行业的竞争者们互相竞争，导致行业利润下降。

买方的讨价还价能力影响因素主要有：① 买方是否大批量或集中购买；② 产品或服务是否具有价格合理的替代品；③ 买方面临的购买转移成本大小；④ 买方是否采取后向一体化战略。

5. 供应商的讨价还价能力

因为企业生产所需的许多生产要素是从外部获得的，因而提供这些生产要素的经济组织也制约着企业的经营，影响着企业的利润水平。

供应商的讨价还价能力影响因素主要有：① 要素供应方行业的集中化程度；② 本行业是否是供方集团的主要客户；③ 要素是否存在差别化或转移成本是否低；④ 要素供应商是否采取前向一体化战略。

从波特的五种竞争力量模型可知，行业竞争强度不仅仅取决于当前竞争者的行为，而且更重要的是取决于行业的经济结构，这五个方面的共同作用构成了企业发展的威胁，决定了行业最终利润潜力。企业行业环境分析的目标，就是为企业在环境中寻找这样的一个机会，使得企业既能够回避竞争力量的作用，同时又能够对这些力量施加有利于企业发展的影响。所以，在进行竞争分析时，关键是要阐明竞争力量的产生原因，认清企业发展的机会与威胁，找到能给企业带来最大利益的经营领域，从而提高企业在行业中的地位。

第三节　商业模式选择

在美国著名商学院的课堂中，商业模式(Business Model)是分析创业和企业商业运行的重要概念。管理学大师彼得·德鲁克曾说过："当今企业之间的竞争，不是产品之间的竞争，而是商业模式之间的竞争。"前时代华纳CEO迈克尔·邓恩认为，"在经营企业过程当中，商业模式比高技术更重要，因为前者是企业能够立足的先决条件。"不管这种观点是否准确和完整，一个不争的事实是，企业必须选择一个适合自己的、有效的和成功的商业模式，并且随着客观情况的变化不断加以创新，才能获得持续的竞争力，从而保证企业的生存与发展。

一、商业模式的概念与结构

1. 商业模式的概念

企业即使具备市场机会、新奇的商业创意、充足的资源和有才能的创业者等条件仍然有可能遭受失败。一种可能的原因是驱动企业运作的潜在模式造成了这种结果，这种潜在模式就是商业模式。

从创业视角看，创意是商业模式的萌芽，商业创意来自于机会的丰富和逻辑化，并最终演变为商业模式。因此，商业模式是创业者创意开发的最终成果。创业者要做活一个项目，关键是要看创业者是否有能力找到适合运作该项目的商业模式。

商业模式已经成为挂在经济理论专家、企业家嘴边的一个名词。几乎每一个人都确信，有了一个好的商业模式，成功就有了一半的保证。那么，到底什么是商业模式？人们对商业模式的理解存在分歧，其中比较流行的解释是"商业模式是利益相关者的动态合约结构"。商业模式也俗称企业经营的"套路"，是企业从事经营活动的所有方式与方法。换句话说，商业模式是根据投资者在不同阶段的战略规划设计的组织架构、资产布局、运营方式。

商业模式作为用于描述企业生态系统价值创新的一种投资沟通载体，其本质是为了驱动业务的发展。下面通过一个简单的结构图来说明商业模式在创业过程中的位置，如图 2-6 所示。

从图中能明确地看出商业模式是在确定了企业(或者企业团队)的愿景以及为顾客提供的核心价值之后，在创业战略形成之前形成的。因此，创业团队在试

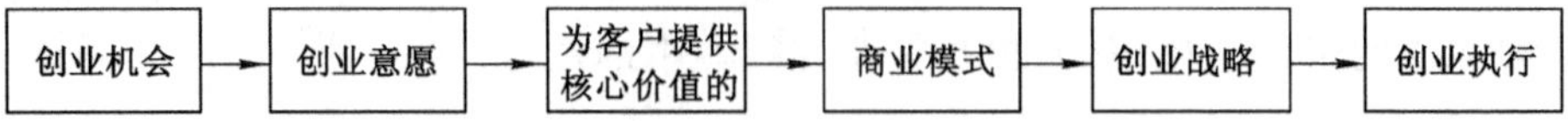

图 2-6　商业模式在创业过程中的位置

图形成其商业模式的时候,需要从其愿景以及所提供的核心价值入手,而不是凭空想象。

2. 商业模式的结构

商业模式是企业获得成功的基石。对于商业模式的把握,需要考虑怎样创造价值,为谁创造价值,竞争力和优势来源,与竞争对手的差异,怎样赚钱,时间、空间和规划目标的问题。

商业模式本质上就是利益相关者的交易结构,那么,利益相关者都有哪些呢?企业的顾客、供应商、合作伙伴称之为外部利益相关者,企业家、股东和员工则称之内部利益相关者。甚至企业内部的某个部门,比如说财务部门,也可以看成是一个利益相关者。一个完整的商业模式包括 6 个要素,如图 2-7 所示。

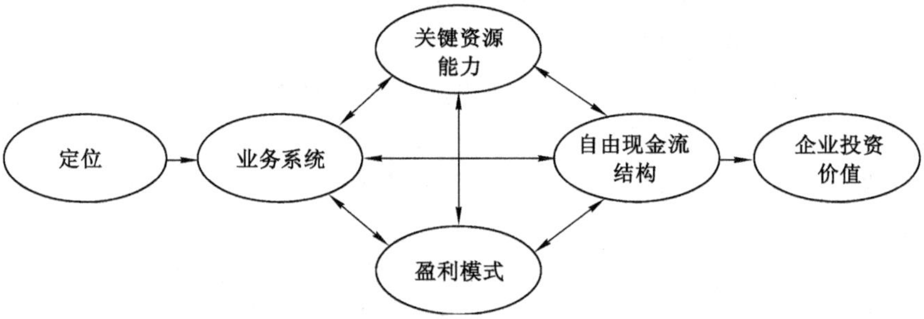

图 2-7　商业模式体系

(1) 定位

定位是一个企业的战略核心,企业要想取胜,就必须明确自身的定位。定位需要回答 3 个问题:企业的业务是什么;目标客户是谁;需要向他们提供什么样特征的产品或服务。定位是在战略层面和执行层面建立更直接和具体的联系,即企业的定位直接体现在商业模式所需要实现的顾客价值上,强调的是商业模式构建的目的。

关于定位的理解,比较有代表性的应属科特勒与特劳特的观点,见表 2-4。

表 2-4　　科特勒和特劳特观点对比

学者代表内容	科特勒	特劳特
被定位的主体不同	定位是针对市场的。其特点是通过选择产品差异化、服务差异化、人员差异化、形象差异化、渠道差异化等实现产品在市场上面独特的地位，其结果是可以达到让消费者清晰地辨认。如麦当劳的全球统一装修，我们一眼就可以辨认出它来，还如海尔“真诚到永远”的周到服务让海尔区别于其他家电厂家，并对重视服务的消费者产生强大吸引力。这些差异很重要，但并不能构成消费者选择企业的充分理由，而只是为公司产品在市场上确定了自己的位置，是一种由内而外的定位方式，是一种由产品到消费者的思考	定位是针对消费者的大脑和心智。其特点是通过对市场的研究，为品牌在消费者的大脑中确定一个有价值的位置，其定位的区域不是在市场而是在消费者的大脑和心智中。结果是通过这么一个对消费者有价值的位置，形成目标消费者购买的独特理由，就如购买“飘柔”洗发水的消费者在其大脑中头发的柔顺占据着重要的位置，购买沃尔沃汽车的消费者则安全在其大脑中占据着重要的位置，而这些品牌正是瞄准了目标消费者的这种心理和心智。品牌定位虽然构成了消费者购买的独特理由，但问题是必须把这个定位传递出去，让目标消费者接触到、感觉到它的价值所在
定位的前提不同	定位是在选择了目标市场之后进行	是对竞争、市场以及自身状况进行充分研究后定位
适用的时空不同	适用于市场的进入和开发阶段。企业在开发具体部分市场时，应该通过科特勒围绕产品的定位以各种载体实现自身的差异化，快速打开市场	适用于市场成熟、竞争过渡阶段。企业应该通过特劳特品牌定位去占领更多消费者的心智资源，说服更多的购买者成为自己的客户

(2) 业务系统

业务系统是企业内部一个很重要的部分。完整的业务系统不仅可以给企业竞争带来巨大的优势，而且还能帮助企业达到内部和谐，让企业没有后顾之忧。

业务系统是企业内所有业务整合组成的一个系统，包括业务如何产生、怎样完成业务、怎样完善业务等一系列的问题。总之，一个优秀的业务系统可以为企业提供很大的发展助力。

(3) 关键资源能力

在企业明确了自身定位并构造了良好的业务系统之后，如果要实现企业的目标，就需要一系列有形或者无形的资源。

关键资源能力指业务系统正常运转所需要的重要的资源和能力。关键资源能力是企业的重要支柱,因此企业需要认识到关键资源能力的重要性。当然,不是所有的资源能力都是企业需要的,只有那些与企业自身条件吻合、符合企业需求的资源能力才是企业所真正需要的。

(4) 盈利模式

企业要获得发展,首先必须盈利。只有有了足够的利润,才能获得发展的动力。因此,企业在发展过程中需要确定盈利模式,从而获得充足的利润满足自身的需要。

(5) 自由现金流结构

每一个企业都会有自己的现金流结构,而自由现金流结构是企业中可以自由流动的现金流组成的结构组合。一个发展态势良好的企业,必定有着合理的自由现金流结构。如果自由现金流结构不够合理,将会导致企业在现金流通方面阻碍重重。

从企业的自由现金流结构可以看出一个企业经营状况的好坏、商业模式的优劣、成长速度的快慢等,自由现金流在很大程度上会影响到企业内部的资金流通。

(6) 企业投资价值

企业需要发展,发展需要企业进行投资。而企业投资必须要获得足够的价值,否则会变成做无用功。投资所能获得的价值即为企业投资价值。企业投资价值是影响企业是否投资的重要因素,如果一个项目不能够为企业带来足够的利益,那么这个项目就不值得企业进行投资。

下面我们对肯德基、麦当劳和华莱士(中国)的商业模式各要素进行比较分析,见表 2-5。

表 2-5　　肯德基、麦当劳和华莱士(中国)的商业模式比较

要素＼企业名称	肯德基	麦当劳	华莱士
定位	以家庭成员为目标顾客,定位于“世界著名烹鸡专家”	定位于年轻的嘻哈族,不受约束	“让中国人有自己的快餐店”,在中国创出一家连锁快餐企业
业务系统	自己采购,为顾客提供快餐以及外卖服务	自己采购,为顾客提供快餐以及外卖服务	自己采购,为顾客提供快餐以及外卖服务

续表 2-5

要素＼企业名称	肯德基	麦当劳	华莱士
关键资源能力	独特的口味，广泛的加盟店，完美的快餐服务	完美的管理，完善的快餐服务	优惠的价格，口感好
盈利模式	炸鸡系列产品，鲜嫩口感吸引大量顾客，获取高额利润	可乐、薯条赚小钱，采购系统赚中钱，房地产赚大钱	采用“薄利多销”的方法获取利润
自由现金流结构	高初始投入，高固定成本	低初始投入，高固定成本	适中的初始投入，适中的固定成本
企业投资价值	高	高	适中

［资料来源］摘编自：商业模式的六大要素．中国・艺美堂，http://www.amtang.com/kan_show.asp?id=321.

3．商业模式创新与企业增长率的关系

有研究者发现，一些很难归入特定产业的企业，往往是商业模式创新的集中营。中国的很多企业在商业模式创新方面正在不断向美国等具有创新活力的国家迅速接轨，并诞生了一系列具有商业创意且已经开始盈利的商业模式，其中还有相当多的企业模式已经获得了风险投资或美国资本市场的认可。创新商业模式的商业价值可以通过表 2-6 得到体现，表中所列商业模式创新成功的案例中，平均收入增长率高达 400％，利润增长率高达 119％。这是一个了不起的成就，是商业模式创新带来价值的具体证明。

表 2-6　　创新商业模式的商业价值

公司	业务及经营模式	5 年收入几何增长率/％	5 年盈利几何增长率/％
百度	中文搜索	195.16	306.83
德信无线	手机软件和整机方案设计供应商	205.15	188.97
金融界	金融数据服务	92.43	183.47
携程网	网络订酒店及机票	74.83	153.04
九城关贸	为进出口企业、物流机构及政府部门提供 B2C 电子政务软件	36.05	94.30
博迪森	复合肥系列、农药	77.93	94.07
飞鹤乳业	乳制品	81.80	85.84

续表 2-6

公司	业务及经营模式	5年收入几何增长率/%	5年盈利几何增长率/%
美东生物	植物药(中药)	71.22	72.77
前程无忧	人力资源服务	43.45	39.00
第九城市	网络游戏	70.78	NA(053Q扭亏)
分众传媒	楼宇广告	326.10	NA
掌上灵通	为手机用户24小时呼叫中心	158.75	NA
e龙	提供增值服务	71.63	NA
空中网	手机移动增值娱乐业务	629.45	NA
均值		412.31	119.31

[资料来源]摘编自:银国宏.产业增长路径与商业模式创新.首席财务官,2006(9):58-61.

二、商业模式设计与评价

1. 商业模式设计

商业模式设计,其秘诀就是要能创造更大的“商业模式价值”。因此,要关注商业模式,进行商业模式的设计和创新,从而获得竞争优势。要设计商业模式,必须要基于企业现有的资源,以及市场竞争的现实。企业通过商业模式开展竞争的方式有3种:一是强化自身的良性循环,比如空中客车公司研发出空客380来挑战波普747的垄断地位;二是削弱竞争对手的良性循环,如微软预装了Windows操作系统来遏制了Linux;三是变竞争为互补,比如在线博彩交易所允许彩民匿名互相下注。

通过研究商业模式相关理论,提出了下面4种商业模式设计方法。

(1) 参照法

参照法是商业模式设计的有效方法。该方法是以国内外商业模式作为参照,然后根据本企业的有关商业权变因素(如环境、战略、技术、规模等不同特点)的调整,确定企业商业模式设计的方向。采用参照法进行商业模式设计时一定要根据企业自身的情况加以调整和改进,创新地摸索出符合本企业的商业模式。许多企业的商业模式设计都是通过参照法进行的,如腾讯参照新浪等建立门户网站。

(2) 相关分析法

相关分析法是在分析某个问题或因素时,将与该问题或因素相关的其他问题或因素进行对比,分析其相互关系或相关程度的一种分析方法。相关分析法需要根据影响企业商业模式的各种权变因素，运用有关商业模式设计的一般知识，采用影响因素与商业模式一一对应确定企业的商业模式。利用相类分析的方法，可以找出相关因素之间规律性的联系，研究如何降低成本，达到价值创造的目的。如亚马逊通过分析传统书店，在网上开办电子书店；eBay 网上拍卖也来自传统的拍卖方式。

(3) 关键因素法

关键因素法是以关键因素为依据来确定商业模式设计的方法。商业模式中存在着多个变量影响设计目标的实现，其中若干个因素是关键的和主要的(即成功变量)。通过对关键成功因素的识别，找出实现目标所需的关键因素集合，确定商业模式设计的优先次序。关键因素法主要有 5 个步骤：① 确定商业模式设计的目标；② 识别所有的关键因素，分析影响商业模式的各种因素及其子因素；③ 确定商业模式设计中不同阶段的关键因素；④ 明确各关键因素的性能指标和评估标准；⑤ 制订商业模式的实施计划。

(4) 价值创新法

对一些从未出现过的商业模式设计，往往需要进行创新，即通过价值要素的构建、组合等设计出新的商业模式，这一点在互联网企业表现尤为明显，如盛大网络游戏全面实行免费模式，开创了网游行业盈利新模式——CSP(Come-Stay-Pay)。A8 音乐公司通过网络原创音乐平台，将进行原创音乐的网民、网络音乐下载者、电信运营商、风险投资者、合作伙伴等进行了关联，从而设计出新的商业模式。

【案例】居泰隆公司的商业模式[①]

居泰隆公司的商业模式可概括为：建立一套“信息系统”，将家具供应商和销售商整合起来，以减少中间环节，降低流通成本。

具体来讲，通过内部的“产品建模中心”，对家具厂商的产品进行信息化建模，使家具产品适合通过“信息系统”在电脑上展示。这样，零售终端就不必像传统的家居大卖场那样，租用大面积的门店来展示家具，降低了家具零售环节庞大的展示成本。

这使得居泰隆可以快速发展低成本的“连锁门店”——门店面积一般为 1 000 m^2 甚至更小，不到家居大卖场的十分之一。

顾客的采购信息，汇集到居泰隆的门店(自营、合作、加盟)及网站，再通过信

① [资料来源]摘编自：北京大学汇丰商学院，http://www.phbspku.com/EDPdongtai/757.html.

息系统传到厂商，实现需求多元化下的规模采购，又降低了采购成本。

物流方面，由第三方物流公司负责统一配送，将货品配送到门店，再由门店负责配送到客户。

最终，居泰隆通过家居用品销售的差价和合作伙伴（加盟门店、第三方物流公司）的佣金返点来获利。

对居泰隆而言，配送中心、产品建模中心、培训中心、网站等是内部利益相关者。它们都具备相对独立的资源、利益的输入输出和利益诉求，可以作为交易结构分析的独立对象。

至于物流公司、家具厂和顾客，则是居泰隆的外部利益相关者。

门店由于既有加盟，又有参股，还有直营的，所以和居泰隆的培训中心等相比，属于外部利益相关者；而与客户、家具厂商等相比，又属于内部利益相关者。因此，我们可以将门店称之为类内部利益相关者。

因此，现在居泰隆这家企业的"边界"可以有 3 种划分方式：一是只包括内部利益相关者；二是包括内部利益相关者和类内部利益相关者；三是包括所有的利益相关者，即是整个交易结构。

［评析］

设计商业模式，不仅要关注"外部利益相关者"，还要关注"内部利益相关者"，以及介于这两者之间的"类内部利益相关者"，这为我们提供了思考企业的全新视野，有助于我们思考一个企业的"边界"究竟在哪里。这是设计商业模式非常重要的一步。

2. 商业模式评价

商业模式的内容十分广泛。凡是与企业活动有关的内容，几乎都可以纳入商业模式范围。现在经常提到的商业模式包括电子商务模式、O2O 模式、B2B 模式、B2C 模式、拍卖模式、代理模式、广告收益模式、会员模式、佣金模式、社区模式等。一个具有吸引力、成功的商业模式，通常需要具备某些能够创造价值与竞争优势的特点，而这些特点往往影响着创业企业的成功与否，也正是商业模式评价不可忽略的重要因素。

(1) 商业模式的适用性

适用性也可以称之为个性，是商业模式的首要前提。由于企业自身情况千差万别，市场环境变幻莫测，商业模式必须突出一个企业不同于其他企业的独特性。这种独特性表现在它怎样为自己的企业赢得顾客、吸引投资者和创造利润。严格地说，一个企业的商业模式应当仅仅适用于自己的企业，而不可能被其他企业原封不动地照搬照抄。所谓商业模式，最终体现的是企业的制度和最终实现方式。从这个意义上说，模式没有好坏之分，只有是否适用的区别。适用的就是好的，适用较长久的就是最好的。

(2) 商业模式的有效性

有效性是商业模式的关键要素。在经济全球化、信息化的今天，无论哪个行业或企业，都不可能有一个万能的、单一的、特定的商业模式，用来保证自己在各种条件下均产生优异的财务结果。因此，评价商业模式的好坏，最根本的一条在于它的有效性。可以认为，有效的商业模式是企业在一定时期、一定条件下，能够选择为自己带来最佳效益的有效的盈利战略组合。

根据埃森哲咨询公司对 70 家企业的商业模式所做的研究分析，这种盈利战略组合应当具有以下三个共同特点：

① 它必须是能提供独特价值的。有时候，这个独特价值可能是新的思想；而更多的时候，它往往是产品和服务独特性的组合。这种组合要么可以向客户提供额外的价值，要么使得客户能用更低的价格获得同样的利益，或者是用同样的价格获得更多的利益。

② 它必须是难以模仿的。企业通过确立自己与众不同的商业模式，如对客户的悉心照顾、无与伦比的实力等，来提高行业的进入门槛，从而保证利润来源不受侵犯。

③ 它必须是脚踏实地的。脚踏实地就是实事求是，就是把商业模式建立在对客户行为的准确理解和把握上。

所以，有效的商业模式是丰富和细致的，并且它的各个部分要互相支持和促进，改变其中任何一个部分，它就会变成另外一种模式。搞不好，就可能影响它的有效性。

(3) 商业模式的前瞻性

前瞻性是商业模式的灵魂所在。商业模式是与企业的经营目的相联系的，一个好的商业模式要和企业长远的经营目标相结合。商业模式实际上就是企业为达到自己的经营目标而选择的运营机制。企业的运营机制反映了企业持续达到其主要目标的最本质的内在联系。企业以营利为目的，它的运营机制必然突出确保其成功的独特能力和手段——吸引客户、雇员和投资者，在保证盈利的前提下向市场提供产品和服务。但是，仅仅如此是不够的，因为这只是商业模式的“现在式”，而商业模式的灵魂和活力则在于它的“将来式”，即前瞻性。也就是说，企业必须在动态的环境中保持自身商业模式的灵活反应、及时修正、快速进步和快速适应。一句话，就是具有长久的适用性和有效性，以达到持续盈利的目的。

三、商业模式范例与评析

长期从事商业模式研究和咨询的埃森哲公司认为，成功的商业模式要能为公司提供独特的并且不能被对手轻易模仿的价值，这种商业模式不是海市蜃楼，而是脚踏实地一步一步坚持的结果。

下面介绍 4 种主要商业模式案例。

1. 娱乐经济新模式

在娱乐文化行业，每一个崛起的节目品牌背后都有超乎人气娱乐经济新模式支撑。湖南卫视的“超级女声”、上海东方台的“加油好男儿”，江苏卫视的“非诚勿扰”等，构筑了独特的价值链条和品牌内涵。

【案例】“超级女声”节目商业模式[①]

湖南电视台的“超级女声”吸引了全国 4 亿观众，决赛期间的平均收视率一度超过中央电视台的“春节联欢晚会”。

其三大项收入数以亿计：

(1) 单场手机短信收入超过 1 500 万元(7 场决赛)。

(2) 为购买“超级女声”节目冠名权，蒙牛乳业投入 2 800 万元。在竞得冠名权后，为了投放“超级女声”标志的公交车体、户外灯箱、平面媒体广告，蒙牛又追加了将近 8 000 万元的投资。

(3) 据有些媒体报道，超级女声全国总决选的广告报价为 15 s 插播价 11.2 万元，此报价超过央视一套 15 秒 11 万元的报价。

[评析]

电视台的盈利主要来自 3 部分：冠名、广告、短信。“超级女声”很娱乐，但它绝对有严肃的营销学术价值。因为播出“超级女声”所赢得的品牌效应，提升了包括整个湖南卫视白天时段的广告报价收益，湖南卫视无疑是得益者。

2. 分众模式

户外广告、品牌传播业的商业价值来源于让无聊等电梯的写字楼白领观看电梯口液晶屏广告，给广告主提供准确投递广告的新媒体，打造了“分众户外生活圈媒体群”商业模式。分众的出现，催生了一系列的跟进者，覆盖药店人群的健康传媒，覆盖铁路火车系统的光源传媒，覆盖厕所的亮角落传媒等。

① [资料来源]摘编自：人民网，http://finance.people.com.cn/GB/1038/3583659.html.

【案例】江南春商业模式的演进①

江南春的新商业模式是什么？(楼宇广告、卖场广告)＋动态视频广告。

江南春下定决心寻找新的商业模式，但是，它在哪儿？在之后长达几个月的时间里，江南春一直在苦苦寻找答案。

2002年，铺天盖地的户外广告贴满了车身、路牌和公交车站，当时的江南春试图找到大家都没有发现的地方来贴广告，于是打起了写字楼大门的主意。

江南春联系到国贸老板，问可以在国贸的门上做广告吗？当场遭到严词拒绝。把高级写字楼的门贴满广告，这在国贸老板看来严重损害了形象。但是，一个偶然的机会让江南春又盯上了写字楼的电梯口。

"很多人抱怨电梯很慢。"等电梯的人随意的一句话，让苦苦寻找广告空白点的江南春产生了灵感。他在想如果有电视看人们坐电梯的时候就不会感到慢。这一次，江南春又联系到了国贸的老板，提出用液晶电视放一些比如时尚表演加广告，国贸老板回答这个可以考虑。好不容易得到写字楼老板的认可，江南春终于松了口气，然而当他拎着液晶电视走进上海的50栋写字楼时，他并不受欢迎。江南春被当场推出来了。

2003年上半年，江南春先后投资了2 000万元安装液晶显示屏，但是广告主并没有忙着掏腰包，他们还在观望。投了这么多的钱却没有收到预想的效果，这让江南春感到了巨大落差。

江南春当时觉得每天都要烧钱，觉得自己十几年的青春岁月一起被烧掉了，有一种失败的恐惧感。他经常在半夜醒来，不能再入睡。这种情况再持续三到五个月就到底线了，到时所有十几年的努力都付之一炬，他觉得非常恐惧。

无钱可烧，对江南春就意味着十几年的努力就白费了，当时才30岁的江南春也做了最坏的打算，他给自己留出了养老的钱。就在这时，一个关注江南春的投资者出现了！他就是软件银行中国区首席代表余蔚，当时他的办公室就在江南春的对面。

余蔚询问江南春要打造一个全国性的媒体广告需要多少钱。看到这个经常在走廊和洗手间里碰面的邻居，居然主动跑上门送钱，江南春有些难以置信。

江南春当时对投资商这个概念非常陌生。当江南春准备给余蔚解释什么是分众传媒时，余蔚其实早已对这种商业模式进行了研究。在上门之前，他花了两个星期的时间对江南春的项目进行了实地考察和投资分析。

① [资料来源]摘编自：慧聪网，http://info.ceo.hc360.com/2009/08/17085782046.shtml.

余蔚认为，这一个很创新的模式，会有几十倍的回报。

在交谈了3个小时后，江南春获得了软件银行1 000万美元的投资，并将业务从上海扩展到了4个城市。

软件银行的1 000万美元投资对江南春来说来得正是时候，尽管他也担心会失去控制权，但还是接受了更多的风险投资。

2004年是江南春与国际投资机构频频握手的一年，他与鼎辉国际、高盛、英国3i等9家投资机构签署了战略合作关系，并获得了5 000万美元的投资资金。每一次融资之后，江南春都闪电般地在全国各大城市启动楼宇联播网。在两年内他的业务遍及全国52个城市的3万多栋楼宇。

2005年7月江南春成功登陆纳斯达克，为他打开了更大的融资渠道。

[评析]

可以这样说，谁创新了商业模式，谁就拥有市场话语权，谁就能够独领风骚，并能获得滚滚财源。创新商业模式是企业或商人梦寐以求的事情。如果一个商业模式被无限复制，则意味着市场消亡、风光不再。因此，创新是企业发展永恒的主题。创新的商业模式引发了江南春的圈楼运动，让江南春成了户外视频广告行业的领跑者。

3. 电子商务模式

在国内互联网行业，每一个崛起的互联网品牌背后都有其独特的商业模式支撑。传统门户的背后是在线新闻，腾讯QQ的背后是即时通信，盛大的背后是游戏，百度的背后是搜索，优酷的背后是视频，阿里巴巴、淘宝、携程、当当的背后是电子商务。这些知名互联网品牌是某种互联网商业模式的代表。

【案例】阿里巴巴商业模式“三级跳”[①]

阿里巴巴是首家拥有超过1 400万网商的电子商务网站，遍布240个国家和地区，是中国电子商务发展史上的传奇。然而，在2012年，B2B业务日益没落，C2C淘宝深受假货困扰，B2C天猫难成大器，加上贪腐失控和马云个人形象受损，阿里巴巴面临着历史上最大的危机。在这个生死攸关的十字路口该何去何从？阿里巴巴给出的答案是“C2B＋SNS”。阿里巴巴经历着一场历史上最大的变革，B2B退市、B2C拆分、C2B试水，每一步都可称为惊险的一跳。

(1) 0时代：B2B商业模式的横空出世

从1999年以B2B业务切入电子商务领域至今，阿里巴巴一直在干一件事

① [资料来源]摘编自：许宁．阿里巴巴商业模式“三级跳”．经理人，2012(9)．

情，即建立一个基于网络的电子商务生态系统。于是，阿里巴巴在杭州正式推出旗下第一个平台——B2B平台，为中小企业提供“网站设计＋推广”服务，即打造“网络义乌”模式，核心是帮助有绝对成本优势的中小制造企业“走出去”。随着平台的发展，阿里巴巴B2B将内贸和外贸置于同等重要的位置。阿里巴巴的盈利模式也很简单，即向供应商提供额外的线上和线下服务，将服务打包，以会员费的方式进行收费。2002年，阿里巴巴又推出“关键词”服务，同年首次实现盈利。此后阿里巴巴“会员费＋增值服务”模式的B2B道路开始清晰。

淘宝网的推出和免费模式，同样是依托于对中小卖家和中低收入人群的深刻理解。因此，淘宝网构建基于新商品的、连接中小卖家和中低收入人群的C2C交易平台，规模释放二者低成本对接带来的市场效益。不过淘宝网并未成为阿里巴巴的盈利来源，但基于淘宝网发育出来的支付宝平台和聚划算等，已经成为阿里巴巴未来核心价值所在。

淘宝商城/天猫的导入，同样是踩着中国消费升级和网购用户升级的节奏顺势而为。虽然到目前为止，C2C仍然在总量上以绝对优势压倒B2C，但B2C替代性超越C2C是不可逆的市场大势，无论是在全球范围还是在中国市场。因此，淘宝商城/天猫的盈利模式是向卖家收费便成为理所当然——优质商品的溢价足以支撑平台费用。总体来讲，阿里巴巴是一家电子商务公司，无论是ToB还是ToC业务，都是基于互联网为促成买家和卖家的交易提供服务。

(2) 0时代：B与C的融合演化

通过免费模式，淘宝网迅速聚拢了中国零售市场大批分散的中小型卖家，“增量不增收”也成为困扰阿里巴巴集团的一大问题。通过调研发现，淘宝网虽然卖家众多，但真正的品牌卖家较少，产品品质也参差不齐，甚至成为“山寨”商品的天堂，在很大程度上影响了消费者的购物体验。消费者的负面口碑又反过来影响了优质商家的进驻和资源投入，从而影响到整个平台的公信力，形成恶性循环。

于是，2008年初，对商家资质和商品品质有相对控制的品牌商城“淘宝商城”推出，希望借此开辟与C2C淘宝集市完全不同的B2C品牌商城，借以吸引优质商家和中高端消费者。

在筹备过程中，阿里巴巴为淘宝商城设计了3种方案：一种是运营和域名完全独立；第二种是运营独立，但在淘宝网设置两个通道，一个通往集市，一个通往商城；第三种则是在淘宝网内设一个独立频道，让商城完全依附于集市的流量。3种模式各有利弊，最终，淘宝商城选择采用第3种方案。

正是这一保守的选择，导致C店和B店左右手互搏，不但未能实现借势的目的，还带来了商城和集市的内耗。痛定思痛，2010年11月，阿里巴巴宣布淘宝商城域名独立，同时彻底将商城与集市的组织架构隔离开来。

2011年6月，宣布采用全新的中文名称“天猫”，希望彻底与淘宝网划清界限，成为完全独立业务。与此同时，除C2C淘宝集市和B2C天猫之外，淘宝网还分拆出一家专门聚焦于购物搜索的一淘网。

在核心平台层面，阿里巴巴基本形成阿里巴巴B2B平台、淘宝集市C2C平台、天猫B2C平台等。此外，ToB和ToC两大业务线条中，发育出一系列服务于平台，基于平台延伸的公司，如：ToB系列的速卖通（外贸B2C）、阿里金融（为中小企业提供融资服务）等。

至此，大阿里战略格局初成。一句话概括就是，打造一个线上的电子商务生态系统，阿里巴巴负责搭建此系统架构以及提供一切交易前中后所需要的基础服务。

(3) 0时代：C2B应运而生

阿里巴巴在当前重重危机重压下适时进行了调整。2012年7月23日，阿里巴巴宣布新“七剑”架构调整，淘宝、一淘、天猫、聚划算、阿里巴巴B2B及阿里云6大子公司，被重新调整为淘宝、一淘、天猫、聚划算、阿里国际业务、阿里小企业业务和阿里云7大事业群。阿里巴巴B2B的中小企业，将通过淘宝、一淘、天猫、聚划算，与消费者对接起来，阿里云则在打通底层数据中起到基础性作用，最终形成一个有机的整体——消费者到渠道商再到制造商的CBBS（消费者、渠道商、制造商、电子商务服务提供商）市场体系，加速推进One Company的目标，把阿里巴巴中小企业和淘宝市场体系有效结合。说到底，就是充分发挥阿里巴巴独有的“ToB＋ToC”，从流量到支付、数据、技术等的全业务线条、全程服务能力的“系统作战”优势，以便于随时“集中优势兵力，打歼灭战”。

这样的架构和思维之下，理所当然地出现了一个新概念——“C2B”。B2C模式是传统工业经济时代的运作模式，随着互联网的发展，未来的商业模式中定制会是主流，这就是C2B，它对背后商业运作的要求是个性化需求、多品种、小批量、快速反应、平台化协作。

［评析］

阿里巴巴凭借电子商务商业模式不断创新，成为中国乃至世界最大的电子商务企业。阿里巴巴打造的是一个生态系统，在这个生态系统中，阿里巴巴的电子商务会自行发展和进化，新的物种会在平台上不断涌现，新的模式也将在此体

系中自我调整、自我修复和自我进化，有望形成真正的新商业文明。电子商务模式的演进，其实就是阿里巴巴CBBS体系的概念化背后折射的一种典型的IT式思维。实际上，定制化的商业模式自古有之。

4. 经济型连锁酒店模式

经济型连锁酒店模式是全球酒店发展的趋势，英国一家投资机构对全世界酒店业进行调查和统计发现，世界上酒店客房总数的1/6被32家酒店集团连锁经营，而发达国家的饭店中超过半数的都是连锁经营的。

酒店经营具有强烈的空间性，使得单个酒店对客源的吸引力受到空间距离的强烈影响。随着城市化进程的加快，都市型产业结构的逐步形成，城市集聚了越来越多的旅游、商务、会务功能，各个城市都经历了迅速扩张，传统的小面积的市中心已经不是城市中唯一的繁华地区和客人活动的核心区域，越来越多的新区、开发区、新兴购物中心、金融中心、景点度假地区等如雨后春笋般涌现出来，各区域聚集相应的人群客流，并且，这些区域间的商务、交通等方面的交流促进了人员的流动，加剧了人员在城市中活动的分散性。因此，通过连锁经营就可以扩大该品牌的酒店在某个城市的空间分布，从而有效地解决其空间局限性，并可以极大集团的整体形象提升。

如家的商业模式就是连锁经营的典型代表，引发了复制的热潮，经济型连锁酒店概念在中国炙手可热。如家未必是中国经济型酒店的“第一人”，但却是迅速地将连锁业态的模式运用于经济型酒店的革命者。由于快速地加盟、复制、扩张，如家快捷酒店及时地占据了区位优势和价格优势，对中小企业商务人士、休闲及自助游客具有极大的吸引力。

目前，在经济连锁酒店领域，也出现了细分市场，如莫泰168、汉庭，瞄准了比如家略高一个档次的市场。

【案例】如家成功上市，为企业发展了一种高效商业模式[①]

瑞士信贷第一波士顿的分析师玛丽莎·何(Marisa Ho)在2006年12月15日给予如家连锁的首次评级报告中这样表示——“一个好的商业模式，管理层有使得公司业绩增长的能力”，在这两方面，如家都拿到了很高的分数。

“如家快捷酒店，它是一家有态度的酒店，是节约型社会和‘适度生活’的标准供应商、商务旅游中的USB接口。它尊重人的需求，不事奢华但足够享受；它

① [资料来源]摘编自：王延礴. 如家成功上市，为企业发展了一种高效商业模式. 南都周刊，2007-03-30. http://past.nbweekly.com/Print/Article/385_0.shtml.

理解家庭的意义，强化连锁并足够温馨。它的成功上市，为细分市场的企业发展了一种高效商业模式。”

2006年12月17日，当美国花旗银行天津分行的行长陆煊将手中的奖项颁给如家快捷酒店时，他一口气念了以上这段话。这一天，如家被《新周刊》评为2006新锐榜年度新锐企业。

看起来，如家这样的经济型酒店受宠是一种偶然。一开始，如家的创办者只是偶然发现了一个市场——一个堆满了大石块的玻璃瓶，看起来似乎已经没有空间，实际上大石块的空隙之间，还可以容纳一堆小石子；随后，在小石子的缝隙里，还能继续填满细沙。

当第一家实体店从设想变为现实后，由于没有经营酒店的经验，如家很自然地直接借鉴国外经济型酒店的成熟模式，然后通过嫁接自己的优势资源（携程网的网络营销）来完成。从某种意义上讲，如家的经济型酒店更西化一些——这在消费者心目中初步营造了一个鲜明的品牌形象。

然而，接下去发生的一切，却全在如家的掌握之中——从创新概念到样板投资，经由快速扩张到成功上市，如家代表了国内创业的一种范式，代表了一个品牌崛起的典型路线。

从品牌的角度看，“如家快捷”这个名称传达了3层意思：第一，如家像家——出差或者旅行在外，住的酒店像家，这一点既满足了消费者的情感需求，也传达给消费者如家的产品特点；第二，快速——通过预定中心、800免费电话、网络，消费者都可以订到如家的客房；第三，便捷——如家的地理位置都处于交通比较方便的地方，而且是特别容易找到的地方，这样消费者可以方便、迅速地找到如家。

对于如家来说，一个品牌概念的提出，无疑是一个承诺，剩下的便是努力去兑现它。如家CEO孙坚说，他们所做的第一件事情就是对产品进行创新式的建立。毕竟，家和酒店是有区别的。于是，他们在定位产品时，更注重家的实用性、便利性和亲情性，而这些体验又被进一步地延伸为干净、舒适、温馨、便利、清洁，然后制定为标准，以品牌化、规模化的方式进行复制。

可以说，如家为消费者提供“干净、温馨”的酒店产品，倡导“适度生活，自然自在”的生活理念。如家品牌的成功，最大程度上满足了人们对“3C”，即方便（Convenience）、舒适（Comfortable）、干净（Clean）的最基本要求。

[评析]

尽管2006年时中国仅有经济型酒店连锁品牌50家，已开业酒店数量约600个，经济型酒店在中国酒店市场上的比例尚不足10%，但蓝海正在变红，如家快捷的品牌优势开始显现，并引发了复制的热潮。

四、特许经营模式

特许经营是目前在全世界流行的一种新型组织经营形式。近几年来，中国也正兴起一股特许经营的热潮。所谓特许经营，是指特许人通过合约将某种特许权转让给受许人进行经营，特许人从受许人的经营利润中提取一定的比例作为回报。特许经营应当具有如下特征：① 特许人（或称许可方）与受许人（或称被许可方）之间的合同关系；② 特许人向受许人提供经营诀窍，并进行营业指导和援助；③ 受许人服从特许人的控制；④ 受许人向特许人支付报酬；⑤ 两当事人是独立的经营者，受许人依其自有资本进行经营（并不排除特许人的资金支援）。

特许经营是一种程序化、指导经营关系的协议。特许是围绕双方签订的合法特许协议的一种市场营销活动。被许可一方有权以个人所有者身份从事经营企业，但要根据特许权人一方所限定的方式进行经营。特许公司通常给系统或加盟成员提供企业名称、商标、产品、专利或技术、经营程序等方面的使用权。

许多小型企业主以买进特许经销权来把自己的风险降至最低。特许经销权是个体企业作为某个大型系列企业结构体系中的一部分来经营的销售方式。系列企业提供相同的产品和服务。公司（授予特许者）授权给个体经销商（被授予特许经销权的人）享用公司的名义、商标、声誉和经营模式在市场上销售其产品和服务。这类经销协议通常给予总经销商在某个特定的地区享有专营权。作为回报，总经销商要支付一笔费用或销售总额的一定比例给许可者。

特许经营主要有两种方式：商标特许经营和经营模式特许经营。前者的经营方式赋予被特许人以总公司的品牌和商标出售特定产品的权利。此种特许经营模式的典型代表就是汽车经销商（他们被制造商授予销售特定汽车品牌的权利，如奥迪、别克等）和汽车加油站（如艾克森美孚石油公司）。后者的经营方式提供的是一套完整的商业系统给被特许人，包括商标名称、销售的产品或服务、企业经营场所、营销战略、实际经营企业的方法、质量控制以及在实际运营中提供的帮助。此种特许经营方式在许多行业都被采用，如商业服务、旅馆、汽车租赁机构、快餐店等行业。

特许经营提供了一种独特的创业机会。进行特许经营，成为被许可方，对创业者而言是一个很好的选择，它可以帮助创业者增加收益，而无须很高的启动资金；可以利用现有的技术和渠道，而无须为初期的开拓费尽心思。特许经营的好处在于它能使创业者以一个公众已接受的品牌和商标开展业务，可以得到培训的机会和行家们所给予的经营指导，同时还可以得到许可方的财务支持。一些公司会指导新企业的日常经营,帮助新企业成为行家。公司会连续不断地提供经营咨询服务,这通常包括了帮助记录内部营业资产账目。公司进行的区域或全国性的促销活动可促进新小加盟企业的业务开展。许多特许经营者往往会立即体验到顾客看了品牌广告后专门光顾其店的效应。总之通过特许经营创业的好处是可以减低白手起家创办企业的整体风险,可使新企业经营者从系统的管理运营及所有成员积累的经验中获益。

具体来讲,创业者采用特许经营模式的时候可以得到许多好处:① 可以得到培训与支持;② 可以拥有标准化产品和服务;③ 拥有了全国性广告;④ 强大的采购能力和在价值链上的谈判能力;⑤ 有强大的财务支持:常见的就是总公司内部的建设贷款、给予补偿特许经营费用的短期贷款;⑥ 有正规科学的区位选择和得到总公司的区位保护;⑦ 拥有的是已被证实的有效运作的商业模式,少走弯路。

创业者对特许经营的一些不足之处也应该了解。由于公司实行的是标准化经营,被许可方不能凡事都按自己的意愿去做,通常会受到一定的制约,在很多事情上无法自己做决定。公司通常以总销售额的一定比率收取特许使用费,而那笔特许使用费最终不能算作自己的利润。另一方面,特许授予者通常不会分担创业者的损失。创业者在制定销售价格、介绍新的产品和服务和撤出不赚钱的产品时都可能会受到限制,因此,新企业的竞争能力会受到一定的限制。由于特许授予者会要求递交明细报告,被许可方必须考虑抽出时间和精力来准备这些烦琐的报告。

具体来说,特许经营的一些缺点表现在:① 较高的加盟费和特许权使用费,这笔费用常常占到总销售额的 3%～7%,而这笔费用即使没有收入也是要交的;② 必须强制性的标准化,不能按照自己的意愿做事;③ 采购和产品线方面的要求很严格,必须从固定处采购;④ 培训项目参差不齐,有的培训项目很糟糕,创业者要谨慎选择加盟方;⑤ 面临着市场饱和的危机,由于只要交钱即可加盟,因此有些地方这些加盟店已是“店满为患”了。

五、战略联盟和合资企业

战略联盟和合资企业开始变得很流行,主要原因是人们已经意识到企业仅依靠“单打独斗”是不能成功的。同其他商业模式一样,战略联盟和合资企业也有优势和劣势(见表 2-7)。

表 2-7　　　　战略联盟和合资企业的优势和劣势

优　势	劣　势
获得特定资源： 为了得到特定资源，如资本、掌握特殊技能的员工或先进的生产设备，企业进行战略联盟和建立合资	丧失专业信息： 合作伙伴可能会获取企业的专业信息，而合作伙伴可能现在已经是竞争对手或将来可能会变成竞争对手，这是常见的担忧
企业规模经济： 在很多产业，高固定成本要求企业建立合作关系以扩大生产规模，这是建立规模经济的一种方式	管理复杂： 由于战略联盟和合资企业要求两个或多个企业的共同努力，这就变得难以管理，经常会发生挫折和代价极高的延迟财务和组织风险
风险和成本分担： 战略联盟和合资企业允许两个或多个企业分担某项特定商业活动的成本和风险	战略联盟和合资企业的失败率很高： 依赖合作伙伴的风险，如果一个合作伙伴过分依赖另一个合作伙伴，就会出现权力不平衡，这种情况会加大强有力的一方投机的可能，从而利用了合作伙伴
进入国外市场： 与国外的当地企业建立合作关系通常是进入国外市场唯一可行的方式	
学习： 战略联盟和合资企业一般会提供给参与者“学习”合作伙伴的机会	决策自主的部分丧失： 合作进行计划和决策可能导致决策自主的丧失
快速进入市场： 拥有互补性技能的企业，如一家技术先进的企业和另一家市场进入能力很强的企业，通过合作可以加快进入市场的速度，从而获得先行者优势	合作伙伴之间的文化冲突： 联盟伙伴之间的企业文化会发生冲突，使联盟的实施和管理变得很困难
压制或阻碍竞争对手： 通过战略联盟和合资企业，企业能够获得竞争力和市场力量，用来压制或阻碍竞争对手的行动	组织灵活性的丧失： 与一个企业建立合作关系也许意味着不能与另一个企业建立合作关系

1. 战略联盟

战略联盟是为了实现特定目标而在两个或多个企业之间建立的合作关系。联盟一般是非正式的，并不需要创造一个新的实体（合资企业则需要创造一个实体）。技术联盟和市场营销联盟是两种最常见的联盟形式。技术联盟主要体现在研发、工艺和制造的合作上。研发联盟通常将拥有特定技能的创业企业及拥有开发和营销经验的大型成熟企业联合到一起。通过互补资产组合，它们往往能生产出产品，并且，这要比与其中任何企业单干的速度更快、价格也更便宜。市场营销联盟一般形式是将拥有分销系统的企业和拥有产品的企业匹配起来，来促进产品或服务的销售。

技术联盟和市场营销联盟允许企业专注于它们特定的专业领域，并与其他企业合作来弥补专业知识上的缺陷。这种方法对创业企业特别有吸引力，因为创业企业没有财务资源或时间来开发能将最终产品迅速带到市场上所需的所有竞争力。迈克尔·戴尔这样描述早期的戴尔公司：作为一个小的创业企业。我们没有钱用于生产自己的组件(用于组装成电脑)。但我们也会问："为什么我们要自己生产组件?"不同于竞争对手，我们实际上只有一种选择：从专业厂家那里购买组件，利用它们已经作出的投资并允许自己专注于我们擅长的设计方案和系统并直接向顾客销售。通过早期与供应商建立的这些联盟，我们确实实现了快速成长的战略。

2. 合资企业

合资企业是当两个或多个企业联合它们的部分资源创造一个独立的、共同拥有的组织时所创造的一个实体。可口可乐公司和雀巢公司合资成立的全球饮料伙伴(Beverage Partner Worldwide)就是典型的例子。这个合资企业生产即饮冷茶和冷咖啡，包括雀巢冰爽茶(Nestea)、雀巢凉茶(Nestea Cool)和Belte茶。一般来说，建立合资企业是为了进入国外市场。在这种情况下，合资企业一般包括打算进入国外市场的企业与一个或多个当地伙伴。

创业企业建立合资企业的目的一般是为了加快进入市场并利用创新和学习机会。例如，正因为此，微软在2002年的时候建立了20个合资企业。在所有合资企业中，竞争对手之间建立的合资企业有很高的失败风险，因为在合资企业之外，合作方的产品和地理市场会经常重叠。这就使合作双方很难界定合资企业的范围，通常会导致争论和意见不合。

在较大规模的高科技企业中流行着一种混合型合资企业，即在有前途的新企业中占有一定股份。在这种情况下，大企业承担的是公司风险资本家的角色。在20世纪90年代初，英特尔正式建立了一个风险资本项目，这个项目主要投资于私有企业，试图帮助新创企业从初创阶段成长到首次公开上市或被并购阶段。到2004年6月，在这个项目上，英特尔已进行了220项风险投资。英特尔的风险投资项目分为三种，分别用以支持不同的技术发展，这表明作为公司风险投资家，英特尔所开展的活动已经很复杂。企业一般向那些有潜力在未来成为供应商或顾客的企业提供这种性质的投资，大企业占有小企业股份使其对小企业的发展有"发言权"。有时，在小企业中有股份的大企业会并购这个小企业，这种交易称为并入。与并入相对应的是出售，即当一个大企业将某个小事业单位剥离时就会发生出售。例如，微软在 1999 年 11 月出售了其下属旅游网站 Expedia。

六、OEM 模式

1. OEM 模式的含义与现状

OEM 是英文 Original Equipment Manufacturer 的缩写，按照字面意思，应翻译成“原始设备制造商”或“原厂委托制造”，一般称为代工生产或定点生产，俗称代工，基本含义为品牌生产者不直接生产产品，而是利用自己掌握的关键的核心技术负责设计和开发新产品，控制销售渠道，具体的加工任务通过合同订购的方式委托同类产品的其他厂家生产。之后将所订产品低价买断，并直接贴上自己的品牌商标。这种委托他人生产的合作方式简称 OEM，承接加工任务的制造商被称为 OEM 厂商，其生产的产品被称为 OEM 产品。

比 OEM 更进一步的是 ODM（Original Design Manufactures，译为原厂委托设计），这是在产品设计与发展的活动上，受托厂商的技术能力能够开始处理设计开发的相关事务。OEM 产品是为品牌厂商度身订造的，生产后也只能使用该品牌名称，绝对不能冠上生产者自己的名称再进行生产。而 ODM 则要看品牌企业有没有买断该产品的版权。如果没有的话，制造商有权自己组织生产，只要没有品牌企业的设计识别即可。

在工业社会中，OEM（包括 ODM）可谓司空见惯。因为出于制造成本、运输方便性、节省开发时间等方面的考虑，知名品牌企业一般都愿意找其他厂商 OEM。在找别的企业进行 OEM 时，知名品牌企业也要承担不少责任。毕竟产品冠的是自己的牌子，如果产品质量不佳的话，轻则有顾客找上门投诉，重则可能要上法庭。所以，品牌企业在委托加工期间肯定会进行严格的质量控制。但也有种说法，称 OEM 产品代工结束后，质量仍不敢完全保证，故此，当有的商家说某件产品的生产商是某大品牌的 OEM 产品时，绝不要相信其质量就等同于该品牌。唯一能够相信的，是这家制造商有一定的生产的能力。

OEM 是社会化大生产、大协作趋势下的必由之路，也是资源合理化的有效途径之一，是社会化大生产的结果。在欧洲，早在 20 世纪 60 年代就已建立有 OEM 性质的行业协会，至今 OEM 生产已成为现代工业生产的重要组成部分。在亚洲，日本企业为迅速占领市场，降低生产成本，最早采用国际 OEM 的生产贸易形式。“亚洲四小龙”的腾飞亦与 OEM 有密不可分的关联。台湾早已成为全球 PC 机最大的 OEM 基地，印度亦是通过 OEM 的方式成为世界最大的计算机软件出口国。在 IT 业，从技术到零部件到软件的功能模块，谁是全能？康柏总裁菲费尔谈到这个问题时说：“用最直接的方式赚钱！”，并公开表示要省去那些所谓的资产(厂房、设备、办公楼等)带来的负担。甚至有人称:OEM 造就整个 IT 产业!美国耐克公司是全球最大的运动鞋供应商,自己却没有一家生产工厂,只专注研究、设计及行销,产品全部采用 OEM 方式,成为 OEM 经营的成功典范。随着经济全球化发展趋势的进一步加快,OEM 需求商有可能在更大范围内挑选 OEM 供应商,特别是向加工制造成本低廉的国家和地区转移。

2. OEM 模式的现实意义

(1) OEM 适应科技飞速发展的需要

科技的飞速发展导致了产品生命周期的缩短。企业的竞争战略正从扩大生产规模、降低生产成本为重心的生产型方式,向注重新技术应用,迅速推出新产品为重心的市场经营方式转化。据 IDC 的数据显示,在 20 世纪五六十年代,电子产品的生命周期平均为 10~12 年,而进入 90 年代以后,这一数值下降为 6~18 个月。在新技术层出不穷的电子信息时代,企业经营者为了获取竞争优势而竞相加大了对新产品研发的投资力度,为了尽快将研究成果转化为商品占领市场,许多大企业自己生产关键性部件,而将辅件以 OEM 的方式承包出去让其他企业生产,这样既可以缩短生产周期,又可以将节省下的用于生产设备的大量资金用于研究开发,使企业在市场响应速度方面保持了一个良性循环,同时企业还可根据市场态势的变化,适时地调整生产规模,从而保持一个适应市场发展动态的、灵活的弹性生产机制。

从另一个角度讲,产品生命周期缩短,企业用于生产设备方面的投资必然加大,为了降低机会成本而大量采用 OEM 方式进行生产,可说是充分利用外部资源的"草船借箭"之策。

(2) OEM 适应大品牌的发展需要

品牌与渠道在商品最终价值形成中的分量越来越重要,激烈的竞争使企业越来越认识到品牌的重要性,因为只有在消费者中树立起良好的形象,才能赢得更多营销渠道合作伙伴的支持,才能通过与渠道合作伙伴的共同努力使产品向更广泛的消费群体渗透。为此,许多经营业绩良好的跨国公司一直注重品牌形象及营销渠道的建设。因此充分利用 OEM 方式将已经成熟的产品或其他企业有生产优势的产品推入自身的营销渠道中,利用自身在增值服务方面的优势去赢得更广范围的消费者,这又可称之为"借鸡生蛋"之良策。

(3) OEM 适应信息管理系统发展的需要

随着科学技术的发展,计算机集成生产系统(CIMS)逐渐被广泛地运用于生产过程中,质量也已逐渐成为生产过程中的可控因素,这就使 OEM 厂商为消费者代生产的产品提供了物质保证。这正是 OEM 方式在生产自动化程度较高的信息产业行业中大行其道的原因之一，这也是像 IBM、HP 这样的只有十多万员工的跨国企业却推动几百亿美元销售额的原因之一。将有限的资源投入到渠道建设中去，也为企业提高市场反应速度提供了根本保障 。

(4) OEM 适应为顾客提供完整的解决方案

在信息经济时代，行业分工越来越细，新产品层出不穷，高科技含量逐渐提高，最终消费者不可能凭产品科技含量判断其对自身的适用性，因为他们所需要的是基于解决方案的全方位的服务。现代企业竞争从某种意义来讲就是考核企业发现消费者需求并为之提供全面解决方案的能力，单一产品的重要性正逐渐降低。而现实问题是如何满足越来越复杂、越来越具个性化特征的消费需求，OEM 方式提出了一个好的途径：企业以自己的专有技术为基础，融入以 OEM 方式生产的其他产品，从而为客户提供适合各自需求的解决方案，这样既推动了企业自身技术的发展，加强了自身品牌的影响力，又使客户从全面的解决方案中得到了更全面、及时、周到的服务。从另一角度讲，被 OEM 的企业也在企业的带动下得到了发展，这充分体现了资源合理配置的原则。另外，以 OEM 方式进行经营可更加有效地配置有限的企业内部资源，最大限度地减少管理的层次，提高经营管理的效能。

(5) OEM 适应建立新型竞争优势的需要

现代经济的发展已改变了人们对单纯性竞争的看法，竞争与合作已成为现代企业发展的两大动力。在自身有优势的产品上，使用竞争对手的 OEM 产品使自己的优势更突出，同时竞争对手也有了新的发展空间，竞争变成了合作。同时在科学技术高速发展的今天，很难有一个企业能全部掌握一次产品的全部专利技术，通过相互间以 OEM 方式提供产品可保证知识产权的完整性。从而避免纠纷或重复开发所带来的资源的浪费，又能推动某项技术的市场影响力，使之成为新的工业标准，或是集团联盟的标准，使无序的竞争变得相对有序。

3. OEM 模式的利弊分析

目前我国许多中小企业都参与过 OEM，特别是加工贸易中主要以 OEM 贴牌生产为主，所以有必要从 OEM 生产方企业的角度，分析一下 OEM 方式的利弊和对我国企业的影响。

相对于购买方而言，供给方处于相对被动的地位，然而，采用 OEM 方式仍然是有利可图的。

(1) 进入国际市场，参与国际竞争。如近年来，国内家电等行业竞争日趋激烈，市场趋于饱和，某些国内制造企业为了能开拓市场而为国外品牌做代工，增强了企业的全球意识。

(2) 规模生产,降低成本。现代化生产中普遍存在着规模经济效应,即随着产出规模的扩大而呈现出单位成本下降的趋势。这可能来自于专业化分工的深化和固定成本的分摊。如果企业本身就存在生产能力过剩的情况,成本下降的效果将更加明显。参与 OEM 供给,意味着产出规模的扩大,不仅增加了产品的销路,而且降低了成本。

(3) 学习经验,完善管理。提供 OEM 的企业往往在 OEM 购买方的产品供应链中扮演重要角色,OEM 购买方可以在生产管理、市场营销、产品开发等方面具备较强实力,在合作过程中,OEM 供应方可以在产品质量控制、成本控制、经营效率控制等的管理上按照购买方的要求组织生产,以先进的组织控制积累经验,提高企业的管理水平。

(4) 产品创新,提升能力。如果 OEM 产品属于创新产品,供给企业除满足购买方的需求外,还可以以自己的品牌在国内外市场上销售。或者增加产品线的长度,推出新产品;或者加深产品线的深度,增加现有产品的品种,无论从哪一方面来说都增加了企业的竞争力。而且 OEM 方式对买卖双方而言,除了共享产品整体竞争优势外,还具有一个最有特色的优势,那就是买卖双方进出市场的灵活性。只要买卖任何一方发现了更有利可图的途径,就可以随时终止合同。从这个角度而言,OEM 市场是高度有效的。

(5) 节约销售投资。当企业面对国外市场时,由于各国商业习惯不同,很难建立完全的独立流通网。但是如果借用外国公司的销售力量就便利多了。如富士、理光等企业都对其在欧美的厂商和经纪采取了 OEM 方式,这样减少了企业间运转时的摩擦,消减了企业本应投入的大量销售资金,使企业能够适应在海外经营。

OEM 模式相对于生产方企业来说,也存在一些弊端。特别是随着国内劳动力成本的上升,OEM 厂商的生产利润趋于下降,生产环节在产业链中的竞争地位也同时趋于下降;相反,市场环节的利润率和竞争地位在相对上升。OEM 厂商处于产业链低端,利润连年持续下降是 OEM 厂商面临的最大困境。据《商业周刊》中文版的报道,代工厂商的"毛利润"已经从原来的 15%下降到了 5%。如摩托罗拉为推出低价手机,通过竞标的方式遴选代工厂商,每部手机的报价只有 30 多美元。

当企业为别人代加工越来越多时,自有的品牌也就越来越少,同时也造成企业市场功能的残缺,它将成为企业下一步谋求更大自主发展的沉重"债务"。这一点对国内的 OEM 厂商来说,也是一个严峻的考验。

对大多数 OEM 厂商来说,选择做这一行多是无奈之举,谁也不愿意总是待在食物链的末端，过着仰人鼻息的生活。就连全球最大的电子产品合同制造商伟创力(Flextronics International Ltd.)，也不满足于为摩托罗拉生产手机，为微软生产游戏机，尽管目前这些消费品在它的收入来源中占到了大部分。因此，完成了原始积累的 OEM 厂商，会像伟创力那样，向价值链上方逐步转移，这成了最实际的一种选择。

当然，对于处于创业初期的中小企业而言，OEM 仍是要充分考虑的创业模式，但有理想的创业者和企业家不会仅仅停留在这个初级模式上，而会逐步实现由 OEM 向 ODM(代设计)，直至 OBM(自主品牌)的转变。

【案例】史玉柱的两次创业①

一、史玉柱与巨人集团

史玉柱以开发 M6401 桌面中文电脑软件起家后，巨人集团一下子发展起来，资产规模很快接近 3 亿。此时，史玉柱开始不满于只做巨人汉卡，他开始做巨人电脑。巨人电脑虽然挣钱，但管理不行，坏账一两千万。巨人电脑还没做扎实，史玉柱又看上了财务软件、酒店管理系统。史玉柱去美国考察，问投资银行未来哪些行业发展速度最快？投资银行说是 IT 和生物工程。史玉柱回国立即上马了生物工程项目。其他涉足的行业还有服装和化妆品，摊子一下铺到了六七个事业部。

为吸引外流人才回国效力，史玉柱被称为“中国大学生留在本土创业”的典型。作为支持，珠海市政府曾经批给巨人一块地，巨人准备盖 18 层的办公楼。在大厦图纸设计好之后，市政府领导希望史玉柱将巨人大厦建为中国第一高楼，认为只有这样，史玉柱才配做全国典型。为此，市政府批给了巨人 3 万多平方米土地，而 125 元/m^2 的价格相当于是白送。

1993 年，中国经济过热发展，只要有房子就能卖掉。72 层的巨人大厦需要 12 亿，但此时，史玉柱手中只有 1 亿现金，他便将赌注压在了卖“楼花”上。可等到 1994 年史玉柱卖楼花的时候，中国宏观调控已经开始，对卖“楼花”开始进行限制。后来，规定越来越规范，限制越来越多。史玉柱拼命宣传也只卖掉了 1 亿多“楼花”。而盖巨人大厦时，仅打桩就花了一亿多。

1995 年，巨人推出 12 种保健品，投放广告 1 个亿。史玉柱也被《福布斯》列为大陆富豪第 8 位，“脑黄金”取代巨人汉卡成为巨人新的摇钱树。1995 年，仍然认为形势一片大好的史玉柱又往巨人大厦地下三层砸了一亿多元。

---

① [资料来源]摘编自：http://www.docin.com/p-396089418.html.

1996年，巨人大厦资金告急，史玉柱贷不到款，决定将保健品方面的全部资金调往巨人大厦。此时，“脑黄金”已经每年能为巨人贡献1个多亿利润。史玉柱认为，“我可以用‘脑黄金’的利润先将巨人大厦盖到20层。先装修20层，卖掉这20层后，再盖上面的。”没想到，保健品业务因资金“抽血”过量，再加上管理不善，迅速盛极而衰。

1997年初，巨人大厦未按期完工，国内购楼花者天天上门要求退款，媒体“地毯式”报道巨人财务危机。得知巨人现金流断了之后，巨人三个多亿的应收款收不回，全部烂在了外面。不久，只建至地面三层的巨人大厦停工。巨人集团名存实亡，史玉柱成为“全国最穷的人”。

二、史玉柱与征途网络

由于巨人的倒下，一文不名的史玉柱个人向朋友借了50万元，带领着十几名忠实的追随者转战江浙、东北，再度开始创业的历程。

“脑白金”于1998年5月问世，史玉柱试探性地先花了10万元广告费在江阴打市场，很快产生了热烈的市场效应，影响到了无锡。于是，他们用赚到的钱在无锡打市场，无锡也有了很好的市场反应。史玉柱开始重新树立起信心。接着，他们的市场开到了南京，带动整个江苏，同时在吉林启动，很快，常熟、宁波和杭州都做开了市场。

就这样，在1999年3月，史玉柱终于在上海注册成立了一家新的公司——上海健特生物制品有限责任公司。当年，新公司的主营产品——“脑白金”销售额就达2.3亿元。

对于史玉柱和他的团队来说，“巨人危机”或许是他们最大的财富，因为从中得到的教训和对于自身的深刻认知，让他们在以后的创业中受益无穷。

2004年11月，上海征途网络科技有限公司正式成立。三四年前，史玉柱就曾想过投资做网游。在进入网游之前，史玉柱曾经找来专家咨询，也曾专门拜访一些行业的主管领导。结论是，至少在8年或者更长的时间里，网络游戏的增长速度会保持在30%以上。

史玉柱认为，网络游戏的成功靠的就是两个因素：钱和人。史玉柱不缺钱，多年保健品业务积累和投资收益给史玉柱带来了巨大的资金积累。几年前，史玉柱就曾经对网络游戏动心过，但在那时他没有游戏团队，新浪的汪延曾经告诉他，新浪之所以没做成网游，也是因为缺人。

2004年，放弃大型网络游戏研发的上海盛大的一个团队准备离开盛大，并希望找一个合适的投资伙伴，并在同一个台湾的投资方接触。史玉柱听说此事之后，立刻找到这个团队，会谈之后，史玉柱投资IT的热情再度被点燃起来，决定投资。

史玉柱自问：如果失败，其原因有可能来自什么方面？一是产品，二是人员流失等，在一问一答当中，史玉柱罗列出了十几个项目要点，也一一找到解决的方法。

初做网游的史玉柱，无法全面同对手竞争，因此，他制定了一个“聚焦聚焦再聚焦”的策略。征途网络只选择 MMORPG 类中的 2D 领域，声称要做“2D 游戏的关门之作”。从现在的结果来看，史玉柱的聚焦策略取得了一定程度上的成功，征途的在线人数已经领先于直接竞争对手。

为了网络游戏的项目，史玉柱预先估计到最高可能会亏损两个亿，因此，就在账上准备了两亿元人民币。但是，前期 4 000 万人民币投下去之后，很快，征途就已经开始良性发展，在公测阶段就已经开始盈利。由此，史玉柱也就正式进入改变网游格局的《征途》。

有游戏同行说史玉柱太另类、不按常理出牌，但同时也认为将公司广告做到央视，将“脑白金”的推广经验运用到网游渠道，也确实有创意。

史玉柱自称曾到农村和商店，和买保健品的消费者聊天，了解他们的习惯、喜好。为了了解网游玩家的心理，史玉柱也自称曾经直接进到网吧和玩家聊天，同玩家在网上交流。他发现，网游和保健品一样，真正的最大市场是在下面，而不是在上面。中国市场是金字塔形的，最大的网游市场就在农村，农村玩网游的人数比县城以上的玩家加起来要多得多。

虽然被盛大多次抢先，但是征途全面免费，以及给玩家发工资的策略也在市场上取得了不错的成效。现在，征途的所有用户当中，83%的用户都是免费的，真正付费的用户只有 17%。史玉柱认为，免费用户很重要，因为他们可以为自己带来人气，而付费用户在代练以及装备交易方面的市场潜力远大于普通的点卡计时收费市场。

外界普遍认为，史玉柱保健品成功的关键是广告，而史玉柱则认为最关键的一环其实是地面推广。现在，史玉柱将在保健品当中的营销经验应用到了网络游戏当中。据副总经理汤敏介绍，目前，征途网络的地面办事处已经近百家，并计划发展到上千家。

【案例】两位年轻妈妈的创业之路[①]

2002 年 7 月，姜霞辞去南京某行政机关的工作，带着两岁多的女儿来到江

① [资料来源]摘编自：http://www.oh100.com/chuangye/706381.html.

苏常州的丈夫身边。她决定自己做一些事情。恰好邻居中也有一位年轻妈妈余健与她有一样的想法。于是,两位年轻妈妈决定一起创业,姜霞主管经营,余健则主管财务,但两人都没有经商经历。想了又想之后,她们准备采取加盟的方式创业。

2002 年 10 月,在一次玩具展会上,她们了解到了以"12 生肖卡通动物"为主题的复旦开圆卡通乐园公司,提供卡通产品连锁加盟店业务。经加盟后,经营资金需约 5 万元,包括商标使用费、保证金、经营店装修费用、货物购置款、房租和办公费用等。预计投资回收期为 11 个月。

姜霞与余健到上海与开圆公司人员谈过之后,认为加盟卡通店这种形式投资不太大,也比较稳妥,于是就定了下来。

回到常州,她们开始选址。加盟总部告诉她们:这种店一般应该选在 A 级商业区(城市中人流量最大的商圈)。但同时也应注意,人流量大,未必代表人流层次就一定较高。比如,在消费层次较低的集贸地区开卡通店,许多父母可能会带着孩子来看了又看,但面对价格偏高的卡通产品他们大多会最后选择带着孩子离开。

所以,姜霞她们把眼光盯在了常州的中心商圈延陵路的两个大商场的其中一家——新世纪商场,此商场正准备在扩展少儿产品经营规模,将整个第 4 楼调整为少儿产品专卖层。

于是,她们就抓住了这个机会,进驻了新世纪商场 4 楼一个约 5 m^2 的空置过道区域。

商场之中,已有儿童玩具专柜近 10 家,但大多是销售电动玩具、各种娃娃等,姜霞的卡通乐园是销售卡通玩具的第一家。

2002 年 12 月,两个年轻妈妈的卡通乐园正式营业。

第一个月下来,她们的销售额就达到 1 万多元。于是商场就允许她们把营业面积从最初约 5 m^2 扩展为 15 m^2。

初涉商海能够立稳脚跟,除选对经营场所外,还与姜霞她们在选择进货时,谨慎又谨慎地选择卡通货品大有关系。

身为孩子妈妈的姜霞她们当时想:如果进电动车之类玩具,孩子只需学会按开关,有什么教育意义呢?家长不会有为孩子购买的欲望。而益智类玩具,既能满足孩子们喜欢动手、喜欢有创造空间的愿望,同时又能开发孩子们的色彩感觉和手眼协调能力。

更重要的一点是,作为商家和父母,她们自信其他父母会作出相同的选择。

所以,她们一开始就看好加盟总店货品中的益智类玩具,并从中精挑细选,确定了五六十种为自己开始创业的主营产品。然后按照协定以3～5折的价格拿货,并享有初次进货时30%的免费换货量。

后来生意较稳定之后,姜霞也开始尝试扩展新货品。然而,自己的设想在与当地市场的撞击中,既有失败也有成功。

比如,她尝试进过卡通书包、卡通小医药箱等价格高、利润大一些的产品,结果摆了很长时间也没有销售出去。

而当她结合本地特色进一些货品时,却收获了成功:常州有个独特的恐龙园,于是她想到进"卡通恐龙蛋"这种货(每个恐龙蛋里装着零件,孩子可以按照图示,自己组装起各种不同类型的恐龙),结果这款卡通玩具成了迄今为止她店里最火爆的产品。

【案例】加盟创业须谨慎①

即将毕业的大学生朱玲玲在创业过程中,就被"高回报"的骗术忽悠了一把。

2008年冬天,她按网上地址找到北京一家销售木纤维毛巾的加盟连锁公司,听了招商部经理对这种成本低、利润高且风险小产品的推介就心动了,把从亲戚那里借来的钱全换成毛巾,并取得该公司在河南省的独家代理权。

最初一个月,她兴冲冲地跑遍了周边所有学校,没卖出一条毛巾。然后她又去居民小区推销,效果还是不好。3月份她开始通过网络推销,两个月过去了,仍没卖出一件产品。

记者调查发现,有小朱这样遭遇的大学生不在少数。不少高校毕业生选择了加盟连锁的创业方式。他们从电视和网络等媒体了解到加盟连锁项目的丰厚条件,比如,企业总部提供免费指导,不收取任何加盟费用,进货达到一定额度就能获得额外奖金,低风险甚至无风险等。于是,就开始创业了。小朱沮丧地说,我们一无资金,二无经验,加盟连锁会让自己开店的风险降低很多,可结果却事与愿违。朋友、同学打电话问我现在生意怎么样,我不敢也不想跟他们说生意不好。

一些加盟连锁企业鼓吹加盟连锁能快速致富,利用高回报诱惑大学生。因此,大学生在选择加盟式创业时一定要小心。

这些所谓的加盟连锁企业深谙大学生的创业心理,早已为他们准备好连环套:品牌在国外已有十几年甚至几十年成功运营史,实际已死无对证;生产基地在某发达省市,可是路途遥远不便去看;加盟利润很高,这只有天知道;经营好了

---

① [资料来源]摘编自:http://www.360doc.com/content/10/0314/00/815758_18673145.shtml.

还返奖金和装修费，前提是经营好，这基本没希望；还举出许多成功范例，带大学生创业者去看其他加盟店，实际上就是托。更重要的是，投资成本仅两三万元，还有优厚的换货条件，风险很小。

这么多好处怎能不让大学生创业者心动，心甘情愿地交钱加盟，不由自主地上钩呢！但是，钱交了之后，加盟者很快发现一切都变了：货物不如样品好，价格虚高，卖不出去；回总部换货，却换到其他加盟商退回的积压品。

大学生创业门槛可以降低，但是依法经营是必要前提。另外，部分创业大学生存在对相关政策不了解、缺乏法律意识等问题。

这对于正处在创业热情中的大学生来说是一个提醒。目前高校的创业教育大部分精力是放在培养大学生突破知识、经验、心态、创新、资金等众多限制因素的能力上，而很少关注创业过程中的法律问题。创业作为一种社会实践是可行的，但创业过程中的诸多风险并不会因为大学生的特殊身份而自动消失。因此，在创业教育中，应根据相关就业、创业案例，强化大学生的法律保护意识。

【案例】借力扬帆远航 利用特长创业办学

一 加盟少儿英语品牌

孙继涛的父母从小就很重视他的英语学习，在他上小学、中学的时候父母就给他报了英语课外补习班。上高中的时候孙继涛因为英语成绩好，还担任了班里的英语课代表，并在高中毕业时顺利地考取了大学的英语专业。大学毕业的时候，学校的定向培训单位上海的一家大公司录用了孙继涛，但因为是家里的独子，父母并不同意孙继涛去外地工作，于是他遵从了父母的意见回到了老家所在的一座小县城。这里没有什么适合英语人才的工作岗位，父母帮助孙继涛在一家事业单位找了个坐办公室的工作。但孙继涛并没有放弃自己喜爱的英语专业，每天晚上下班后，他仍然在家坚持英语学习。

一次偶然的机会，孙继涛参加了本地政府组织的创业辅导课程，在这个课程中他第一次接触到了创业这个概念，孙继涛意识到创业是一种实现自己人生梦想的好途径。参加完创业课程后，孙继涛想做一名创业者，想利用自己的英语专长办一所英语培训机构。他知道本地的中小学生英语课外辅导的市场需求很旺盛，但能够提供专业服务的机构却很少。孙继涛把自己创业的想法告诉了父母，父母本来担心自己的宝贝儿子承担不了创业的压力，但看到他的创业决心这么大，最终还是决定支持他的想法。有了父母的支持，孙继涛辞去了工作，开始筹备自己的英语培训机构。在父母和亲友的帮助下，他办理了相关的手续，租了一间教室,并购置了一些教具。对于开展的业务,一开始孙继涛的想法很简单,主要是依靠自己的英语专长,帮助中小学生进行课程辅导,并重点加强英语听力和口语的训练。经过一段时间的准备,孙继涛办的英语培训机构终于开业了。

缺乏经验,发展受挫

孙继涛的英语培训机构一开业,他就在本地各个学校和社区门口张贴了招生海报拉了横幅,很快就有很多家长带着孩子来报名了。有了生源,孙继涛开始正式授课了,他利用每天晚上开办两个小时的课程辅导班,周六周日开办半天的英语听力、口语训练班。

刚开始,孙继涛每天白天备课,晚上上课,觉得自己还能够应付,但过了没多久,孙继涛就发现自己的知识和英语功底已经应付不了教学了。晚上的课程因为孩子们的年级和英语基础不一样,无法用统一的课程来教学,教学组织起来很混乱;而周末的课程因为孙继涛自己编排的英语听力和口语训练比较散乱、缺乏体系而越来越无法满足孩子们的需要。好在本地的少儿英语培训机构很少,没什么竞争,孙继涛的业务还能正常开展下去,但很多家长向孙继涛提出,希望他的教学不要仅仅满足于辅助课堂学习、提高学生的考试成绩,而要有系统的教学体系和科学的教学方法,能从根本上提高孩子们的英语学习素质。听了家长们的意见,孙继涛心里沉甸甸的,他深深地感到自己肩上的责任,也觉得自己的知识储备太少。一开始,孙继涛尝试着自己研究,想把课程系统化、规范化,可花了不少时间,也没什么结果,搞出来的东西连他自己也不满意。孙继涛很苦恼,他觉得自己不配当一个合格的老师,觉得对不起报名的家长和孩子们,也觉得自己的英语培训机构前途渺茫。

加盟连锁,规范运营

孙继涛把自己的烦恼告诉了在外地的朋友,一些朋友纷纷帮助他出谋划策。其中,一个在北京一家大民办教育机构工作的同学给孙继涛出了个好主意,就是现在有很多非常成熟的大型少儿英语教育专业机构推出了不少系统课程和服务,并开展连锁加盟的模式,他可以加盟一家专业机构。这位同学不但给孙继涛出了这个好主意,还收集了不少相关机构和品牌的网址和资料发给了他。孙继涛认真地研究了这些资料,自己也在网上查阅了很多资料,他觉得加盟一家成熟的少儿英语培训机构是个好出路,不但有了系统科学的教学体系,也能得到师资等各种资源的支持,还有管理上的成熟经验可以借鉴。

经过反复的研究学习,孙继涛决定加盟某少儿英语品牌,他联系了当初给自己出这个好主意的同学,请这位同学帮忙协助自己亲自到北京这家少儿英语品牌的总部去咨询考察。孙继涛在完成了当期辅导班的培训课程后,没有再继续招生，而是打点行装动身去了北京。他在同学的帮助下来到这家少儿英语品牌的总部，在详细咨询了相关事项后，他正式提出了加盟申请。虽然孙继涛的办学资质、办学条件和经费情况都和这家少儿英语品牌的加盟要求有不小的差距，但真诚执着的孙继涛打动了对方的相关领导，他们被这位来自贫困地区的小伙子对少儿英语教育事业的热爱所感动，同意了孙继涛的加盟请求，不但降低了加盟费的要求，还答应给予孙继涛改善教学条件、师资支持方面最大的帮助。在履行了相关手续和程序后，孙继涛的培训机构正式成了这家少儿英语品牌在当地的服务点，孙继涛也在总部接受了系统的培训和指导。

孙继涛回到家乡后，在总部的帮助指导下，又筹集了一部分资金，增大并改善了自己服务点的教学面积和环境；他又从本地招募了两名老师送到北京培训，并正式以这家少儿英语品牌培训服务点的名义对外招生。有了品牌形象、有了更好的教学环境、有了系统的教学课程、有了更好的师资、有了成熟的管理系统、有了大机构的支持，孙继涛的服务点很快就从本地的同类机构中脱颖而出。服务点正式运营后短短的几个月的时间，就有两百多名孩子报名参加了课程的学习。孙继涛也在积极与总部沟通，在争取得到更大支持的同时，严格地按照总部提供的系统的课程体系和管理体系来运营好自己的服务点，努力为本地的孩子们提供更好的英语教育服务。

连锁加盟有直营、委托加盟、特许加盟等形式，最大的特点是利益共享、风险共担，可以满足不同资金实力、不同需求的创业者，尤其是对于经验不足、实力有限的大学生创业者来说，是不错的选择。

二　加盟婴幼儿用品公司

张梦学前教育专业毕业后在一家幼儿园做保育员工作，每天和孩子们在一起，心里想做一些跟孩子们有关的事情。她的同学大学毕业后一直在一家国企做文职，工作和收入还算稳定，但总是感觉没啥意思。一次，和张梦交流，知道了张梦的想法后，她极力推荐张梦做婴幼儿生意，于是，两人一起对市场进行了考察，准备加盟一家婴幼儿用品公司。最后，经过考察比价，她们加盟了一家总部设在上海的婴儿用品公司，该公司有正规的经营模式，商品在市场上销售多年，已经占有一定的市场份额，有固定的客户和良好的信誉。

在她们准备开业的前一个月，这家公司派专人来对她们进行了培训。在简单基本的母婴护理知识、店面的摆设、布局、装修等方面给了张梦很多建议，每个月的免费送货给她们减少了很多麻烦。

“一分耕耘，一分收获”，这是我们做每一件事都要谨记的道理。所以，事物的价值不在于它的大小，而在于它是否合用，世事莫不如此。

【案例】李开复的“创新工场”①

李开复博士于2009年9月在北京中关村创办了创新工场。因为中美两国经济环境的不同，分别造就了不同的经营模式，也创造了不同的市场机会。美国拥有相对发达的信息系统、充足的资本和高新技术人才；而我国广阔的市场空间以及政府的支持等都是发展的优势所在。但如此的发展形势同样隐藏着威胁：金融支持的缺乏、管理制度的不完善等。创新工场正是致力于在这一复杂的环境中为企业建造一片创业的绿洲。创新工场的实质是一个创业平台，为新进企业提供一系列的技术和资金支持以帮助企业发展。然而授人以鱼不如授人以渔，创新工场更重要的价值在于帮助企业开发具有市场竞争力的产品或培养一批高科技人才，这才是企业获得和维持长期竞争优势的关键。正是基于这种特性，创新工场的投资往往集中于信息产业，如互联网、电子商务等。创新工场作为一个招募的平台，等待有独特想法的创业者来实现自己的梦想。经过一系列的筛选，创业者的想法就有可能变为现实：拥有自己的团队来开发自己的项目。整个公司的运作模式大致为：从创业者找到创新工场来为实现自己的梦想开始到打造精英团队，再到产品项目的开发和运营。整个过程中，创新工场都做着后勤的工作来帮助团队成长，提供法律、技术及资金上的支持直到团队成为独立的个体可以独当一面。这意味着，手握大笔资金的投资人就站在创业者面前，创业者需要做的就是通过自己的创意打动投资人而获得投资。经过几年的发展，李开复的创新工场已经吸引了成千上万拥有自己的梦想、渴望获得成功的年轻人。到目前为止，创新工场的运作一直非常成功并取得了巨大的成就，上千项目的审阅，数十家公司的投资运营，以及国内、国际专利的申请，都代表了这一新型商业模式在中国的试水成功，这无疑引领了创新界的新浪潮。

李开复本人将创新工场定位为一个提供创业可能的平台。在这里会提供创业所需要的一切资源，从场地的选择到行政管理的辅助；从项目筛选评信到员工招聘；利用公司现有的技术建立一个数据共享平台，基于历史团队数据实时更新的累积帮助未来创业团队的发展，其开发阶段的商业模式为：项目孵化器开发阶段是创新工场美景建立阶段。创新工场的概念被李开复正式提出后，孵化新的项目就成了他的目标。孵化器有狭义与广义的划分，狭义的孵化器是指对某个单一项目或多个项目进行孵化最终得到市场化产出。带有创意项目的创业者或

① ［资料来源］摘编自：https://wenku.baidu.com/view/e1e22147312b3169a451a449.html.

团队进入创新工场这个孵化器组织内，接受孵化器提供的系统培训，包括咨询、技术、生产等，并提供项目投入所需的场地、通信、网络与办公等方面的硬件与软件共享设施，开展项目并逐渐做大，直至脱离孵化器走向市场检验，对在孵企业或在孵项目而言，自身风险和创业成本大大降低。按照李开复的理想模式，在这一阶段的价值主张是帮助高新技术领域的创业者提供创意—项目—产品的一体化服务并推向市场，然后帮助这些创新项目寻找风险投资商进行再投资，实现价值创造。

第三章　创业团队与企业文化建设

本章提要

- 群体与团队的区别
- 创业团队的概念及作用
- 高绩效团队的特征
- 建立高效稳定创业团队的策略
- 企业文化的内涵和层次结构
- 企业文化的功能和特征
- 新创企业文化建设的特殊意义
- 企业文化建设的方法

第一节　创业团队的概念与作用

美国考夫曼基金会创业领导中心创始人考夫曼(Kauffman)认为,伟大的创业具有三大原则:像你希望别人对你一样对待别人;与人分享共同创造的财富;回报社会。不难看出,这三大原则关注的核心并不是个人英雄主义的个体创业者,而是卓有成效的创业团队。新创企业既可能只为某个创始人或其亲友提供就业机会,也可能是一个具有较高发展潜力的公司,两者之间的主要差别就在于是否存在一支高质量的创业团队。选择合作创业者,可以实现新企业人力资源的最大化。没有团队的创业也许并不一定会失败,但要创建一个没有团队而具有高成长性的企业却极其困难。

一、群体与团队

团队并不等同于一般意义的"群体",二者的根本差别在于,团队中成员所做的贡献是互补的;而群体中成员之间的工作在很大程度上是互换的。具体表现在,团队的成员对是否完成团队目标一起承担成败责任并同时承担个人责任,而群体的成员则只承担个人成败责任;团队的绩效评估以团体整体表现为依据,而群体的绩效评估则以个人表现为依据；团队的目标实现需要成员间彼此协调且相互依存，而群体的目标实现却不需要成员间的相互依存性。此外，团队较之群体在信息共享、角色定位、参与决策等方面也进了一步。

因此，团队是群体的特殊形态，是一种为了实现某一目标而由相互协作、依赖并共同承担责任的个体所组成的正式群体。具体而言，团队是由两个或两个以上具有不同技能、知识和经验的人所组成，具有特定的工作目标，成员间在一起工作，互相依赖、技能互补、成果共享、责任共担，通过成员的共同协调、支援、合作和努力完成共同目标。真正的团队不只是一群人，而是总能超过同样的一组以非团队模式工作的个体集合，尤其是当绩效由多样的技能、经验和判断所决定时更是如此。

【案例】“梦之队”为何不如人意？

每年在美国的职业篮球大赛结束之后，常会从各个优胜队中挑选最优秀的球员，组成一只“梦之队”赴各地比赛，以制造新一轮高潮，但是结果总是令球迷失望——胜少负多。

这是为什么呢？其原因在于他们不是真正意义上的团队。虽然他们都是最顶尖级的篮球明星，但是由于他们平时分属于各个不同的球队，无法培养团队精神，不能形成有效的团队出击。由此看来，团队并不只是一群人的简单组合。世界杯中大多数“进球”、“好看的球”，都是“打配合”的结果，是团队精神的结果。

二、创业团队的作用

创业团队是由两个或两个以上具有一定利益关系的、拥有所创建企业所有权或处于高层主管位置并共同承担创建和领导新企业责任的人所组成的工作群体。团队创业有助于创业的成功和新事业的发展。

(1) 团队能提高机会识别、开发和利用能力。团队成员不同的知识、经验和技能的组合，提供了团队对创业机会识别进行更为科学、理性的评价，对机会开发方案的选择更为准确、全面，以避免决策失误。同时，团队成员广泛的社会联系和内部更多的积累，可以有效地获得开发机会所需要的资源，增加机会开发成功的可能。

(2) 团队能提高新企业运作能力，发挥协同效应。把互补的技能和经验组织到一起，超过了团队中任何个人的技能和经验。这种技能和经验在更大范围内的组合使团队能应付多方面的挑战，比如，创新研究开发、市场营销、财务管理、质量控制和客户服务，并形成一种协同工作的整体优势。

(3) 团队能为加强组织发展和管理工作提供独特的社会角度。通过共同努力克服障碍，团队中的成员对相互的能力建立起信任和信心，并加强共同追求高于和超乎个人及其职能工作之上的团队业绩的愿望。工作的意义和成员的努力都使团队价值深化，从而使团队的业绩最终成为对团队自身的激励。

(4) 团队有利于营造更轻松愉快的心理环境。团队的良好氛围与团队的业绩是相辅相成的，它能够使团队的成员愿意为了实现团队的目标而一起工作，并且为了团队的业绩成果而相互充分信任。这种令人满意的心理环境支持创造了团队的业绩，也因团队的优异业绩而得以延续。

第二节　高效创业团队的特征与建设

一、高绩效团队的特征

新创企业不仅要组建一支团队，更重要的是要使团队得以有效地运行。高效团队通常具有如下特征。

1. 清晰的目标

目标是行动的指南。高绩效团队对所要达到的目标有清楚的了解，并坚信这一目标包含重大意义和价值。建立在愿景之上的共同目标，既能使团队成员为之振奋而又切实可行，并激励团队成员把个人目标升华到企业目标中去。在高绩效团队中，成员清楚企业希望他们做什么工作，以及他们怎样共同工作以完成任务。

2. 互补的技能

有精湛技术的人不一定就有合作技巧，但是，高绩效团队往往兼而有之。高绩效团队是由一群有能力的成员组成的。他们具有实现理想所必需的技术和能力，而且相互之间有能够良好合作的个性品质，从而能出色地完成任务。创业者寻找团队成员的目的，主要在于弥补创业目标与当前能力的差距所需要的配套成员。一个好的创业团队，成员之间要有良好的能力互补，而这种能力互补既有助于强化团队成员间彼此的合作，又能保证整个团队的战斗力，更好地发挥团队的作用。

3. 良好的沟通

高绩效团队的成员通过畅通的渠道交流信息，管理层和团队成员之间有健康的信息反馈机制，并经常进行以获取超过个人水平的见解为目的的“深度会谈”，鼓励成员将他们认为最困难、最复杂、最具冲突性的问题放到团队中来讨论，自由表述各自的观点并加以验证，使彼此真诚相待，让每个人以真实的想法在交流中碰出火花。

4．高度凝聚力

优秀的创业团队都具有很强的凝聚力，正是凝聚力使所有的团队成员紧紧地团结在一起，从而最大限度地发挥出自己的作用，促使组织目标的实现，形成组织发展的强大的生命力。团队成员之间的相互包容和团结协作在企业发展过程中非常重要，一个具有发展潜力的企业一定会拥有一支能够协调合作的创业队伍，而不仅仅是一两名杰出的企业家或管理者。优秀的创业团队往往注重成员之间的相互配合，提高团队的整体效率，而且通过彼此之间的合作来发展团队成员之间的友谊，扩大团队成员的合作基础。团队并非简单的几个人的集合，它是由一群有共同理想、能同甘共苦的人组合在一起的。在这个组合中，成败属于整体而非个人，成员不但同甘共苦，而且公平合理地分享经营成果，整个团队具有坚强的凝聚力与一体感。团队中的每一个成员都必须认识到他们是一股紧密联系而又缺一不可的力量，“唯有公司整体的成功才能使其中所有的人都获益”。除此之外，任何个人都不可能撇开公司的整体利益而单独获益；反之亦然。团队中任何一个人的损失也将对整个公司的利益造成损失，从而影响每一位成员的利益。

5．公平合理的股权分配机制

股权是团队成员根本利益关系的体现和行使权力的基础。公平合理的股权分配及其机制，关系着团队的团结稳定和公司的治理结构，也直接决定了团队的效率。所谓公平合理，就是要体现成员的贡献与其所持有的股权相匹配的原则。股权分配不一定要均等，但需要合理、透明与公平。通常主要贡献者会拥有比较多的股权，但只要与他们所创造价值、贡献上能相配套，就是一种合理的股权分配。平均分配股权并不能体现权、责、利的统一，无助于企业的发展和团队成员积极性的发挥。如果创业者碍于面子，不根据团队成员的才能、贡献分配股权，或没有一个合理的股权分配机制，就会挫伤团队成员的积极性，也会导致团队的分裂。

创业之初的股权分配与以后创业过程中的贡献往往并不一致，经常会发生某些具有显著贡献的团队成员拥有的股权数较低，贡献与报酬不一致的不公平现象。因此，好的创业团队需要有一套公平、弹性的利益分配机制，来弥补上述不公平的现象。由于贡献大小在事前只能做一个大概的估计，而且意外和不公平的情况往往在所难免，因此，必须随时做相应的增减调整。

6．合理分享经营成果

合理分享经营成果的范围更广，除了创业团队成员要有合理的分配机制外，对员工也要有合理的分配制度，能使大家共同分享经营的成果，从而使企业能够长存。国外企业一般是拿出10%～20%的利润来分配给关键岗位的员工。我国的一些成功创业企业，尤其是一些高新技术的企业，用员工持股的办法，使员工合理享受到企业的经营成果。

7. 恰当的领导

高效的领导能率领团队成员共渡难关、勇往直前，能为团队指明前途所在。领导者要向团队成员阐明变革的可能性，鼓舞士气，帮助他们更充分地了解自己的潜力。

高绩效团队的领导者往往担任的是教练和后盾的角色，对团队提供指导和支持，而不是试图去控制团队。

二、建立高效稳定的创业团队

创业团队的人员流失率非常高，这已经是一个普遍的现象，据国外的一家研究机构对100家成长最快的小公司所做的调查，发现其中有一半的创业团队无法在公司头5年中顺利存活，而另一家机构在他们所研究的12个团队的个案中发现，只有两家在创立5年后创业团队还保持创立初期时的完整。

创业团队分裂最容易发生在企业从创业初期向稳定发展阶段过渡的时期。创业初期的特征是组织的创立者将所有的精力都投入到生产和市场的技术活动中，以求得在市场中的生存，企业的组织是非规范化和非官僚制的，工作时间较长，大家为了生存而奋斗，不太计较个人的得失。当企业度过生存期，组织开始提出明确的目标和方向，部门也随着权力层级、工作分派及劳动分工而建立。企业在由创业初期向稳定发展期过渡的这段时间中，随着企业从不规范转变到正常经营管理状态，创业团队中的一些矛盾很容易暴露出来，而这些矛盾正是创业团队分裂的主要原因。

首先，随着企业规模的增长，有些成员的能力已经不适应更大规模、更规范的企业经营管理的需要。随着企业进入一个规范发展的时期，自身素质和能力的制约反而会成为企业发展的阻力，在这种情况下，创业团队很有可能走向分裂。其次，创业团队成员的经营理念与方式不一致，团队思想没有统一，有些成员不认可公司的目标和策略，价值观冲突，导致创业团队解散。再次，创业成员之间因为性格、个性、兴趣不合，导致磨合出现问题，创业活动难以正常开展，创业团队解散。最后，团队在创立初期没有确定一个明确的利润分配方案，随着企业的发展、利润的增加，在利润分配时出现争议导致创业团队解散。从人力资源管理的角度看，建立优势互补的创业团队是保持创业团队稳定的关键。

在创建一个团队的时候，不仅仅要考虑相互之间的关系，最重要的是要考虑成员之间的能力或技术上的互补性。在团队已经组建以后，无论是有核心主导的创业团队还是群体性的创业团队，要保持其稳定性必须注意以下几点。

(1) 创业团队一定要形成一致的创业思路，成员要有共同的目标愿景，认同团队将要努力的目标和方向，同时还要有自己的行动纲领和行为准则。

(2) 要以法律文本的形式确定一个清晰的利润分配方案。把最基本的权利界定清楚，尤其是股权、期权和分红权，此外还包括增资、扩股、融资、人事安排、解散等与团队成员利益紧密相关的事宜。

(3) 在团队中建立信任与宽容。在创业过程中，不可避免地会发生矛盾和冲突，而信任与宽容会帮助创业团队避免不必要的任务和程序冲突。在轻松的环境下进行成员间的互相了解不会伤害任何人，但风险还是存在的。创业团队要做的不只是团队建设，因为它要学习有效地共同工作，减少恶意的冲突。在决策机制下进行的沟通，以及对机制的使用和管理会帮助团队建立信任和宽容。这些机制会使人产生期望，对期望的运用、监控和调整就能建立起相互信任。

(4) 有控制的授权。团队之所以能有效运作，在很大程度上就归功于团队内部成员享有充分自主的决策权上，包括能够制定生产目标、自主雇佣员工、评估绩效等。但是充分的授权并不等于不需要领导和管理，故授权应分阶段、有计划、有控制地进行，避免混乱。创业团队的主要领导应以灵活方式逐步放权，并不断对团队的绩效进行评估。

(5) 适当运用集体决策。集体决策既能够满足创业团队不同的参与要求，又能够集结众人的智慧，使决策更优化，因而在很多情况下，它具有与个人决策无法比拟的优点，尤其在跨功能团队中，几乎每一名成员都来自于不同的职能部门，专业和技能互为补充，一项任务的完成在知识和信息如此分散分布的情况下，集体决策变得更为重要，但应注意避免集体决策“议而不决”的致命弊病。

(6) 要保证团队成员间畅通的沟通渠道，进行持续不断地沟通。团队开始工作时要沟通，遇到问题时要沟通，解决问题时也要沟通，有矛盾时更要沟通，沟通的时候要多考虑团队的远景目标和未来的远大理想，多想有利于团队发展的事情。

任何一个创业者都不可能在一开始就能建立起有效的团队。团队的形成就如同个人的成长一般，也要经历不同的发展阶段。很多时候，团队是在企业创立一定时间以后随着企业的发展逐步形成的，而且在这一过程中还要进行不断的调整。

第三节 大学生创业团队的组建形式

卡姆和纽里克(1993)认为，很多创业团队是由朋友、亲戚、同事、校友所组成的，这代表创业团队组成是透过原有网络，并没有深入考虑团队成员是否具备一般及专业能力来创业，然而也有很多的创业家或团队不希望透过原有的网络来寻找成员。

从大学生创业团队的实际操作看，团队有多种不同的组建形式，各自具有不同的特征。下面结合案例对其进行具体分析。

一、同学组合型

目前，在高校中的大学生创业团队以同学组合型创业团队为最多，他们大多以基于大学生创业社团等学生群体性组织为主，主要采取参与大学生创新创业大赛、挑战杯等大学生校园赛事、电子商务、校园代理及开设实体店等创业形式。许多当前叱咤市场的创业明星，都有过与同学组合合伙创业的经历。如 MySee 的 3 位创始人高燃、邓迪、张鹤翔，高燃和邓迪是清华新闻系大学同学，邓迪是张鹤翔的大学时期创业合伙人；还有名声大噪的校内网(即人人网)，它的创办人也是来自清华大学、天津大学和北京大学的王兴、王慧文、赖斌强、郭万怀、杨俊、付栋平几位大学生所组成的学生团队。

同学组合型创业团队的优势是：团队成员都接受过高等教育，知识储备相对丰富，年龄小，思维活跃，较少受到习惯性思维束缚，容易发现商机，敢想敢干，执行力强；搭配合理的创业团队，其成员专业、学科上的优势在创业项目的选择中，容易转化为创业过程中的技术优势，增强了团队的整体竞争力，减少了盈利模式复制的可能；团队成员经过了选择，自由搭配，相互之间较为熟悉和信任，减少了团队磨合时间，降低了沟通和决策成本，能够缩短决策时间。

需要注意的是，同学组合型创业团队对于团队核心人物的要求比较高，他要能够正确地处理创业过程中的民主决策与专制决策的矛盾关系。团队合作讲究尊重个体，重视个人能动性的发挥，特别是当创业团队成员都是自己同学的时候，大家都是大学生，接受的同等层次的专业教育，每个人都感受到了自己的责任，渴望对项目的发展和决策提供意见，并得到采纳。这种开诚布公的意见采集过程对于团队的整体发展是必要的，也在一定程度上考验着团队核心人物的领导能力。

但是，民主决策却有可能以损失效率作为代价。普希尔定律认为，再好的决策也经不起拖延，创业路上波诡云谲，机会稍纵即逝。一个创业项目的启动和运行，很多时候需要快速决策，一个好的大学生创业团队，无疑是在同学之间充分讨论和迅速拍板的问题上获得了良好的统一。要么是有一个团队成员作为核心人物占据主导权，但是整个团队需要建起良好的制衡协作机制；要么是没有成员绝对主导，但是团队机制具备了快速沟通决策的能力。

亨利·基辛格说过一句话：聪明不足以使人成为企业领袖。对一个校园创业团队的核心人物来说，只有聪明还不够，眼光、魄力、勇气、魅力等诸多创业成功要素一个都不能缺。对于创意良好的创业项目来说，团队核心人物非常重要的职责，就是在这两种思路指导下，以自己的魄力、勇气和魅力，选择和创建工作团队，这几乎就是关乎项目成败的关键。

二、师生合作型

2008 年，第六届“挑战杯”中国大学生创业计划竞赛上传出喜讯，来自江苏技术师范学院的翔宇循环大学生创业团队凭借其《江苏翔宇资源循环科技有限公司创业计划书》（公司现已更名为常州翔宇资源再生科技有限公司）获得风险投资公司 6 000 万元的投资，创下该次“挑战杯”创业计划大赛单笔最高投资签约纪录。该创业团队是依托该校副校长、中国有色金属工业协会再生金属分会副会长、全国贵金属深加工及其应用专业委员会主任周全法教授的国家科技支撑计划项目《废旧机电产品和塑胶资源综合利用关键技术与装备开发废线路板全组分高值化清洁利用关键技术与示范》，提出利用该校在电子废物处理处置方面的科技优势，组建了常州翔宇资源再生科技有限公司，公司目标之一是建设以电子废弃物为原料，提取金、银、铯、铜等年处理量为 1 万 t 电子废线路板的示范生产线。

这一案例是师生合作型创业团队的典型。事实上，校园内的大学生创业创新团队，很多都活跃着指导教师的身影。参与导师或指导教师作为创业创新团队的主要成员，出想法、出思路，把握大方向；由经过挑选的学生组成实践团队，负责实现创业目标的各项具体工作。师生合作型的创业团队，它的优势显而易见。参与创业的指导教师往往是某一领域的权威或专家，拥有一定的人脉资源和社会公信力，对外吸引资金、投资相对容易，同时由于教师的社会形象相对正向，对创业团队也起到了宣传带动的作用，有利于公司的长远发展；有些导师既有研究课题，又参与创业项目，如果把创业项目与研究室整合在一起，产、学、研相结合，优势很明显，参与课题的学生做论文，作出来的创新成果可以用到创业产品和服务上，形成科技学术成果转化为生产力的良好模式；有利于节省教育资源，产、学、研结合，创业的成果可以给在校师生提供研究角度和研究工具，提高他们的学术能力和水平。

师生合作型的创业团队，相对容易得到社会各方面的关注和支持，它的发展可能减少许多弯路。如媒体报道的江南大学年轻副教授吴祐昕，利用所处无锡太湖新城科教产业园区提供的优惠创业政策，带领着一批思维活跃、专业多元的大学生注册了一家由大学师生创立的公司——无锡数字城市科技发展有限公司。该公司以科研为定位，以产学研相结合为手段，通过将所采集的建筑物、企事业单位、路口标识等详细资料以技术方式还原到网络中，构建一幅无锡城市全景三维图，虚拟的无锡在互联网上展现出来，多达 2 万余幢建筑，大量的现实生活与商业信息，虚拟无锡精细程度令人赞叹，甚至连一家小小的花店、一个馄饨店都被明确标出，真正实现了网民不出家门便可身临其境地“逛遍”全城。“虚拟无锡”网站浏览量最多时一天达到 48 万人次，涵盖商家企业信息量已达到 6 万条，目前已开始盈利。

大量的校园创业实践表明，参与创业的老师更多地处于掌舵的位置，把握创业方向，事实上承担了咨询者的角色，由学生负责具体的创业运营。如果老师管得太多，效果可能不是很理想。如同济大学有一个项目在“挑战杯”拿了二等奖，这个项目是一个硕士研究生做的，他当过研究生学生会副主席，能力较强，最后这个项目被他的导师给卖了，卖给一个制药集团，卖了 10 万块钱，因为这个产品的专利主要是属于他的导师。因此，如何处理好创业学生同教师的关系，成为这一类型创业团队需要注重思考的问题，如果处理不当，可能会影响到新企业的生存。

三、爱情搭档型

校园是滋生爱情的温床，校园里的爱情总是伴随着快乐和忧伤。当爱情的圣火被创业的火种点燃，当男孩子的理性、务实与女孩子的细致、感性通过爱情与创业的媒介结合起来，激发出来的力量就十分可观。

近年来，处于恋爱阶段的大学生情侣创业呈现增长趋势，情侣创业成为大学生校园创业的一道亮丽风景，为激烈的创业过程平添了几笔温情色彩。大学生情侣大多以网络或实体店的形式，参与跟大学爱情相关的创业项目，如花店、餐馆、服装店、内衣店、饰品店等。有的大学生情侣还勇敢地走出校园，深入到农村基层，参与更为广阔领域的创业活动，并取得了不错的收益，引起了社会各界的广泛关注。如新华社报道的福建师范大学 2007 届毕业生黄燕超和他的女朋友，就毅然回到了家乡，办起了专门针对农村生产资料供销的农机经营部，生意做得红红火火。

由于这种类型的创业团队成员是情侣关系，目标更加一致，沟通协调障碍较少，在项目选择、经营决策、危机公关等重要创业环节中，可以有效地减少中间环节，提高管理效率，实现理念传达，达成步调一致。特别是在关键决策中，可以减少顾忌，有助于相互启发，减少失误。由于彼此比较了解，在项目的经营管理中，可以有效地发挥各自专长，合理分工，相互补充。在这方面比较成功的案例有李国庆和俞渝这对夫妻档以及他们联手创立的“当当网”。

李国庆毕业于北京大学，两次创业，均以出版为主体。在图书出版领域摸爬滚打了10年，了解中国传统的图书出版和发行方面的环节。俞渝是纽约大学MBA毕业的，在华尔街做融资，参与过几个很成功的案例。她在美国生活了整整10年，投资者非常信任她，又有共同语言。两人从谈恋爱开始，就经常一起思考亚马逊的商业模型与传统贸易手段的根本区别。后来夫妇俩常探讨在图书这个行业中间赚钱最关键的环节是什么，有着多年图书出版运营经验的李国庆说肯定是出版社和读者的直接联系。于是他们一起去找风险投资商，说服了IDG(美国国际数据集团)、LCHG(卢森堡剑桥集团，该集团公司拥有欧洲最大的出版集团)共同投资，目标锁定在凭借发达国家现代图书市场的运作模式和成熟的管理经验，结合当今世界最先进的计算机技术和网络技术，用来推动中国图书市场的“可供书目”信息事业及“网上书店”的门户建设，成为中国最大的图书资讯集成商和供应商，成为全球最大的中文图书网站。

就这样，从最基础的工作开始到构建网上书店大厦，夫妻俩一唱一和，各自发挥所长，相互补充。在公司内部，李国庆负责市场、技术、采编、运营；俞渝掌管财务和人力资源，还有战略发展和其他网上的一些战略联盟等。公司成立十多年来，当当网销售业绩增长了400倍。当当网在线销售的商品除了图书、音像，还有家居百货、化妆品、数码、家电、服装及母婴等几十个大类，逾百万种商品，库存图书达到60万种。目前每年有近千万顾客成为当当网新增注册用户，遍及全国32个省、市、自治区和直辖市。每天有上万人在当当网购买东西，每月有3 000万人在当当网浏览各类信息，当当网每月销售商品超过2 000万件，成为众多电子商务网站中的佼佼者。

一般而言，当事业正处于起步阶段时，情侣型的创业团队在人力工资支付方面几乎没有顾虑，随着事业走上正轨，逐渐做大，情侣之间的关系会由于事业而寻找到共同语言，渐趋巩固。即便双方因为创业经营理念发生冲突时，也大都采取平等协商、积极解决的态度消除冲突，团队成员因为感情的纽带关联而不会轻易选择离开。趋势科技公司创始人张明正、陈怡蓁夫妇在接受媒体采访时就曾经透露，在创办两年后，陈怡蓁女士才领到了她的薪水，张明正先生称之为最好的“廉价劳工”。当然，以爱情为纽带的情侣创业也面临着一些比较现实的问题，最突出的就是容易将感情混淆进事业之中。创业的现实一点也不浪漫，生意上的折磨往往不易逃脱，难免有人会将工作中不如意的情绪带进爱情之中。此外，情侣创业还面临着管理不透明等诸多疑虑，特别是因为情侣创业有可能使双方由双薪收入转为单薪收入，如果资金调度失灵，或者创业失败，不但增加了双方的生活压力，严重的话更有可能造成情侣失和，在创业失败的打击中"好心分手"。

如何正确处理情侣搭档创业团队的双方关系，首先理解沟通是基础，如果双方沟通渠道不畅、技巧欠缺，则生活与事业的互相干扰及发生冲突的可能性将大增。如此一来，不仅对事业发展大为不利，更可能因此破坏了爱情基础。其次，合理的分工与合作是关键，创业之初，双方应先确认创业过程中各自的角色与职责，以免影响事业的发展。如恋爱双方能分工互补参与经营，应是较适合的创业理念。

四、兴趣组合型

比尔·盖茨的名字几乎是家喻户晓，在这种过于刺眼的光线下很轻易忽略一个人，那就是与盖茨共同创办微软公司的保罗·艾伦。两个人是一起长大的童年玩伴，对计算机技术也有着共同的爱好。为了实现自己软件创业的梦想，保罗·艾伦在大学三年级时从华盛顿州立大学退学，并说服盖茨从哈佛大学二年级退学共同创业。盖茨曾说："整个事件几乎是在一念之差下决定的，当时假如不是艾伦描绘的蓝图打动了我，也许我还会待在大学里，那么以后所有的故事就不会发生了，我甚至怀疑自己当时是不是太过冲动。"创业伊始，他们便尝试为第一台微型计算机 Altair 编写一种被称为 BASIC 的程序语言。1975 年，BASIC 语言在 Altair 计算机上取得成功之后，BASIC 语言被陆续应用到了苹果Ⅱ型个人电脑和 Radio Shake 公司的 TRS. 80 电脑上。这一年，大名鼎鼎的微软公司成立，两位创始人进行了股权和权责划分，盖茨占有 60%的股份，以商业为主，销售员、技术负责人、律师、商务谈判员及总裁的职位由他一人全部担当；保罗占有 40%的股份，专注于新技术和新理念。他们用 5 万美元买下 DOS 操作系统后，终于赢得了与 IBM 合作的机会，几年后，DOS 操作系统成为个人电脑的首选，个人电脑时代也由此拉开了序幕。

这个故事是兴趣组合型创业团队的完美诠释。所谓兴趣组合型创业团队，是知由于对某些创业项目所要实现具备的技术、资源、服务等要素或创业前景志趣相投，并以之为基础自由组合构建的创业团队。盖伦·钱德勒和斯蒂文·汉克斯在 1998 年的时候，曾经针对 12 个创业团队，以回溯个案法进行了一个初探性、归纳性研究。结果显示，公司成立时，创业团队的选择多是因为彼此间有相同的兴趣，而非团队成员的个别专业能力互补。仔细观察其结果，仅有两家公司在寻找团队成员时有考虑成员在企业功能上的互补，而这两个创业家之前都有在企业界带领其他公司的经验；有 7 家是因为对技术或是所提供服务有共同的兴趣；其余的创业团队，是因为在加入前认为可以增加个人财富，被企业成长的机会吸引进来的。因此，整体而言，很少团队一开始就考虑成员间在企业功能上的互补性，更重要的是有共同的兴趣以及对企业有高成长机会的认同。也就是说大多数创业团队组成时，并不是考虑到成员专业能力的多样性，大多是因为有相同的技术能力或兴趣。

兴趣组合型创业团队的创业目标较为集中，团队成员相对忠诚，凝聚力较强；团队成员更加重视创业过程对于个人兴趣的满足，对创业结果要求相对次要；为获得实现，兴趣组合型创业团队的创业目标较为集中，团队成员相对忠诚，凝聚力较强；团队成员更加重视创业过程对于个人兴趣的满足，对创业结果要求相对次要；为获得实现目标带来的愉悦感，团队成员的创业积极性更高，会千方百计调整和具备创业必需的各方面条件，从而拉高了创业成功率，团队成员由于彼此间的了解和默契，可以大大减少和降低道德风险，解决了很多新企业头疼的人与人之间的“信用”问题。此外，兴趣组合型创业团队还有助于较有效率地决策，决策质量、承诺度较高，对决策内容较为了解，较能接受决策的流程，降低了沟通交流成本，减少了情绪性冲突。

兴趣组合型的创业团队进行创业活动，本身就是把自己的理想和愿望兑现的过程，是全面提高个人能力的过程。在这种心态下，创业团队实际上更加注重创业过程，而创业成功与否则退而求其次，过程远比结果重要得多。正如杨致远所说，如果只是为了成功和金钱创业，能接受失败吗？不能。怎样才能接受失败？是因为能坚持，对所做事情的热爱，一种固执的“笨”。在创业中，过程始终比终点更为重要。真正给人带来意义和满足感的是过程，许多人搞反了。

当然，同其他类型的创非团队一样，单纯由兴趣组合而成的创业团队，也有其不足之处，特别是在日益复杂多变的商业环境下，以兴趣相投为纽带的同质化的组合标准，与团队组建要求的人力资源互补理念相悖。创业的成功在很大程度上取决于团队成员之间的优势互补，基于专业、职业经验等优势互补的考虑所产生的组织成员的多元化趋势，对创业成功的影响越来越大。因此，在组建这种类型的创业团队时，创业者需要谨慎理性，切忌感情用事。

第四节　企业文化的内涵、功能与特征

一、企业文化的内涵和层次结构

企业文化是企业在成长过程中，逐步生成和发展起来的日趋稳定的独特的价值观，以及以此为核心而形成的行为规范、道德准则、群体意识、风俗习惯等。

从这个定义中可以看到，企业文化实际上是指企业的共同观念系统，它是一种存在于企业之中的共同理解。因此，企业中不同背景和地位的人在描述企业文化时基本上用的是共同的语言。在每一个企业中，有各种不断发展着的价值观、仪式、规章、习惯等。这些观念一旦为全体员工所接受，就变成了企业的共同观念，成为企业文化的一部分。而企业文化一旦形成，就会在很大程度上对管理者思维和决策施加影响。

企业文化有广义、狭义之分。广义的企业文化认为，企业文化有三个层次结构，即潜层次、表层次和显层次三层。潜层次的精神层是指企业文化中的核心和主体，是广大员工共同而潜在的意识形态，包括管理哲学、敬业精神、人本主义的价值观念、道德观念等。

表层次的制度系统又称制度层，指体现某个具体企业的文化特色的各种规章制度、道德规范和员工行为准则的总和，也包括企业内的分工协作关系的组织结构。它是企业文化核心层与显层次的中间层，是由意识形态向实体文化转化的中介。

显层次的企业文化载体又称物质层，是指凝聚着企业文化抽象内容的物质体的外在显现，它既包括了企业整个物质的和精神的活动过程、企业行为及产出等外在表现形式，又包括了组织实体性的文化设备、设施等，如带有本企业色彩的企业标志、工作环境、经营管理行为、作业方式、图书馆、俱乐部等。显层次是企业文化最直观的部分，也是人们最易于感知的部分。

狭义的企业文化就是指精神层文化。平时我们常用到的企业文化的概念一般是指这个层次的企业文化。

【案例】海尔的企业文化

海尔的企业文化和经营理念主要包括以下几个方面。

企业信念：敬业报国，追求卓越。

企业精神：海尔只有创业没有守业。

工作作风：迅速反应，马上行动。

人力资源管理：实行“三工（固定工，合同工，试用工）并存、动态转换”的用工制度和“计点到位，计效联酬”的分配原则。

市场开发：“市场唯一不变的法则就是永远在变”，“只有淡季的思想，没有淡季的市场”，“先卖信誉，后卖产品”，“否定自我，创造市场”。

质量宗旨：“国门之内无名牌”，“高标准，精细化，零缺陷”，“要么不干，要干就要争第一”。

售后服务：“用户永远是对的”，“海尔真诚到永远”，“国际星级服务”。

海尔成功的精髓在于这种由缔造者设计的企业文化精神，在全体员工中得到了观念、思想、行动上的高度统一，达到了无形资产和有形资产共同增值的目的。可以说，企业文化是企业成功的坚强后盾。

二、企业文化的功能

1. 导向功能

企业文化把企业整体和企业员工个人的价值取向及行为取向引导到企业所确定的目标上来。

2. 规范功能

优良的企业文化通过建立共同的价值体系，形成统一的思想，使信念在员工的心理深层形成一种定势，进而改造出一种响应机制。只要外部诱导信号发生，即可得到积极的响应，并迅速转化为预期的行为。这就形成了有效的“软约束”，它通过协调和自我控制来实现，使企业上下左右达成统一、和谐和默契。

3. 凝聚功能

企业文化是企业全体员工共同创造的群体意识，是一种“黏合剂”，把各个方面、各个层次的人都团结在本企业文化的周围，从而产生一种凝聚力及向心力，使员工个人的思想感情和命运与企业的安危紧密联系起来，对企业产生归属感和认同感，使他们感到个人的工作、学习、生活等任何事情都离不开企业这个集体，将企业视为自己的家园，认识到企业利益是大家共存共荣的根本利益，以企业的生存和发展为己任，愿意与企业同甘苦、共命运。组织文化是凝聚员工的感情纽带和思想纽带。

4. 激励功能

企业文化强调以人为中心的管理方法，其核心是要创造出共同的价值观念。优秀的企业文化就是要创造一种人人受重视、受尊重的文化氛围。良好的文化氛围，往往能产生一种激励机制，使每个成员所作出的贡献都会及时得到其他员工及领导的赞赏和奖励，由此激励员工为实现自我价值和企业发展而勇于献身、不断进取。

5. 辐射功能

优良的企业文化既可以激发企业员工对本企业的自豪感、责任感和崇尚心理,还会对社会公众、对本地区乃至国内外企业产生一定的影响,在提高企业知名度的同时,构成社会文化的一部分,因此企业文化具有巨大的辐射作用。

三、企业文化的特征

任何企业的企业文化,都具有以下特点。

1. 客观性

企业文化是企业在其所处的一定的经济社会文化合力作用下,在长期的发展过程中逐步生成和发展起来的。在企业文化的形成过程中,企业创始人起了关键性的作用。

一个企业的文化反映了企业创始人的使命和价值观。创始人通过对企业应该是怎么样的规划或设想导致了早期企业文化的形成。因为企业创始人在建立企业时,总是怀有一定的理想,也有如何实现这些理想的愿望,他们可以不受先前行事习惯或思想体系的限制,提出其独特的要求其企业成员共同遵循的一些价值观和行为准则。因此,企业文化来源于企业创始人的志向、设想与企业第一批员工从其自身经验中所学到的东西的相互作用。但尽管如此,从总体上来说,企业文化的产生和存在是不以人们的意志为转移的。只要是一个组织,在组织中就必然会形成组织文化,不管人们是否意识到,组织文化总是存在着,并发挥着或正或负、或大或小的作用。成功的企业有优秀的企业文化,失败的企业有不良的企业文化。

2. 个异性

每个企业由于其使命不同,所拥有的资源和所处的环境不同,相应的其企业文化也不同。任何企业的企业文化都有其鲜明的个性。不仅如此,企业文化还有强有弱。所有的企业都有其特定的企业文化,但其文化对管理的影响程度是不同的。根据企业文化对管理的影响程度的大小,企业文化可分为强的企业文化和弱的企业文化。所谓强的企业文化是指主要的价值观念为企业内的员工所广泛了解和接受的企业文化,弱的企业文化则相反。员工接受的共同价值观念越多,对这些观念越认同,该企业的文化就越强。在有些企业中,对于什么是重要的、什么是不重要的并不清楚,这是一个弱的企业文化,在这样的企业中,文化对管理者的约束较小;而在有些企业中,什么是重要的、一个好的员工应该怎么做、怎样才能被评为先进等是非常明确的,这是一个强的企业文化,在这样的企业中,管理者的决策行为受到了企业文化的很大制约。企业文化的强弱与企业规模、企业发展历史、职工的流动性及企业的发展速度等有关。

3. 渗透性

企业文化具有特殊的渗透作用。随着企业文化的形成和发展，它渗透到企业员工的一切活动中，并产生了重大的影响。在任何一个特定的企业中，一些所公认的管理要素，如计划、组织、指挥、控制等本身就带有一定程度的文化色彩，脱离文化的管理活动是不存在的。

如果一个企业没有专门研究总结本企业的文化特质，通常情况下企业文化很少形成文字，甚至连口头上的明确说明也很少，因此企业文化并非是明晰可见的，但它确实存在于企业之中。例如，人们不会在现实的企业中发现以下这些成文的价值观，但它们却存在于绝大多数企业成员的思想之中：即使你并不忙，也要看上去很忙；盲目冒险会付出沉重的代价；我们的产品必须符合竞争的需要；在你作出最终决策之前，需先征得你老板的认同……这些价值观与管理行为的联系是非常直接而明显的。同样，管理决策是不能在真空中作出的，必须反映企业的历史和现实，因此必然受到企业文化的制约。如果某企业的文化坚信利润可通过削减成本得以增加，企业可通过每季度稳定却迟缓的收入增长来获取利益的话，那么各级经理人员便不会愿意采取富有革新精神的、高风险的或扩张性的行动了。

4. 稳定性

企业文化一旦形成，就具有稳定性，就像人的个性较难随时间改变一样，企业文化的改变也是十分困难的。一个既定的企业文化随着时间的推移而变得对企业不合适或成为发展的障碍时，从短期而言，管理者几乎很少可以干点什么来改变它。即使在最有利的条件下，改变企业文化也需要几年的时间，而不是几个星期或几个月。例如，美国通用电器公司在20世纪30年代就被认为是一个没有人情味、正规、保守的公司，到了今天人们认为它基本上还是这样。

第五节　新创企业文化建设的意义与方法

一、新创企业文化建设的意义

从以上对企业文化的功能和特征描述中，我们可以发现：企业文化的优良与否对于企业的生存发展有着重大的影响，而企业文化需要很长时间才能形成，一旦形成又趋向于稳定不变。一个强的企业文化，由于得到员工们的普遍认同，要改变它更是困难。因此，当企业处于初创阶段，创业者应该敏锐地觉察到，这是企业文化建立的最好时机。原因如下。

其一，企业年轻，且规模较小，企业文化尚处于雏形。企业成立的时间越短，企业文化越不稳固。同样，当企业规模较小时，创业者也更容易与员工沟通以建立新的价值观念。

其二，现有文化未得到广泛认可。越是强势的文化，渗透得越广，企业成员对其认同率就越高，企业文化就越难改变。相反，弱的企业文化则为管理者改变企业文化提供了便利。

因此，企业初创期的文化建设有着特殊意义，可以起到事半功倍的效果。

二、企业文化的建设方法

优秀企业文化的形成，是可以在企业内部已有的思想（传统文化、现代观念）基础上，通过有意识的策划、引导和塑造来促进的。例如，“爱企如家”这种企业文化的生成，首先是以人们倍感亲切、温暖、安全可靠的“家”的（观念、意识等构成的）文化为基础；然后按“家”文化（规范、道德行为等）模式来运作，如上班时老板主动问候，结婚、生日、生病时嘘寒问暖等，使人由衷感到亲切，产生一种到了“家”的感觉；最后，把这种“家”的信息转换成为物质的、制度的、观念的各种形态，从而固定下来成为企业文化的一部分。

创业者在企业文化的形成过程中负有不可推卸的责任。创业者要有意识地去引导良好的企业文化的形成：

(1) 分享创业者的愿景，倡导创业精神，以良好的企业精神来激励员工；

(2) 确定企业长远目标，使员工围绕目标开展工作；

(3) 建立一整套的规章制度，以规范员工的行为；

(4) 处事客观公平，使企业内部形成民主的气氛；

(5) 关心和体贴下属，使员工团结一致，产生向心力；

(6) 以身作则，在企业中树立榜样，以榜样的力量感召员工；

(7) 运用宣传灌输、自我教育、文艺感染、寓教于乐等多种方式方法来引导员工树立新的价值观念；

(8) 导入 CI 系统，形成统一直观的企业形象。

【案例】马云和他的“十八罗汉”①

现在回头去看阿里巴巴保存的一段录像，会觉得很有意思。录像记录的是1999 年春天阿里巴巴刚成立时，在杭州湖畔花园马云家，马云妻子、同事、学生、朋友共 18 个人围着马云，听他慷慨陈词：从现在起，我们要做一件伟大的事情，

① ［资料来源］摘编自：林军. http://3y.uu456.com/bp-d0a6e31dcsdas0e2s24d7ff1-1.html.

我们的 B2B 将为互联网服务模式带来一次革命！

类似的话在 1998 年年底的北京，马云已经讲了一次。

当时在下定离开外经贸回杭州的决心后，马云和跟随着他从杭州到北京打拼的兄弟们说："我近来身体不太好，打算回杭州了。你们可以留在部里，这有外经贸部这棵大树，也有宿舍，在北京的收入也非常不错；你们在互联网混了这么多年，都算是有经验的人，也可以到雅虎，雅虎刚进入中国，是家特别有钱的公司，工资会很高，每月几万元的工资都有；也可以去刚刚成立的新浪。这几条路都行，我可以推荐。反正我是要回杭州了。"接着马云又说："你们要是跟我回家二次创业，工资只有 500 元，不许打的，办公就在我家那 150 平方米的房子里，做什么还不清楚，我只知道我要做一个全世界最大的商人网站。如何抉择，我给你们三天时间考虑。"

像当年离开中国黄页一样，马云的决定又一次在他的团队里引起轩然大波。所不同的是这次没人哭。大家讨论时，很多人不能理解马云的决定，也有人坚决反对这个决定。不过，5 min 后，所有人都表达了一个共同的意愿——跟着马云回杭州。

1999 年是中国互联网的第一波高峰时期，有经验的互联网从业人员是稀缺资源，很容易找到高薪工作，与月收入 500 元相比，月收入上万元还是很有诱惑力的。至于为什么这些人会一致地选择跟随马云南下，日后马云的一次内部讲话多少能说明一些问题："现在互联网江湖很昏暗，谁也不知道未来是什么，这个时候你可以去找一份收入不错的工作，但很可能你几年后还得换地方。现在我们用一支团队的力量在这片江湖里拼杀，十几个人在一起还有什么可怕的，拿着大刀片子往前冲即可。"

财经作家郑作时为此感慨："这一团队和马云之间建立了超越利益之上的联系，既然几万元的月薪都可以放弃，那还有什么力量可以让他们分开？"

关系再好的团队，难免还是有磕磕碰碰的地方。从创业一开始，马云团队就定下了一些原则，从某种意义上说，这些原则是马云团队最终并肩走得足够远的保证。

这些原则中，与团队有关的最重要的一条是解决矛盾的原则。从一开始，马云就和他的创业伙伴定下原则说，团队中任何两个人发生矛盾，必须由他们自己面对面地解决，只有在双方都认为对方无法说服自己的情况下，才可引入第三者作为评判。

简单、开放的议事原则的提出和确立，对于阿里巴巴团队建设至关重要。它使阿里巴巴大大减少了交流沟通成本，减少了内耗，大大增强了团队的凝聚力和战斗力。

不要小看这个原则，对一个创业团队来说，矛盾是不可避免的，但如何解决矛盾是一个问题，在马云团队看来，办公室政治在于矛盾的不断累积。如果没有这个原则存在，没有这个原则长期坚持而自然形成的简单、开放的价值观，阿里巴巴的“十八罗汉打天下”的故事很有可能不能圆满，至少华星时代的创始人风波很难过去。2000 年，成功拿到高盛等 500 万美元的风投后，阿里巴巴从湖畔花园拥挤的居民楼搬到华星大厦宽敞的办公楼。随着空间环境的变化，阿里巴巴创业者们的心态也发生了微妙的变化。

搬到华星之后，随着公司正规化建设的开始，划分部门、明确分工都是自然而然的事，而有了部门就要有负责人，于是提干就是顺其自然的事。在 18 个创始人中，第一批提干的有三人：孙彤宇、张英和彭蕾，职务都是部门经理。于是原来的 18 个创业者分成了两拨：4 个官和 14 个兵。从北京 EDI 时代起，这支团队就习惯了只有一个头 ，那就是马云，其他人都是平等的兵，湖畔花园时代也是如此。到了华星时代，这种人们已经习惯了的现状突然改变了。

搬到华星大厦不久的一个晚上，除马云、张英、孙彤宇、彭蕾之外的十几个创始人来到一家名为名流的咖啡馆聚餐。大家开始时说好不谈工作只叙旧，但谈着谈着就说到公司、说到工作，所有的不解、疑惑和怨气都发泄出来了，一直谈到半夜。团队里的老大哥楼文胜首先倡议：说了这么多，屁股一拍就走，于事无补，我们应该写出来送给马云。大家纷纷响应。于是由楼文胜执笔，大伙儿补充，整整写了一大张纸。

散伙之后，楼文胜回家将这份东西整理成一封写给马云的长信，然后发给了马云。第二天傍晚，马云收到信后立即把 18 位创始人召集到一起，大家围着圆桌坐下后，马云说：“今天大家不用回去了，既然你们有那么多怨恨，很多人有委屈，现在当事人都在，都说出来，一个个骂过来，想哭就哭，所有都摊在桌面上，不谈完别走！”

那天的会从晚上 9 点开到凌晨 5 点多。那是一次彻底的宣泄 ，也是一次彻底的灵魂洗礼。会上许多人情绪激动，许多人痛哭失声。整整一夜，这些跟随马云浴血奋战了少则两年，多则五年的老战友在吵过、喊过、哭过之后，一切疑虑都已消散，一切误解都已消除。

华星时代创始人风波的导火索是那封写给马云的信。事后“十八罗汉”之一的吴泳铭说：“我们能写出来告诉马云，说明我们是一支很好的团队。”如果那 14 位创始人不这样做，而是任其发展，让误解和矛盾蔓延下去，那么 18 位创始人团队的分崩离析是早晚的事儿。

【案例】如何打造创业团队的凝聚力

王舒娟毕业于河南省信阳市师范学院。2004年，刚刚毕业的她就来到了上海，顺利地进入一家企业开始了自己的职业道路。由当初的设计师到企划、策划，再到市场营销，最后成为管理者。几年的时间里王舒娟积累了很多市场经验，也慢慢地萌生了自己创业的念头。和众多有梦想与理想的创业青年一样，她在自己成长的道路上，看到了很多人的成功，并也暗自下了决心。

2006年经过一番筹备，王舒娟开始了自己的第一次创业。在当时的环境和条件下，资金和人员的配备成为难题。经过合作伙伴的共同努力，终于解决了资金的问题，开始组建销售团队，但管理这个团队却是一件非常苦恼的事情。由于缺乏实际运作经验，他们在内部责任分工上出现了众多分歧。经过了一年多的努力，公司在市场上小有收获，但是这个团队由于分工、职责和团队理念等问题，最终还是解散了。

经历了第一次创业失败，王舒娟总结出了很多实际经验，也从中悟到一些道理：团队需要一种相同的文化理念支持，需要一种凝聚力。光凭着热情，一个创业团队可以支持一时，但很难持久，所以这个十多人的队伍出现了"集体干活，个人出名"的现象，同时也没有及时地发现和解决员工的这种心理状态。

2008年，她在一次展会上看到国外的虚拟现实技术应用和制作水平非常先进，吸引了全场观众的目光，这启发了王舒娟对虚拟现实技术在国内市场应用的关注。经过一段时间的市场调研，王舒娟发现国内传统的演示和展示技术已经远远不能满足众多行业企业的个性化需求。虚拟现实展示技术无论是发展方向，还是市场应用，前景都十分宽广。这次创业王舒娟选择了以虚拟现实、3D视觉技术为主的科技服务业。为了使自己的第二次创业能够形成自己的企业特色，王舒娟做了很多前期工作：组建公司前，参加专业机构培训，从中学习到一个优秀企业家所需要具备的素质，以及团队精神文化建设、团队塑造和团队领导等；在筹备期，建立了公司的管理流程和制度，同时也制定了公司的激励机制。有了这些制度、流程和责任划分，上海晟昊信息科技有限公司在初期市场运作上取得了比较好的效益。慢慢地，随着市场的扩展，公司人员也逐渐增多，公司已经从创业初期阶段，发展到一个15人的团队成长阶段。这也意味着，公司的制度和流程都将进一步完善，随之也产生了一些新的管理上的问题。

员工的自我膨胀

市场部的一位成员小伊，1989年出生。年轻气盛的他大学毕业没多久，就成为公司成立时的第一批员工，在公司一直是一个踏实能干的人。刚进入公司时，小伊的薪酬在1 000元左右，但踏实诚恳的态度得到了很多客户的认可，并且成为公司每月的销售冠军，薪金也从之前的1 000元提升到月收入9 000元。公司对他十分重视，在业务上也是全力协作。因业务优秀，小伊一直坚持用自己的方法来执行公司的业务制度，慢慢地他的心态较之前发生了很大的变化，开始自我膨胀，对主管的建议很少能听进去。在一次业务合作中，他由于过度自信犯了一个严重的错误：给客户报价时，没有明确地告知客户合同总金额，结果在签订合同的时候出现了很大的出入，最终错失了一笔重要的订单。

新主管引发的矛盾

转眼小伊来到公司已经有8个月的时间了。公司由于业务的扩展，把原有的一个销售团队分为了A、B两个小组，并由各自的主管来带队。经过公司的谈话教育以后，小伊已经认识到自己在业务上的错误，公司决定把他分配到新主管的团队中去好好磨合，不料在一次业务中却激发了另一个矛盾。由于新主管对待业务十分严格，不允许有错误的存在，作为小伊的主管，她也有权力去安排小伊的业务。小伊嘴上虽然没说，但心里总是不服气新主管，觉得自己是老业务员，应该和新业务员享受不同的工作任务。一次新主管和小伊一起拜访小伊的客户，无意中认识了小伊客户的老总。一来二去，新主管和老总渐渐熟络并成为朋友，老总对晟昊科技非常满意，就给新主管介绍了另外一个新客户。小伊得知这个消息以后，十分不开心，并开始对新主管抱怨。在公司总结会议上，小伊提出了自己的不满，觉得新主管是在抢夺他的客户资源，认为自己立下了很多功劳，现在却要被别人分享，还和新主管发生了争吵，拍桌子并扬长而去……

团队的争执

自从公司把销售团队分为了A、B两个小组，大家就开始进入了一种非常好的状态，每个人都非常努力地工作着。各个小组都不愿意落后于人，晟昊科技的业务发展开始步入快车道。但是，也慢慢暴露出了其他问题。公司的业务在热火朝天地开展着，但每次开会时王舒娟总会闻到火药味，A、B两个小组开始对客户资源进行垄断。在周末统计客户时，A组把一些打过电话的客户归为意向客户，同时表明B组不要重复开发；B组也不示弱，也用同样的方法垄断客户。两组人员相互对抗，常常为了争夺客户而发生争吵，导致了一些业务人员把大量的客户资源放在自己手里，而没有进行真正的开发。当又一次A组和B组争夺同一个客户时，竞争对手出现了，最终因A、B两组没有及时地沟通协作，竞争对手拿下了这个客户的订单。这个结果着实让全体销售人员感到可惜。

团队需要一种相同的文化理念支持，需要一种凝聚力，同时也要有良好的奖惩机制。管理一个团队应注重员工的心态建设，以人性化的管理去达到执行制度的目的，为企业的发展和壮大奠定基础。

【案例】"三剑客"创业：成也友谊败也友谊[①]

大学毕业的第二年，老爸问我有什么打算？我说想尝试做生意。老爸非常支持，说如果有需要，他可以先借钱给我。不过老爸最后对我说了一句话："做老板容易，不过，做好老板就不容易了呀。你要记住这一点。"我当时听了微微一笑，没怎么把这话放在心上。

恰巧，大学时玩得挺好的两个同学阿波、"黑子"和我一样，也有自己的创业的打算，家里也有条件拿出一笔钱来。于是，我们三个人聚在一块商讨着经营方向的问题，在考虑了这个城市的各种行业的发展前景以及周边环境之后，我们最终决定经营一家卡拉OK厅。

创业开始——"三剑客"卡拉OK厅开业

大方向确定了，接下来的就是要找一块风水宝地了。说实话，市区热闹的场所早就被别人看中了，况且那里的租金也不是我们所能够接受的。于是我们将目光放到了市郊，虽然家里人都反对去市郊，不过我们却成竹在胸，因为我们对那块地方充满了信心。那里附近有两所大专院校，周围一家卡拉OK厅都没有，门面租金便宜，且政府已将那里作为开发区。

天时、地利、人和，还有什么理由不选这块地方呢？为防有变，我们三个人马上各自向家里借了2万块钱，开始必要的准备工作。我负责进行店内的装修工作，阿波负责购买音响以及茶水饮料等，"黑子"负责营业执照以及相关的税务等工作。三个人干劲十足地忙活了半个月，卡拉OK的雏形已经呈现在我们面前了。由于这个卡拉OK厅是我们三个人合伙开的，最后我们决定将它取名为"三剑客"。

创业中期——"三剑客"火爆异常

因为我们将消费群体主要定位在那两所大专学校的学生，所以在接下来的半个月中，我们在他们的学校门口进行广告宣传，并且还聘用了两名来自这两个学校的女大学生在店内做工。

为了吸引顾客，我们决定，在开张当天唱歌免费、酒水饮料一律七折。本来我们的宣传就已经很到位了，加之又是节日，所以那一天来的人多得超出了我们的想象，差不多有100多名客人，大部分都是学生。楼下的大厅挤满了，楼上的六个包厢也都爆满了。到了凌晨一点顾客散去后，我们三个人站在门外，每个人

① ［资料来源］摘编自：葛建新．创业学．清华大学出版社，2005．

的脸上都兴奋地泛起了红晕，因为即使唱歌免费，那一天所挣的酒水饮料钱也有1 000多元。望着"三剑客"的招牌，我们三个人的眼里似乎都看到了未来的自己——少年得志的自己，可三个人却都没有想到"三剑客"最后会以解体失败而告终。

最初的三个月，我们的生意十分红火，每天晚上都是爆满。这三个月我们净赚了两万多元。大家将这笔钱存进了一个共用的存折里，因为我们当时都认为，这些钱是属于三个人共有的，谁知这也为后来的矛盾激化埋下了导火线。

创业后期——分配不均"三剑客"终解体

1月，"黑子"突然提出要扩大经营范围，他说要在大厅内同时经营饮食业，以此增加收入。这一计划遭到阿波和我的反对，因为饮食业对卫生设施要求高，同时也会对在一楼大厅唱歌的顾客产生影响。可是"黑子"执意要做，他说要是我俩不同意的话，他就独自去别的地方做。我和阿波权衡再三，还是没有同意。"黑子"知道后，提出了要分钱，我们答应了，可在谁得多谁得少的问题上又产生了分歧。三个人都认为自己的工作做得最多，应该得大股，结果那一天没有达成一致，大家不欢而散。谁知到了第二天，"黑子"就没来。我们去银行取钱，发现存折里的两万元钱只剩下一万元了，很明显，是"黑子"暗地里取走了一万。我和阿波气得直跺脚，但却无可奈何。

俗话说："祸不单行"，可能是我们的生意太红火了，紧接着，我们店的旁边就新开了两家卡拉OK厅，况且他们的环境设计得比我们的要富有格调，而且有一家还有专门的调酒师。这样一来，我们的生意明显比原来差了许多，"黑子"渐渐地也不来店里帮忙了，后来我们才知道，有调酒师的那家就是他老爸的朋友开的。

到了4月，受到SARS的影响，我们根本就没有生意了，我和阿波商量了一下，在电话中也得到了"黑子"的同意，决定盘掉门面，就此结束我们的生意。一个月后，大家再次聚到了一起，将各种结余清算了一下之后，大家各自拿着自己的钱分手了。说实话，除去了本金，每个人还是挣了点钱，只不过大家心里都清楚：那份最初可以相互信任的友情已经不复存在了。

第一次的创业给我留下了很深的印象，也给了我一个很好的教训：首先，我们不应该将友情融入生意中。当初开张的时候就应该订立一份协议，规定三个人在收入中各自所占的比例。其次，我们缺乏商战中的气魄和经验，不能够根据局面审时度势。后来我们得知，SARS危机过后，旁边的两家卡拉OK厅重新开张，生意比原来还好，而我们却缺乏信心地退出来了。看来，正如老爸所说的："做老板容易，做好老板就不容易了。"

【案例】新东方教育集团的团队精神[①]

新东方之所以能够走到今天，是因为新东方拥有非常优秀的团队。一个人的力量是有限的，但是一群人的力量是无限的。我们很容易把一根树枝折断，但我们很难把捆在一起的 十根树枝一起折断。但做事情仅有一群人还不行，这群人必须是具备团队精神的一群人，也就是一群有着同样精神状态、奋斗目标和进取精神的人。

新东方的第一批团队成员实际上是十多个下岗的四五十岁的女同志。她们帮助新东方管理教室、打扫卫生、印刷资料、处理各种社会关系、帮助服务学生等，这批在国有企业中失去活力的女同志，在新东方爆发出了空前的工作激情，以每天工作16个小时还不罢休的热情投入到工作之中，把新东方搞得蒸蒸日上、日新月异。

新东方的第二批重要团队成员是新东方最初的十几个老师，这批人包括了现在在学生中还赫赫有名的钱坤强、夏红卫、杨继、宋昊、钱永强等人物。1995年，俞敏洪放弃了出国读书的打算，下定决心要把新东方当作终生事业来做。俞敏洪只身飞到美国、加拿大，一是走马观花看看这些国家，了却心中踏上北美土地的愿望；二是拜访大学时的同窗好友，看看有没有机会说服他们回到中国和他一起做新东方。在无数次的喝酒聊天悲歌欢笑之后，他终于打动了几个胸怀大志的朋友，他们背起行囊又回到了伟大的祖国。这些人组成了新东方最具魅力的一个团队，以他们的激情、眼光和胸怀，一次次让学生激动，一次次使新东方升华。这批人把新东方从一个原始的培训学校，打造成了具有现代化管理结构的国际上市公司，把俞敏洪从一个只会英语教学的老师，推上了上市公司老总的管理平台。这些朋友，至今依然在新东方发挥着重要的作用，他们就是学生一听到名字就仰视的王强、徐小平、包凡一等人。他们以思想、激情和梦想，在整整十年的时光里，感动了成千上万的学生，让他们相信未来、热爱生命。

随着新东方的发展，新东方的团队越来越强大，充满个性和魅力的人物越来越多。无数才华横溢的老师从四面八方来到新东方，无数热爱教育的人才从五湖四海汇聚到新东方，今天的新东方已经壮大成为一个有着八千多名员工、老师和管理者的强大团队。新东方的办公地点变了，新东方的组织结构变了，但有一点新东方一直保持着本色不变，那就是令人羡慕的、拥有强大精神力量的新东方团队。

---

① [资料来源]摘编自：http://www.360doc.com/content/11/0113/11/5167014_86177647.shtml.

【案例】源远流长的古井文化[①]

古井酒厂建于1957年。建厂初期，共有32名职工、12间简陋厂房、1口酿酒锅、7条发酵池。1963年，“古井贡酒”被评为八大名酒第二名，30多年来荣获各种奖项近100种。目前，古井酒厂已发展成为以名优白酒生产为龙头、致力多元化经营和国际化发展、集科工贸为一体的大型集团公司，拥有50多家子公司。古井集团现有员工6 000余人，总资产约25亿元，净资产15亿元。

近年来，古井集团凭借现代化的经营管理，以人为本，强化管理，开拓市场，取得了卓越的经营业绩。近年来，公司每年的投资规模大约2亿元左右，其中国有资金70%。先后投资建设的项目有：合肥古井大酒店、九方制药公司项目、热电站项目、乳制品项目等。值得一提的是，古井集团还积极利用收购、控股、兼并等经营手段，来扩大集团资产经营规模，取得了良好的效果，为古井集团的发展注入了强大的活力，保持了企业强劲的发展势头，实现了企业快速健康的发展。

古井集团在从一个传统的手工酿酒作坊向多元化经营的企业集团发展过程中，以“效忠古井、业绩报国”的使命，树立了“敢为人先”的古井精神，通过“两场效应”管理法，走出了一条“名牌、名企、名人”的发展道路，培育了独具特色的“以人为本、天人合一”的古井文化。

“四子”立业学说

“四子”立业学说就是“抓班子、立柱子、上路子、创牌子”这是古井文化的凝练。董事长王效金认为，企业家是企业凝聚力的核心，企业家并非企业中的某一个人，而是由具有 帅才、将才、管家、参谋和监督等才能且博与专相结合的一群人所组成的领导班子集体。企业要想取得良好发展，首先要有一个好领导班子。王效金强调“立柱子”思想，高度重视企业的支柱性产品的发展，并形成支柱产品群，以支撑企业发展。古井人的“上路子”思想是指管理规范化、高效化、现代化，向管理要质量、要效益。强调企业管理练内功只有日积月累、执着追求、坚持不懈，才能不断优化。古井人力创民牌与名牌的统一，铸就属于广大消费者心目中的金牌，属于人民大众的名牌。

“三层文化”的系统运作

在精神文明层面上，古井人以“提高广大人民的生活质量，建设‘富有、文明、民主’的新古井”的经营哲学思想为指导，讲求“业绩报国，双向效忠”的企业道

① [资料来源]摘编自：http://www.eduzhai.net/lunwen/74/147/lunwen_98749.html.

德，以“爱国、爱厂、爱岗位”的爱国思想和敬业精神塑造企业全体员工的灵魂，树立企业的精神支柱。在制度文化层面上，古井人极力强化制度建设，先后制定了《生产工艺法规》、《产品质量法规》、《现场管理法规》等15种企业内部规章制度，以约束员工行为，维护企业经营活动的正常秩序。同时，古井人还坚持“以人为本”讲求以情动人、以理服人、以德信人的“情、理、德”相结合的柔性管理，做到软硬结合、优化企业管理行为。在物质文化层面上，古井人在厂容、厂貌、产品构成和包装、装备特色、建筑风格、厂旗、厂服、厂标、纪念物、纪念性建筑物等方面大做“文化”文章，创建了“花园式工厂”。古井亭、古井、古槐、古井酒文化博物馆向人们展示了千年古井酒文化的历史渊源，“两场效应”的管理文化。

古井的“两场效应”管理法，简单来说就是“抓市场、促现场，抓现场、保市场”。利用现场与市场之间的促保互动关系，下真功夫做实做细。古井人抓市场就是抓经营，把眼光向外，开辟市场、培育市场、建设市场，不断提高产品市场占有率、覆盖率和品牌美誉度；抓现场，就是抓管理，古井人实行综合管理，质量、成本、设备、技术、人事、信息、纪律、工艺安全等系统运作，达到整体优化，形成了“一严、二细、三洁、四无、五不准、六统一”的现场管理标准。市场的深入发展，不断向企业管理提出新要求，古井人始终围绕着市场需要不断改进管理，进而保证满足市场需求，两场彼此促进、周而复始、螺旋上升，形成良性循环。

【案例】快乐的美国西南航空公司①

美国西南航空公司创建于1971年，当时只有少量顾客、几只邮包和一小群焦急不安的员工，现在已成为美国第六大航空公司，拥有1.8万名员工，服务范围已覆盖美国22个州的45个大城市。

总裁用爱心管理公司

现任公司总裁和董事长赫伯·凯勒，是一位传奇式的创办人，他用“爱心”(LUV)建立了这家公司。公司总部设在达拉斯的友爱机场，LUV也是公司在纽约上市股票的标志，又是西南航空公司的精神。这种精神从公司高层一直感染到公司的门卫、地勤人员。

踏进西南航空公司总部大门时，就会感受到一种特殊的气氛。一个巨大的、敞顶的三层楼高的门厅内，展示着公司历史上值得纪念的事件。穿过欢迎区域进入把办公室分列两侧的长走廊时，就会沉浸在公司为员工举行庆祝活动的气氛中——那里布置着有数百幅配有相框的图案，镶嵌着成千上万张员工的照片，

① [资料来源]摘编自：黄雁芳，宋克勤. 管理学教程案例集. 上海财经大学出版社，2001.

歌颂内容有公司主办的晚会和集体活动、垒球队、社区节目以及万圣节、复活节，还有早期员工们的一些艺术品。

公司处处是欢乐和奖品

在公司到处可以看到奖品。饰板上用签条标明心中的英雄奖、基蒂霍克奖、精神胜利奖、总统奖和幽默奖(这张奖状当然是倒挂着的)，并骄傲地写上了受奖人的名字。

当员工们轻松地迈步穿越大厅过道，前往自己的工作岗位时，到处洋溢着微笑和欢乐，谈论着“好得不能再好的服务”、“男女英雄”和“爱心”等。公司制定的“三句话训示”挂满了整个建筑物，最后一行写着：“总之，员工们在公司内部将得到同样的关心、尊敬和爱护，也正是公司盼望他们能和外面的每一顾客共同分享。”

这里有西南航空公司保持热火朝天的爱心精神的具体事例：

在总部办公室内，每月做一次100%的空气过滤，饮用水不断循环流动，纯净得和瓶装水一样。

节日比赛丰富多彩。情人节那天有高级的服装，复活节那天有装饰考究的节日彩蛋，有女帽竞赛，当然还有万圣节竞赛。每年一度规模盛大的万圣节到来时，他们把总部大楼全部开放，让员工们的家属及附近小学生们都参加“恶作剧”或“给点心”游戏。

公司专为后勤人员设立“心中的英雄”奖，获奖者可以把本部门的名称油漆在指定的飞机上作为荣誉，为期一年。

透明式的管理

如果员工要见总裁，只要他在办公室，员工可以直接进去而不用通报，没有人会对员工说：“不，你不能见他。”

每年举行两次“新员工午餐会”，领导们和新员工们直接见面，保持公开联系。领导向新员工们提些问题，例如：“你认为公司应该为你做的事情都做到了吗?”“我们怎样做才能做得更好些?”“我们怎样才能把西南航空公司办得更好些?”员工们提出的每项建议，在30天内必能得到答复。一些关键的数据，包括每月载客人数、公司季度财务报表等员工们都能知道。

“一线座谈会”是一个全日性的会议，专为那些在公司里已工作了十年以上的员工而设的。会上副总裁们对自己管辖的部门先做概括介绍，然后公开讨论。题目有：“你对西南航空公司感觉怎样?”“我们应该怎样使你不断前进并保持动力和热情?”“我能回答你一些什么问题?”

赫伯和员工们一起拍照片时，他从不站在主要地方，而总是在群众当中。

赫伯要每个员工知道他不过是众员工之一，是企业合伙人之一。

上层经理们每季度必须有一天参加第一线实际工作，担任订票员、售票员或行李搬运工等。“行走一英里计划”(1 英里＝1 609.3 m)安排员工们每年有一天去其他营业区工作，以了解不同营业区的情况。

为让员工们对学习公司财务情况更感兴趣，西南航空公司每 12 周给每位员工寄去一份测验卡，其中有一系列财务上的问题。答案可在同一周的员工手册上找到。凡填写测验卡并寄回全部答案的员工都登记在册，有可能得到免费旅游。

这种爱心精神在西南航空公司内部闪闪发光。正是依靠这种爱心精神，当整个行业在赤字中跋涉时，他们连续 22 年创造利润，创造了全行业个人生产率的最高纪录；1999 年有 16 万人前来申请工作，人员流失率低得令人难以置信；连续三年获得国家运输部的“三皇冠”奖，以表彰他们在航行准时、处理行李无误和客户意见最少三方面取得的最佳成绩。

第四章　组织设计与人力资源管理

本章提要

- 法人人格制度的特征与作用
- 有限责任公司的治理结构
- 组织设计的内容
- 初创期企业组织结构的设计
- 组织结构的类型与变革
- 人员招聘的程序与渠道
- 招聘选拔人员的方法
- 初创期员工招聘策略
- 初创期员工培训要点

第一节　法人制度与公司治理结构

组织设计之前，首先要明确公司的法人制度和公司治理结构。公司成立后就是一家独立法人。所谓法人，是指具有民事权利能力和民事行为能力，依法独立享有民事权利和承担民事义务的组织。依照《中华人民共和国民法通则》，法人被分为企业法人、机关法人、事业单位法人和社会团体法人。其中企业法人以从事生产、流通、科技等活动为内容，以获取赢利和增加积累、创造社会财富为目的，它是一种经营性组织。从创业的角度，本章所称的法人指企业法人。

一、法人人格制度

1. 法人人格的概念与特征

所谓人格，即民事权利主体的资格。法人人格是指公司作为民商事权利主体独立享有权利和承担义务的资格。法人人格具有以下法律特征（以有限公司和股份公司为视角）。

（1）法人是独立于其成员的法律实体。这是法人人格的最基本内容。

(2) 法人具有独立的权利能力和行为能力。

(3) 法人财产与其成员财产相分离。公司具有独立财产是法人人格不可或缺的要素和标志之一。

(4) 法人独立责任与成员有限责任。即公司对其自身的债务负责,其成员仅以其出资额为限对公司负责。

2. 有限责任

有限责任是法人人格制度的核心。正是这种公司成员承担有限责任和公司独立责任使法人人格得到了充分体现,被誉为现代公司制度的基石。有限责任包含两个层面:一是法人内部,股东以其出资额或股份为限对企业债务承担有限责任;二是法人外部,法人以其全部资产为限对企业债务承担责任。

例如,甲、乙、丙三个创业者共同出资50万元(其中甲、乙、丙各出资10万元、20万元、5万元)设立了一家法人公司丁。甲、乙、丙等股东按出资额比例承担权利和义务,公司经营由董事会负责,往往由出资最多的股东担任董事长或执行董事,本例中为乙。这样权力较合伙企业集中,有利于提高决策效率。这种情况下,甲、乙、丙等股东仅以自己的出资额为限对公司债务承担有限责任,公司丁仅以自己的全部资产为限对公司债务承担有限责任。最能体现其有限责任关系的是,一旦公司经营不善,资不抵债,公司自有的资本不能偿还到期债务,公司丁因债权人的申请将经过法定破产程序被注销,剩下不能偿还的债务,债权人无权向任何一个出资者要求清偿。丁破产后,与戊的债权债务关系即一笔勾销,债权人戊将自己承担风险损失,而不能去找作为丁公司股东的甲、乙、丙追偿。这种"有限责任"的制度设计如同隔在债权人和股东之间的一层屏障或者面纱。

法人的有限责任是针对无限责任而设计的,为了便于区别,下面以合伙企业为例,说明无限连带责任与有限责任之间过程和结果的不同。

例如,甲、乙、丙三个创业者共同出资(各自出资额仍为10万元、20万元、5万元)、共同经营、共担风险、共享收益,设立了一家合伙企业丁。每个创业者的出资金额是不相等的,但是他们的权利义务却是一致的,企业的重大事项需经全体合伙人协商一致,其他人的入伙和退伙都需获得全体合伙人的同意。最能体现无限连带责任关系的是,一旦合伙企业经营不善,资不抵债,企业积累的资金不能偿还到期债务,企业应债权人的申请将经过法定程序被注销.剩下不能偿还的债务,债权人有权直接选择任何一个合伙人要求全部偿还。债权人戊一旦选择向合伙人甲索取剩余全部债务,甲有义务用其在合伙企业出资以外的个人财产全部偿还,不能因为自己仅出资10万元而推脱。甲偿还了戊的债务后,合伙企业与戊的债权债务关系即一笔勾销。同时,甲又取得了向没有偿还债务的其他合伙人的追偿权，即甲有权要求乙、丙与自己一起用其在合伙企业出资以外的个人财产分摊损失。具体分摊办法根据合伙协议的约定，如果没有约定，原则上平均分担风险。

3. 法人人格制度的作用

法人人格制度具有以下积极作用。① 赋予公司以权利能力，排除公司股东个人意志的干预，使公司能便捷地参与法律关系，为股东谋取利益。② 成为公司债权人与股东之间的一道屏障或面纱，并将二者隔开。债权人的债权只能以公司的财产为总担保，通常不能直接追索到公司面纱背后的股东。在此意义上，股东承担有限责任。③ 使债权人明确地知道交易对象及交易风险的大小，从而自由地作出选择，并对法人人格完善与否进行监督。

法人人格制度本是调节股东利益与债权人利益的平衡器，但实际运作的结果却往往使本应平衡的法人人格制度中的利益体系向股东或控制股东一方倾斜，其原因如下：① 法人人格制度的本质在于股东和公司的人格完全分离，但事实上，股东和公司的人格并不能完全地分离。尤其在“资本多数决”的原则下，大股东极易将公司作为交易的工具，只追求其自身利益的无限满足，影响了法人人格的独立。② 法人人格制度中隐藏着一种道德风险，即将风险经营所产生的成本移转给债权人。企业在资本不充分时，使无辜的非自愿债权人承担投资人从事风险经营损失时表现得尤为明显。

二、有限责任公司的治理结构

有限责任公司的治理结构是指有限责任公司内部权力分配的一种法律形式，即“三会一总”的框架结构，这是法人公司最常见的、法定的组织机构并立形式。“三会”分别为股东会、监事会、董事会。股东会是公司最高权力机构，选举产生董事会成员和监事会成员，是非常设机构；董事会是公司日常权力执行机构，是常设机构；监事会是公司监督机构，也是常设机构。在董事会的领导下，设立总经理一职，向董事会负责，主要从事公司的日常经营管理。有限责任公司组织机构“三会一总”和职能部门关系如图 4-1 所示。

1. 股东会

公司股东依法享有资产收益、参与重大决策和选择管理者等权利。股东按照实缴的出资比例分取红利，公司新增资本时，股东有权优先按照实缴出资比例认缴出资。但是，全体股东约定不按照出资比例分取红利或者不按照出资比例优先认缴出资的除外。股东有权查阅、复制公司章程、股东会会议记录、董事会会议决议、监事会会议决议和财务会计报告、公司账簿。有限责任公司股东会由全体股东组成，股东会是公司的权力机构，依照公司法行使职权。

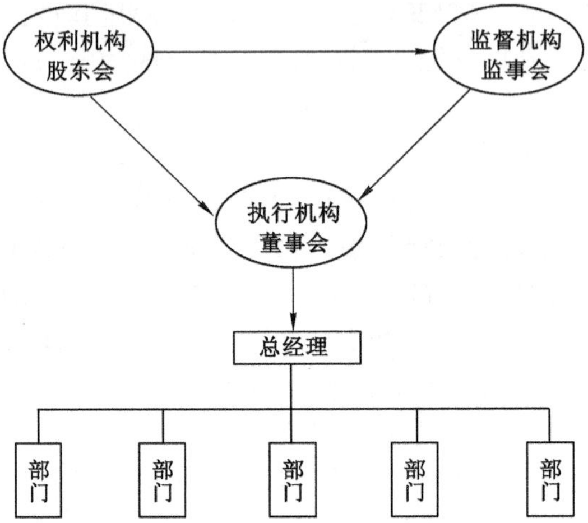

图 4-1　有限责任公司组织机构“三会一总”和职能部门关系

按照公司法相关规定，股东会可行使下列职权：① 决定公司的经营方针和投资计划；② 选举和更换非由职工代表担任的董事、监事，决定有关董事、监事的报酬事项；③ 审议批准董事会的报告；④ 审议批准监事会或者监事的报告；⑤审议批准公司的年度财务预算方案、决算方案；⑥ 审议批准公司的利润分配方案和弥补亏损方案；⑦ 对公司增加或者减少注册资本作出决议；⑧ 对发行公司债券作出决议；⑨ 对公司合并、分立、变更公司形式、解散和清算等事项作出决议；⑩ 修改公司章程；⑩ 公司章程规定的其他职权。对前款所列事项，股东以书面形式一致表示同意的，可以不召开股东会会议，直接作出决定，并由全体股东在决定文件上签名、盖章。

2. 董事会

有限责任公司设董事会，按照公司法相关规定，其成员为 3～13 人。有限责任公司董事会成员中可以有公司职工代表。董事会中的职工代表由公司职工通过职工代表大会、职工大会或者其他形式民主选举产生。董事会设董事长 1 人，可以设副董事长。董事长、副董事长的产生办法由公司章程规定。股东人数较少或者规模较小的有限责任公司，可以设一名执行董事，不设立董事会。执行董事可以兼任公司经理。执行董事的职权由公司章程规定。董事会决议的表决，实行一人一票。

按照公司法相关规定，董事会对股东会负责，行使下列职权：① 召集股东会议，并向股东会报告工作；② 执行股东会的决议；③ 决定公司的经营计划和投资方案；④ 制订公司的年度财务预算方案、决算方案；⑤ 制订公司的利润分配方案和弥补亏损方案；⑥ 制订公司增加或者减少注册资本以及发行公司债券的方案；⑦ 制订公司合并、分立、变更公司形式、解散的方案；⑧ 决定公司内部管理机构的设置；⑨ 决定聘任或者解聘公司经理及其报酬事项，并根据经理的提名决定聘任或者解聘公司副经理、财务负责人及其报酬事项；⑩ 制定公司的基本管理制度；⑩ 公司章程规定的其他职权。

3. 监事会

按照公司法相关规定，有限责任公司设立监事会，其成员不得少于三人。股东人数较少或者规模较小的有限责任公司，可以设 1～2 名监事，不设立监事会。监事会应当包括股东代表和适当比例的公司职工代表，其中职工代表的比例不得低于 1/3，具体比例由公司章程规定。监事会中的职工代表由公司职工通过职工代表大会、职工大会或者其他形式民主选举产生。监事会设主席一人，由全体监事过半数选举产生。董事、高级管理人员不得兼任监事。

按照公司法相关规定，监事会和不设监事会的公司的监事可行使下列职权：① 检查公司财务；② 对董事、高级管理人员执行公司职务的行为进行监督，对违反法律、行政法规、公司章程或者股东会决议的董事、高级管理人员提出罢免的建议；③ 当董事、高级管理人员的行为损害公司的利益时，要求董事、高级管理人员予以纠正；④ 提议召开临时股东会会议，在董事会不履行公司法规定召集和主持股东会会议职责时召集和主持股东会会议；⑤ 向股东会会议提出提案；⑥ 依照《中华人民共和国公司法》第一百五十二条的规定，对董事、高级管理人员提起诉讼；⑦ 公司章程规定的其他职权。监事可以列席董事会会议，并对董事会决议事项提出质询或者建议。监事会、不设监事会的公司的监事发现公司经营情况异常时可以进行调查；必要时，可以聘请会计师事务所等协助其工作，费用由公司承担。

4. 经理

按照公司法相关规定，有限责任公司可以设经理，由董事会决定聘任或者解聘。经理对董事会负责。行使下列职权：① 主持公司的生产经营管理工作，组织实施董事会决议；② 组织实施公司年度经营计划和投资方案；③ 拟订公司内部管理机构设置方案；④ 拟订公司的基本管理制度；⑤ 制定公司的具体规章；⑥ 提请聘任或者解聘公司副经理、财务负责人；⑦ 决定聘任或者解聘除应由董事会决定聘任或者解聘以外的负责管理人员；⑧ 董事会授予的其他职权。经理列席董事会会议。如公司章程对经理职权另有规定的，则从其规定。

5. 董事、监事、高级管理人员

按照公司法相关规定，有下列情形之一的，不得担任公司的董事、监事、高级管理人员。

(1) 无民事行为能力或者限制民事行为能力。

(2) 因贪污、贿赂、侵占财产、挪用财产或者破坏社会主义市场经济秩序，被判处刑罚，执行期满未逾五年，或者因犯罪被剥夺政治权利，执行期满未逾五年。

(3) 担任破产清算的公司、企业的董事或者厂长、经理，对该公司、企业的破产负有个人责任的，自该公司、企业破产清算完结之日起未逾三年。

(4) 担任因违法被吊销营业执照、责令关闭的公司、企业的法定代表人，并负有个人责任的，自该公司、企业被吊销营业执照之日起未逾三年。

(5) 个人所负数额较大的债务到期未清偿。

第二节　组织结构设计

一、组织设计的内容

一般认为，新企业初始的组织设计是件容易的事。实际上，最常见的是，创业者一个人扮演组织中的大部分角色。这是一个十分普遍的问题，也是许多新企业失败的重要原因。创业者有时认为自己能干所有的事，而不愿把责任和权力交给其他人甚至是管理团队的成员。这样，创业者就很难把新创企业转变为连续增长、管理完善的企业，也就很难保证企业的长期发展。事实上，不管新企业中有多少人，一旦工作负荷增大，组织机构就必然要扩大，新加入的员工必须有明确的职责。对于新员工，一般都要执行有效的面试和聘用程序，以确保新员工与新企业能一同成长，走向成熟。有关人事及其职责的所有设计决策都必须在组织结构中体现。

许多新企业要聘用兼职人员，由此会产生责任心和忠诚度方面的问题，对这些问题，必须通过建立组织中有效的激励机制来加以解决。无论多少人参与开办新企业，组织必须通过一系列活动确保企业有效运行。

组织设计主要包括以下五个方面：

(1) 组织结构。一个组织所具有的结构，表现为组织中所设置的各个层次及岗位，以及各个岗位之间、组织成员之间的信息沟通和相互关系。一般可以用组织图来描述。

(2) 计划、评估和评价的制度。组织的所有活动都应反映出企业的目标。创业者必须清楚地说明这些目标如何达到(计划)，如何评估和如何评价。

(3) 奖励。组织成员对组织的忠诚和责任心及其工作的积极性,都与其获得的奖励有关。一般来说,有效的奖励手段包括晋升、股权奖励、表扬等。创业者或其他核心管理人员应该按照组织成员的工作实绩进行奖励。

(4) 选拔员工。创业者需要针对组织的各个岗位制定出不同的选拔标准。

(5) 培训。脱产或不脱产的培训都必须详细说明。培训的形式既有正式教育,也有技能培训。

组织的设计也许会很简单——就是创业者包揽一切工作的组织(通常指新企业),也许会很复杂——聘用员工做具体的工作。一般来说,当组织规模扩大时,组织的结构就会变得更加复杂,上述几个方面的事项就变得更加重要。

二、初创期企业组织结构的设计

组织设计的核心内容是组织结构设计问题。组织结构的类型大致分为:直线制、职能制、直线-职能制、矩阵组织、分权事业部制以及近几年出现的网络组织、虚拟组织和无边界组织。由于篇幅所限,在此不作具体介绍,感兴趣的读者可阅读相关书籍。

新创企业的组织与管理和成熟企业的组织结构和管理方式是完全一样的,有时会有很大的差别。对于小企业的创业者,在创业初期,需要设计的组织结构,一般说来是比较简单的。但是,也有很多创业者,创业启动资金、技术、市场规模等起步平台较高,因此,创业管理的平台也相对较高,这样,从一开始就设计成事业部制的组织结构。而一般的小企业,开始时可以设计成直线结构,随着企业的成长,再逐渐向直线职能制、事业部制转化。

小企业在创业初期,组织结构比较简单。创业者或经理不仅对业务部门负责,而且和业务部门负责人一起面对企业的全体员工及其岗位,创业者或核心管理者常常既是管理者又是技术或市场等业务员。曾有很多创业初期的公司,总经理、总工程师、市场部经理等都是创业者一身兼任。一般说来,对于制造业,创业初期大致分为几个部门:

(1) 技术部门。技术支持,新产品开发等。

(2) 营销部门。市场开拓与产品销售及营销策划、营销广告、营销公关等。

(3) 生产部门。原材料采购、产品生产、产品包装、库管、生产计划等。

(4) 财务及行政部门。财务管理、人事管理、办公室等。

对于创业初期的企业管理,常常是总经理与各部门中间没有层次障碍。创业者可以直接深入一线,普通员工可以直接与创业者对话,这是创业初期的必要,这样虽然容易控制,但也会产生一些漏洞。创业者在创业初期,需要考虑人力成本,常常是一人多职;但有些职位是不能兼顾的,比如:出纳与采购或销售人员不能由一个人担任；出纳与仓管不能由一个人担任；出纳与会计不能由一个人担任；创业者不宜担任出纳。伴随着企业的成长，组织结构需要随着企业的发展而变化。创业者需要使组织创新与技术创新、市场创新、管理创新等相一致、相融合而协调发展，才不会使新企业过早地老化以致创业失败。

三、组织结构的类型

组织结构的形式很多，这里重点介绍几种基本的组织结构形式及其适用范围。需要说明的是，这些组织结构形式没有绝对的优劣之分，管理者可以根据企业处于的不同成长阶段选用其中某种最合适的形式。

（一）组织结构的一般类型

1. 直线制组织结构

直线制是一种最古老、最简单的集权组织结构形式，又称军队式结构。其领导关系按垂直系统建立，不设专门的职能结构，自上而下形同直线，如图 4-2 所示。

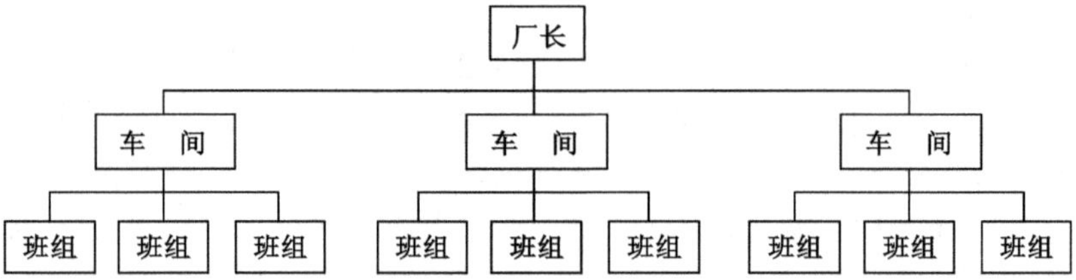

图 4-2　直线制组织结构示意图

直线制结构的优点是：结构简单，指挥系统清晰、统一；责权关系明确；横向联系少，内部协调容易；信息沟通迅速，解决问题及时，管理效率比较高。其缺点是：缺乏专业化的管理分工；经营管理事务依赖于少数几个人；要求企业领导人必须是经营管理全才，但这是很难做到的。尤其是当企业规模扩大时，管理工作量会超过个人能力所能承受的限度，采用直线制结构不利于集中精力研究企业管理的重大问题。因此，直线制结构的适用范围是有限的，它只是适用于规模较小或业务活动简单、稳定的企业。

2. 职能制组织结构

职能制组织是一种通过对管理职能进行分类，然后根据不同的管理职能来设立一些相应的部门，共同承担管理工作的组织结构形式，如图 4-3 所示。

在现代管理中，由组织承担的职能是多方面的，为了分担某些职能，人们便设立了不同的部门。在职能制组织中，直线主管还存在，但权力相对减弱，因为

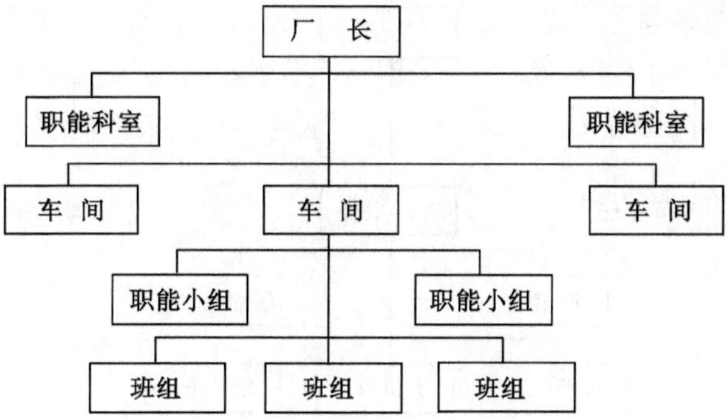

图 4-3　职能制组织结构示意图

大量的权力被分散到不同的职能部门中去了，由不同的职能部门来分担职能管理的业务。

在职能制组织中，职能部门有权在自己的业务范围内向下级单位下达命令和指示。因此，下级直线主管除了接受上级直线主管的领导外，还必须接受上级各职能机构的领导和指示。它的优点是：能够适应现代组织技术比较复杂和管理分工较细的特点；能够发挥职能机构的专业管理作用，减轻上层主管人员的负担。但其缺点也比较明显，那就是这种结构形式妨碍了组织必要的集中领导和统一指挥，形成了多头领导，不利于明确划分直线人员和职能部门的职责权限，容易造成管理上的混乱。

3. 直线职能制组织结构

直线职能制组织结构吸取了以上两种结构形式的优点，并克服其缺点。它的特点是设置了两套系统：一套是按命令统一原则设置的指挥系统；另一套是按专业化原则设置的管理职能系统。直线部门和人员在自己的职责范围内有决定权，对其所属下级的工作实行指挥和命令，并负全部责任，而职能部门和人员仅是直线主管的参谋，只能对下级机构提供建议和业务指导，没有指挥和命令的权力。可见，这种组织形式实行的是职能高度集中化。

直线职能制的优点是：领导集中、职责清楚、秩序井然、工作效率较高，整个组织有较高的稳定性。而缺点则是下级部门的主动和积极性的发挥受到限制；部门间互通情报少，不能集思广益地作出决策，当职能参谋部门和直线部门之间目标不一致时，容易产生矛盾，致使上层主管的协调工作量增大；难以从组织内部培养熟悉全面情况的管理人才；整个组织系统的适应性较差，容易因循守旧，对新情况不能及时作出反应。图 4-4 所示为直线职能制组织结构。

直线职能制组织结构是一种普遍适用的组织形式，其主要适用于环境简单

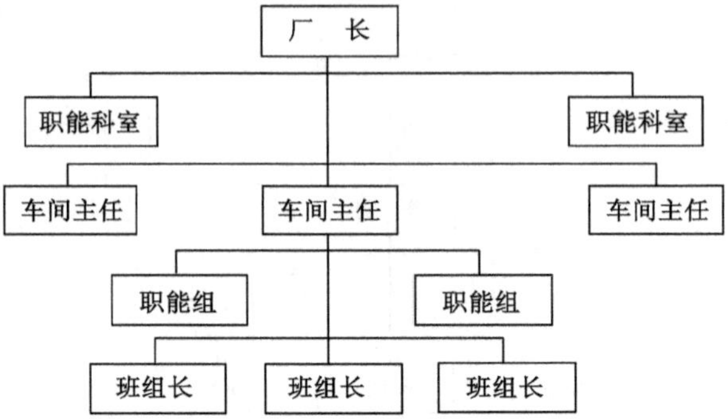

图 4-4　直线职能制组织结构示意图

稳定,用标准化技术进行常规性大批量生产的场合,我国大多数企业和一些非营利性组织经常采用这种组织形式。

4. 事业部制组织结构

事业部制组织结构又称联邦分权结构,是一种分权制企业组织形式。这种组织结构是由美国通用汽车公司前副总裁斯隆创立的,所以又称为"斯隆模型"。它是一个企业内对于具有独立的产品和市场、独立的责任和利益的部门实行分权管理的一种组织形态。这样的部门就是事业部,它必须具备三个要素:第一,具备独立的产品和市场,是产品责任或市场责任单位;第二,具有独立的利益,实行独立核算,是一个利益责任单位,即利润中心;第三,是一个分权单位,具有足够的权力,能自主经营。该结构如图 4-5 所示。

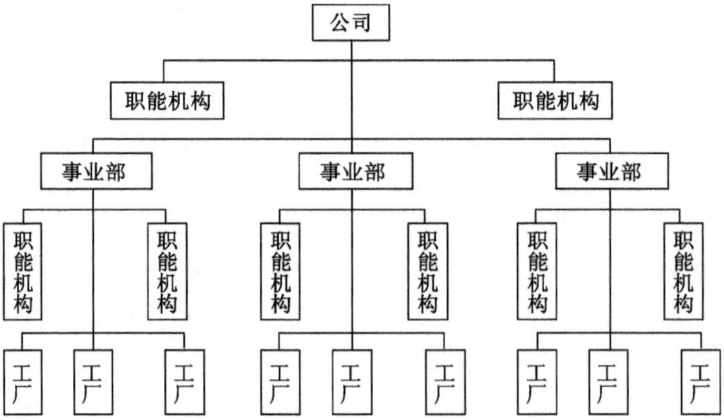

图 4-5　事业部制组织结构示意图

事业部制组织结构的优点是:① 使最高管理部门摆脱了日常行政事务,成为坚强有力的决策机构，并使各个事业部充分发挥经营管理的主动性、灵活性，因而，这种结构既有较高的稳定性，又有较强的适应性；② 对事业部经理锻炼大，是培养全面管理人才的最好组织形式之一；③ 扩大了有效控制的幅度，使上级领导直接控制下层单位的数目增加；④ 可以在各事业部之间展开比较和竞争，有助于克服组织的僵化和官僚化。

事业部制组织结构也有缺点：① 需要的管理人员多，管理成本较高，管理经济性较差；② 对总公司和事业部的管理人员水平要求高；③ 集权和分权关系比较敏感，一旦处理不当，可能破坏整个组织的协调一致；④ 容易产生本位主义，控制难度加大。

事业部制不适合于规模较小的企业。只有规模比较大，而且其下层单位能够成为一个"完整的企业机构"（具有独立的产品、独立的市场、成为利润中心）时才适合采用这种组织结构。

5. 矩阵制组织结构

从上面给出的各种组织结构图中，我们不难发现，任何组织都不可能根据单一的标准来设计管理组织，而必须同时利用两个或两个以上的部门化方式。在职能部门化的情况下，各职能部门内部可能按地区或产品来组织各个小组（分部门）的业务工作；在利用产品或区域标准的情况下，不仅公司总部保留了必要的人事、财务、采购等职能部门，而且相对独立的地区或产品部也设立了一些必要的职能机构。

矩阵制组织是综合利用各种优点的一种形式。这是一种由纵横两套系统交叉形成的复合结构组织。纵向的是职能系统，横向的是为完成某项专门任务（如新产品开发）而组成的项目系统。项目系统没有固定的工作人员，而是随着任务的进度，根据工作的需要，从各职能部门抽人参加，这些人员完成了与自己有关的工作后，仍回到原来的职能部门。图 4-6 是一种常见的矩阵制组织结构图。

矩阵组织具有很大的弹性和适应性，可以根据工作的需要，集中各种专门的知识和技能，短期内迅速完成重要的任务；由于在项目小组中集中了各种人才，便于知识和意见的交流，能促进新的观点和设想的产生。此外，由于成员来自各个不同的职能部门，项目小组的活动还可促进各个部门间的协调和沟通。但由于项目小组的成员是根据工作的进展情况临时从各职能部门抽调的，其隶属关系不变，从而不仅可能使被抽调人员产生临时观念，影响工作责任心，而且由于要接受并不总是保持一致的双重领导，在工作中可能有时会感到无所适从。

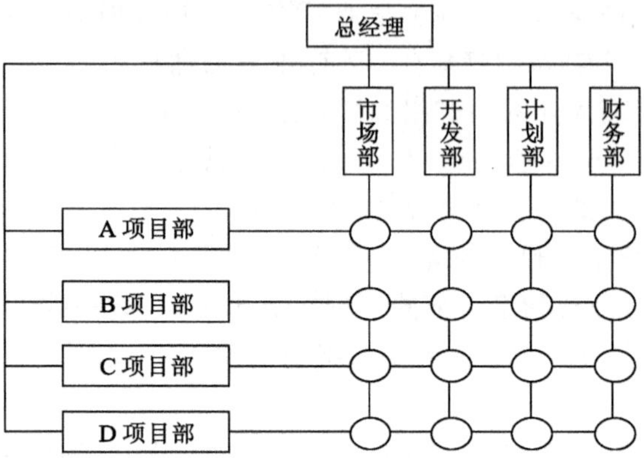

图 4-6　矩阵制组织结构示意图

矩阵制组织的特点决定了它主要适用于那些工作内容变动频繁、每项工作的完成需要众多技术知识的组织，或者作为一般组织中安排临时性工作任务的补充结构形式。

上述这些组织形态是企业内部组织结构的一般形态。此外，在这些组织结构中，为了某些特定的管理目标，还常常设立各种委员会。委员会的优点是：① 能集思广益，提高决策的质量；② 可防止个人滥用权力，也可避免忽视某个层次、某个方面人士的意见和利益；③ 有助于部门间及有关人员间的沟通和协调；④ 增加参与决策的范围，提高决策可接受性和执行效果。但是委员会组织也具有一些缺点：① 决策迟缓，费时费钱；② 折中调和，富有新意的主张和方案容易被封杀；③ 个人责任不清。

（二）企业外部的中间性组织形态

现代企业的经营已经超越了企业内部边界的范围，开始在企业与企业之间形成比较密切的长期的联系。这种联系在组织结构上的表现就是形成了超越企业法律边界范围的中间性组织形态。网络型和控股型就是其中两种典型的组织形式，战略联盟正处于方兴未艾的发展期。

1. 网络型结构

网络型结构是利用现代信息技术手段而建立和发展起来的一种新型组织结构。现代信息技术使企业与外界的联系加强了，利用这一有利条件，企业可以重新考虑自身机构的边界，不断缩小内部生产经营活动的范围，相应地扩大与外部单位之间的分工协作。这就产生了一种基于契约关系的新型组织结构形式，即网络型组织结构。

网络型组织结构是一种只有很精干的中心机构，以契约关系为基础，依靠外部机构进行制造、销售或其他重要业务经营活动的组织结构形式。如图 4-7 所示。

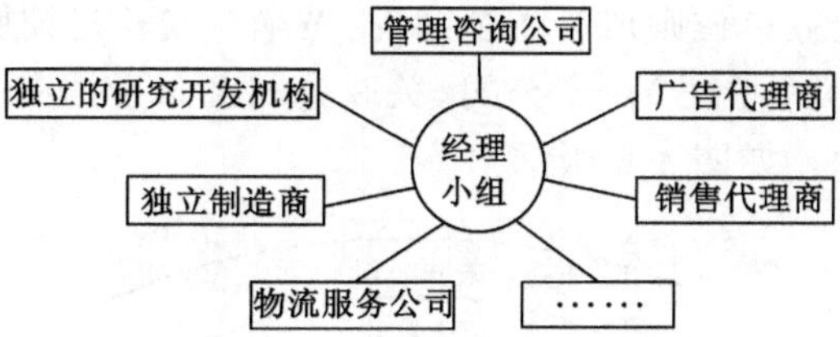

图 4-7　网络型组织结构示意图

网络结构只有很小的中心组织，而依靠其他组织以合同为基础进行制造、分销、营销或其他关键业务的经营活动。其优点是职能"外购"可以大大减少管理层次，提高灵活性；利于有效发挥中心组织的核心业务专长；缺点是缺乏紧密的控制，难以对制造活动实施严密的控制，因而在产品质量上存在风险；协调困难；设计上创新易被窃取。

成功的网络组织提供了潜在柔性、创新性、对威胁和机会的快速反应能力以及降低的成本和风险。网络结构中管理者的角色从命令和控制转变为更像一个经纪人。

网络型结构是小型组织的一种可行的选择，也是大型企业在连接集团松散层单位时通常采用的组织结构形式。采用网络型结构的组织，它们所做的就是创设一个"关系"的网络，与独立的制造商、销售代理商及其他机构达成长期协作协议，使它们按照契约要求执行相应的生产经营功能。由于网络型组织的大部分活动都是外包、外协的。因此，公司的管理机构就只是一个精干的经理班子，负责监管公司内部开展的活动，同时协调和控制与外部协作机构之间的关系。

2. 控股型结构

控股型结构是在非相关领域开展多元化经营的企业所常用的一种组织结构形式。由于经营业务的非相关或弱相关，大公司不对这些业务经营单位进行直接的管理和控制，而代之以持股控制。这样，大公司便成为一个持股公司，受其持股的单位不但对具体业务有自主经营权，而且保留独立的法人地位。

控股型结构是建立在企业间资本参与关系的基础上。由于资本参与关系的存在，一个企业（通常是大公司）就对另一企业持有股权。这种股权可以是绝对控股（持股比例在 50%以上）、相对控股（持股比例不足 50%但可对另一企业的经营决策发生实质性的影响）和一般参股（持股比例很低且对另一企业的活动没有实质性的影响）。

基于这种持股关系，对那些企业持有股权的大公司便成为母公司，被母公司控制和影响的各企业单位则成为子公司（指被绝对或相对控股的企业）或关联公司（指仅被一般参股的企业）。子公司、关联公司和母公司一起构成了以母公司为核心的企业集团。如图 4-8 所示。

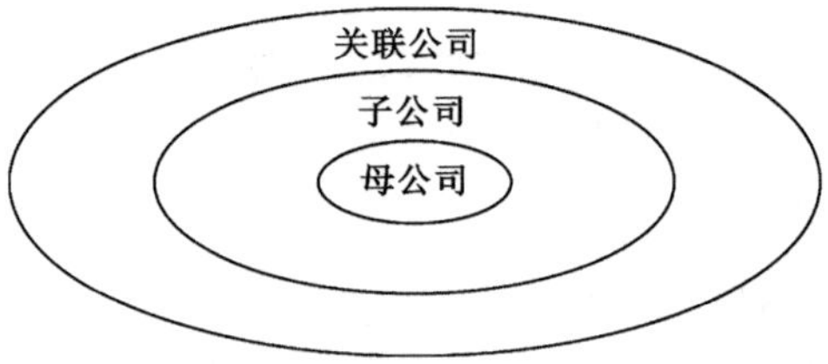

图 4-8　控股型组织结构

母公司亦称为集团公司，处于企业集团的核心层，故称之为集团的核心企业。相应地，各子公司、关联公司就是围绕该核心企业的集团紧密层和半紧密层组成单位。此外，企业集团通常还有一些松散层的组成单位，即协作企业，它们通过基于长期契约的业务协作关系而被连接到企业集团中，具有“网络型结构”的特征。

集团公司或母公司与它所持股的企业单位之间不是上下级之间的行政管理关系，而是出资人对被持股企业的产权管理关系。母公司作为大股东，对持股单位进行产权管理控制的主要手段是：母公司凭借所掌握的股权向子公司派遣产权代表和董事、监事，通过这些人员在子公司股东会、董事会、监事会中发挥积极作用而影响子公司的经营决策。

3. 战略联盟

战略联盟是组织间因各自目标中的共同利益而建立起来的正式合作关系。在战略联盟里，每个组织分享着管理权威、社会联系并共同拥有所有权。这样的联盟模糊了企业的边界。它可以产生在公司之间，也可以产生在竞争者、政府和大学之间。这样的合作关系通常跨越国界和文化界限。公司组成战略联盟是为了开发新技术、进入新市场和降低制造成本。联盟通常是实现目标更快、更经济的方法。而且，战略联盟得到的不仅只是这一次合作的回报，它还能开创新的、未曾预料到的机会并为未来打开新的门路。

四、组织结构的变革

【案例】联想的组织结构选择

昨天的成功不能保证今天和明天的成功。因为昨天的经验可能已经不适应今天的形势。因此，在科技、社会日新月异的今天，企业要想生存和发展，就必须根据内外环境的变化，及时调整组织结构，绝不能因循守旧，故步自封。在短短十几年时间里，联想的组织结构变了好几次：从大船结构到舰队模式；从众多的事业部到整合为六大子公司；从北京联想、香港联想分而治之到统一平台……联想几乎每年都在变，经过几次改革，联想已经摆脱了大多数民营企业小作坊式的经营模式，走向大集团、正规化、协同作战的现代企业管理模式。通过调整，联想不断打破阻碍自己发展的“瓶颈”，从而不断走向成熟。

在全球化、市场化和信息化时代大潮的背景下，组织环境一方面呈现出复杂多变的发展趋势，另一方面又为组织应对这种趋势提供了一定的技术工具。组织结构总的变革趋势表现出非层级制的趋势，具体表现为扁平化、柔性化、分立化和网络化四个基本趋势。

1. 组织结构的扁平化趋势

组织结构的扁平化，是指管理层次的减少和管理幅度的扩大，组织结构形态由标准的金字塔形向圆筒形转化。企业在其长期的演变过程中逐渐形成了一套等级森严的层级组织体系，层级层次越来越多，信息的处理和传递要经过的环节越来越多，致使整个组织对外部环境变化的反应迟钝，而且造成了内部管理难度大、工作效率低的问题。美国不少企业，开始对这种传统模式进行大胆的改革，减少管理层次，扩大管理幅度，组织结构呈现出扁平化的发展趋势。20 世纪 90 年代初期，西方出现了一场声势浩大的“企业再造”运动，核心思想是把原来的金字塔型的组织结构扁平化。

组织结构的扁平化是为了适应组织环境日益复杂多变所提出的改革。它的顺畅运作需要具备两个重要条件：一是现代信息处理和传输技术的巨大进步，能够对大量复杂信息进行快捷而及时的处理和传输，致使多数中间组织失去存在的必要，如经纪人、批发商以致某些零售商的作用将逐步弱化，生产者与消费者之间的鸿沟缩小、界限模糊，它们可以直接联系和接触，相互掌握对方信息。二是组织成员的独立工作能力大大提高，管理者向员工大量授权，组建各种工作团队，员工承担较大的责任，普通员工与管理者、下级管理者和上级管理者之间的关系由传统的被动执行者和发号施令者的关系转变为一种新型的团队成员之间的关系。

2. 组织结构的柔性化趋势

组织结构的柔性化，是指在组织结构上不只是设置固定的和正式的组织机构，而同时设置一些临时性的，以任务为导向的团队式组织。目的是使一个组织的资源得到充分利用，增强组织对环境动态变化的适应能力。为适应组织结构柔性化的需要，组织结构分为两个组成部分：一部分是为了完成组织的一些经常性任务而建立的组织结构，这部分组织结构比较稳定，是组织结构的基本组成部分；另一部分是为了完成一些临时性任务而建立的组织结构，是组织结构的补充部分，如各种项目小组等。

柔性化的典型组织形式是临时团队、工作团队、项目小组等。其目的就是让员工打破原有的部门界限，绕过原有的中间层次，直接面对顾客和向公司总体目标负责，从而以群体和协作优势赢得竞争主导地位。

临时团队是指为了解决某一特定问题而将有关部门的人员临时组织成“突击队”，问题解决后，团队即告解散。这种形式是对那种等级分明、层次多、官僚主义组织的强烈冲击。

工作团队是一种通过改变传统组织中的高度集权，给员工一定的自主权，即把业务流程分解成许多小段，每个人做其中一份工作的方式。这种方式中没有监工，每一个团体有一个由团队成员轮流担任的组长，使之能亲自感受到自己的工作成果，以此提高员工的工作满足感和成就感。

项目小组由一个项目经理、一个市场经理、一个财务经理、一个设计师和若干位不同工种的工人组成，根据需要还可以吸收公司外部一些专家加入。这种组织方式的优点是可以发挥团结合作优势，缩短产品研制与生产出货的时间，对消费者的需求迅速作出反应，消除人浮于事的现象等。

3. 组织结构的分立化趋势

分立化是指从一个大公司里再分离出几个小的公司，把公司总部与下属单位之间的内部性的上下级关系变为外部性的公司与公司之间的关系。这种分立化与那种划小经营核算单位的方式相比，最大的区别是分立化是以一种市场平等关系来联结公司总部与所属各个分公司和子公司之间的关系，而划小经营单位仍然是以一种企业内部的层级关系进行管理；分立化是在产权关系上进行的变革，公司总部对所分立的各个子公司和分公司通过股权渗透进行控制，划小经营单位是在管理权限上的调整，公司总部对所划小的各个经营单位通过一系列的内部行政管理手段进行控制；通过分立化所形成的各个子公司是独立的法人实体，拥有完全的独立经营地位，而通过划小经营单位所形成的各个基层经营单位并不是一个独立的法人，不具有完全的独立经营地位。

分立化分为两种方式：一种方式是横向分立，按照产品的不同种类进行分立。企业将一些有发展前途的产品分离出来，成立独立的公司，选派有技术、懂管理的人去经营。通过横向分立，可以最大限度地提高单个产品经营单位的自主权，在单位产品市场上形成自己的优势地位。另一种方式是纵向分立，按照同一产品的不同生产阶段进行分立。纵向分立是对同一类别产品进行上下游的分离，通过纵向分立，可以进一步集中企业的力量，提高企业的专业化生产经营水平。

4．组织结构的网络化趋势

随着市场竞争的日趋激烈，越来越多的大公司认识到，庞大的规模和臃肿的机构设置不利于企业的竞争力提高。因此，许多大公司在大量裁员、精简机构和缩小经营范围的基础上，对企业的组织结构进行重新构造，突破层级制组织类型的纵向一体化的特点，组建了由小型、自主和创新的经营单元构成的以横向一体化为特征的网络制组织形式。

企业组织结构的网络化，具有两个根本特点：一是用特殊的市场手段代替行政手段来联结各个经营单位之间及其与公司总部之间的关系。如各种企业集团和经济联合体以网络制的形式把若干命运相关的企业紧密联结在一起。层级制组织形式的基本单元是在一定指挥链条上的层级，而网络制组织形式的基本单元是独立的经营单位。因此，这种特殊的市场关系与一般的市场关系不同，一般的市场关系是一种并不稳定的单一的商品买卖关系，而网络制组织结构中的市场关系则是一种以资本投放为基础的包含产权转移、人员流动和较为稳定的商品买卖关系在内的全方位的市场关系。二是在组织结构网络化的基础上形成了强大的虚拟功能。传统企业组织形式是高度实体化的，传统的企业管理是对实体企业的管理，这种管理要负责企业的各种实物的保存和管理。如今，经济活动的数字化、网络化，一方面使空间变小，世界成为“地球村”；另一方面，又使空间扩大，除物理空间外，还有媒体空间的存在，虚拟企业应运而生，如虚拟商店、虚拟书店、虚拟银行等。处于网络制组织中的每一个独立的经营实体，都能以各种方式借用外部的资源进行重新组合，也就是说，通过虚拟，企业可以获得诸如设计、生产和营销等具体的功能，但并不一定拥有与上述功能相对应的实体组织，它是通过外部的资源力量去实现上述具体功能的。

第三节 员工招聘

一、人员招聘的一般程序

(1) 根据企业人力资源规划，开展人员的需求预测和供给预测。确定人员的净需求量，并制定人员选拔、录用政策，在企业的中期经营规划和年度经营计划指导下，制定出不同时期、不同人员的补充规划、调配计划、晋升计划。

(2) 依据职务说明书，确认职位的任职资格及招聘选拔的内容和标准。据此再确定招聘甄选的技术。

(3) 拟定具体的招聘计划，上报企业领导批准。

(4) 人事部开展招聘的宣传广告及其他准备工作。

(5) 审查求职申请表，进行初次筛选。

(6) 面试、笔试或测验。

(7) 录用人员体检及背景调查。

(8) 试用。

(9) 决定录用，签订劳动合同。

需要强调的是，传统的人事管理与现代人力资源管理在员工招聘工作中的职责分工是不同的。在传统的人事管理中，人员招聘与录用的决定权在人事部门。而在现代人力资源管理中，决定权一般在业务部门，人力资源部门只起组织和服务职能，其目的是让用人的部门有录用决定权。

二、人员招聘的渠道

以招聘主管人员为例，介绍企业人员的招聘渠道。主管人员既可以考虑从内部提升，也可以考虑从外部招聘。但不管是从内部提升，还是外部招聘，都要鼓励公开竞争。

1. 内部提升

内部提升即从组织内部选聘那些能够胜任的人员来充实组织中的各种空缺职位。从内部提升意味着由较低职位提升到较高职位，即提到主管人员的职位，然后逐级上升。实行内部提升一般要求在组织中建立详尽的人员工作表现的调查登记资料，以便在需要填补空缺时，即可据此进行研究分析，以找出合适人选。

其优点包括：① 组织对候选人比较了解，因为对机构中的人员有较充实可靠的资料，所以可了解候选人的优缺点，以判断其是否适合干新的工作；② 候选人对组织的历史和现状比较了解，能够很快胜任工作；③ 为组织成员的工作变换提供了机会，有助于激励组织成员的进取心和士气；④ 使组织对组织成员的训练投资得到回收。

其缺点包括：① 候选人供应有限，尤其是关键的主管人员，当组织内有大量空缺职位时，往往发生“青黄不接”的情况；② 可能造成“近亲繁殖”，因为组织成员习惯了组织内一脉相承的做法，不易带来新的观念，而创新对组织是不可缺少的要素；③ 可能挫伤组织中没有得到提升的人的积极性。

【案例】GE 接班人的内部选拔①

韦尔奇的伟大之处，不仅在于对通用电气公司的管理革命，还在于如何选择接班人。

在选接班人方面，韦尔奇坚持应从公司内部进行选择，并为此作了不懈的努力。

早在 1994 年 6 月，韦尔奇就开始与董事会一起着手遴选接班人的工作，而且事必躬亲。在秘密敲定十几位候选人名单后，他会经常性地安排他们与董事会成员打高尔夫球，或聚餐跳舞，让董事们对候选人有更多的感性认识。娱乐活动轻松活泼，看似不经意，但座次安排、组合配对等细节都是韦尔奇亲自安排。当然，对候选人也有多种明察暗访的考核。

经过 6 年零 5 个月的筛选，最后三名候选人是詹姆斯·麦克纳尼、罗伯特·纳尔代利、杰弗里·伊梅尔特，他们分别是通用电气公司下属飞机发动机、电气涡轮机、医疗设备业务的负责人，在辛辛那提、奥尔巴尼、南卡罗来纳办公。此前他们隐约知道自己是候选人之一，但并不知道还有多少竞争对手，因而并没有面对面的竞争机会，一直保持着良好的同仁与朋友关系，这正是韦尔奇所需要的。在宣布接班人之前的感恩节周末，韦尔奇行踪显得有些神秘。

周五，他邀请伊梅尔特和妻儿从南卡罗来纳飞到自己在佛罗里达棕榈滩的寓所共度感恩节，但并不让他乘坐通用电气公司的飞机，而是搭一架与其他公司合用的商务飞机绕一圈后才到达佛罗里达，以避免公司内部人员的议论。韦尔奇与伊梅尔特在周六谈了一整天，晚餐就在韦尔奇家中进行。周日上午，伊梅尔特一家坐上一架与他人合用的商务飞机直奔纽约。下午，韦尔奇通知自己的飞行员改变飞往纽约的计划，改飞辛辛那提。在雨夜中着陆后，韦尔奇在飞机库一个隐秘的房间里，与詹姆斯·麦克纳尼详谈了一会儿。回到飞机上后，他再次令飞行员惊奇，他飞去奥尔巴尼与纳尔代利见了面，并交谈了一阵。22 点，韦尔奇

---

① ［资料来源］摘编自：徐剑. http://blog.sina.com.cn/s/blog_5db0e42d0100bkox.html.

终于飞到纽约。此时他百感交集:“为我的继任者感到高兴,为把坏消息告诉朋友而伤心。同时也觉得松了口气。”

周一上午8点,通用电气公司在纽约宣布,44岁的杰弗里·佛梅尔特将成为全世界最有价值的公司下任CEO。

3周后,在通用电气公司董事、高级主管及配偶于曼哈顿通用电气“彩虹室”聚餐和跳舞时,麦克纳尼和纳尔代利与伊梅尔特一样,得到大家的起立鼓掌。

2. 外部招聘

外部招聘即从组织外部设法得到组织急需的人员,特别是那些起关键性作用的人员。外部招聘的可选渠道较多。为了把合格、优秀的人员招聘进企业,可以把招聘的渠道放宽一些,但随着招聘渠道的拓宽,招聘的费用随之也将增加。如果采用较窄的渠道,招聘费用可减少,但候选人员也将减少。

(1) 广告招聘。这是企业常用的一种招聘方法,形式有登报作招聘广告,或在电视台、电台作招聘广告。广告招聘的优点是:信息面大、影响广、可吸引较多的应聘者;由于在广告中已简略介绍了情况,应聘者事先有所了解,可减少应聘的盲目性。缺点是:广告费用昂贵,由于应聘者较多,招聘费用也随之增加。

(2) 人员推荐。人员推荐一般指本企业员工推荐或关系单位主管推荐。其优点是:由于是熟人推荐,所以招聘、应聘双方在事先已有进一步的了解,可节约不少招聘程序和费用,尤其对关键岗位的急缺人员,如专业技术人员等常用此法。缺点是:由于是熟人推荐,有时会有碍于情面,而影响招聘质量。

(3) 校园招聘。即从应届毕业生中招聘。职工招聘对象中有两类人员:一类是经验型,一类是潜力型,应届毕业生属于后者。一批青年人进入企业,给企业注入了活力,带来了生气。由于他们缺少实际工作经验,故企业必须投资进行培训。

(4) 职业介绍所与人才交流市场。职业介绍所又称猎头公司,为企业选拔中高级管理、技术骨干人员起到了应有的作用。人才交流市场则为企业招聘一般人员提供了方便。

总体来看,从外部招聘亦有其优缺点。其优点包括:① 有较广泛的来源来满足组织的需求,并有可能招聘到第一流的人才;② 可避免“近亲繁殖”,给组织带来新的方法;③ 可避免组织内没有提拔到的员工积极性受挫;④ 由于大多数应聘者有一定的经验,可节省在培训上所耗费的大量时间和费用。

其缺点包括:① 由于不了解应聘者的实际情况,有时会造成很大的失望;② 应聘者对组织的历史和现状不了解,需要有一个熟悉的过程;③ 如果组织中有胜任的人未被选用,则从外部招聘会使他们感到不公平,对自己的前途失去信心。

究竟从内部提升，还是从外部招聘，要看具体情况来定。一般说来当组织内有能够胜任空缺职位的人时，应先从内部提升；当空缺的职务不很重要但组织有一个持续发展的既定战略时，应当考虑从内部提升；然而当组织急需一个关键性的主管人员来对其原定的战略进行重大修改，而组织内又无胜任这一重大职务的人员时，就要从外部招聘。

在实际工作中，通常采用内部提升与外部招聘相结合的途径。

三、招聘选拔人员的方法

1. 情景模拟

情景模拟指根据对象可能担任的职务，编制一套与该职务实际情况相似的测试项目，将被试者安排在模拟的工作情景中处理各种问题。情景模拟有如下内容。

(1) 公文处理：公文一般由文件、备忘录、电话记录、上级指示、报告等组成，对象根据自己的经验、知识能力、性格、风格去处理文件。

(2) 谈话：电话谈话，接待来访者，拜访有关人士。

(3) 无领导小组讨论：这是一种通过讨论一个真实的管理问题，了解对象心理素质和潜在能力的测试方法，从中可观察其权力欲、主动性、表达力、自信、说服力、分析力、抗压力等，最后可要求对象写一份讨论记录，以分析其书写表达力、归纳力、综合分析决策能力等。

(4) 角色扮演：要求对象扮演一个特定管理角色来处理日常管理问题，侧重了解一个人的心理素质和潜在能力。

(5) 即席发言：给对象一个题目，让其稍做准备即席发言，以了解对象的反应理解能力、语言表达、言谈举止、风度气质、思维发散等心理素质。

2. 心理测试

心理测试是通过一系列科学方法（如目前已经成熟的量表等）来测量被试者智力和个性差异的一种方法。心理测试主要有智力测验和个性测验。

3. 知识测验

知识测验的目的是了解应聘者是否掌握了完成某项应聘岗位必须具备的基础知识和专业知识，可采用卷面考试的方法进行，有的企业还要进行外语测验。

4. 技能测验

根据应聘岗位工作的需要，有时还要开展劳动技能方面的测验。企业事先设计并制作一些特制的测试道具来测试应聘者的手指灵活性、双手配合协调能力、动作感等。

四、初创期企业招聘策略

为了获取优秀的人力资源，不少企业在初创期已设专职的招聘人员，负责企业员工招聘。虽然目前人才市场上求职者的绝对数量从不缺乏，但是要招聘到合适的人才并非一件容易的事情。公司在初创期和高速成长期往往员工队伍变化非常快，大部分公司的人员流动十分迅速，如何保持员工队伍的稳定是创业企业面临的最大的问题。

初创期企业难以留住人才的原因是多方面的。创业企业对人员的要求相对比较灵活，业务也多是短平快，另外在工资待遇等方面往往不能和大中型公司相比，员工的归属感较差，所有这些因素都造成了创业企业员工流动快的特点。面对这种情况，创业企业要想招聘到能用又能留下的员工，必须首先在观念上有所突破，不能囿于传统惯性招聘思维模式。为此，要做到以下几个方面。

1. 对人才需求要有清晰的自我定位，以够用为原则

不一定非要追求学历等硬性指标，只要能够胜任某个职位，完成某项任务就可以了，其他方面就可以放宽要求。总之，弄清楚自己需要什么样的人是最重要的，创业企业讲究精打细算，在人力成本上更应该如此，而人才需求分析是控制人力成本开支的基础，是关键的第一步。创业者必须清楚企业中哪些岗位一定要设置，这些岗位分别设置多少人，这些人应当有哪些责权等，这是很重要的一点。如果连要什么人、做什么事都没有规划好，即便是招聘到优秀人才，也只能放在企业里面大材小用，甚至成为“无用之才”。

2. 要研究恰当的招聘渠道

不同的渠道能招到不同的人才，一般多管齐下的效果比较好。对于基层员工的招聘，一般可以选择当地的电视和报纸招聘。往往这些员工需求人数较多，素质要求也不高，采用这些渠道影响面宽，效果会更好；对于知识型员工和中层管理人员，可以选择人才市场和网上招聘。现在各地人才市场都会举办定期招聘会，尤其对于一些专场招聘会，效果会很好。网上招聘现在已经成为很多企业的主要招聘渠道，不仅影响面广，而且人才储备量非常大；对于公司需要的高级管理和专业技术人才，可以选择一些资质和信誉较好的猎头公司。猎头公司往往收费会稍高一些，一般为聘用人年薪的30%或者聘用人三个月的基本工资。但猎头公司针对性强、有保障，每个职位都会提供四五个候选人，不仅会提供候选人的详细简历，而且可以协助企业对候选人进行素质测评和背景调查等。同事、朋友介绍和推荐也是一个很好的途径。

3. 招聘员工需要从企业的实际情况出发

总的来说，创业期公司需要的是一专多能的多面手员工，最看重的就是员工

的灵活性、创造性。例如销售这个岗位，大公司的销售比较单纯，负责行业的就找大客户，负责消费的就找经销商，分工、职责都很明确。而新创企业则做不到这一点，一个销售人员可能所有的客户类型都需要接触，还有可能售后服务不到位需要销售兼一部分售后服务的职责，总之，事情多且杂需要有创造性的员工，随机应变。

4. 招聘的员工要能吃苦耐劳

创业企业经常有超出员工职责范围的事情需要做，有时候工作还没有规律，加班加点也是常有的事情。特别是在某些情况下，一个人往往会承受远远超出其他员工的工作份额。在这种情况下，除了要求员工有健康的心理因素以外，还要有吃苦耐劳的精神，不计较一时得失。此外，人员的层次不同，招聘要求的重点也应有所区别。按工作性质来分，体力人员往往更看重态度；脑力劳动为主的知识型员工和公司的中高级管理人才，可能更注重思路和性格。按岗位来分，技术人员自然是要求技术水平能达到要求，销售则更看重性格、交际能力等。不论是哪种需求，结合公司的实际需要是最重要的。这也是创业企业的一个特点，招聘人员力求物尽其用，人尽其能。提出超出公司需求之外的人力资源要求，浪费不说，往往还会造成公司和员工之间的不和谐，适得其反。

5. 工作经历往往比学历重要

简历未必能代表本人的真实情况，工作经历往往比学历重要，一定要精心安排一个周到的面试或测试。关于企业如何在众多的求职者中挑选符合本企业要求的员工，应当制定一整套的程序和选择标准。从简历的筛选、面试、复试、考核直至试用期结束等，过程、要求不一而足，但无论形式如何，内容却大致相同，即由原来单一的注重文凭或资历转向现在的品格考察。如国内著名的企业“乐百氏”，其选人标准就是将“老实人”排在首位。许多排名世界500强的企业，在决定是否录用一个员工时，除了测试专业技能外，还要通过各种形式面试、测试，以全面了解应聘者的品德和个性。

第四节 员工培训

员工培训是人力资源管理的重要一环，是一种重要的人力资本投资形式。通过人员培训可以使企业员工明确自己的任务、工作职责和目标，提高知识水平与技能，培养并提升与实现企业目标相适应的自身素质和业务能力，在员工个人素质提高的同时为企业创造最大价值。

一、员工培训形式

企业对员工的培训形式多种多样,常见形式如下。

1. 岗前培训

对所有的新人进行业务知识、企业文化、经营哲学、组织目标、价值观的培训。不确定岗位先轮流工作一定时间,再定岗建立员工组织归属感、集体主义、合作精神,为以后的高效管理奠定基础,此项工作由集团中心做。

2. 岗位培训

半年到一年之后进行岗位培训,岗位培训主要是业务能力培训。对工作中容易出现的问题。解决方法及应尽的责任进行培训,此项工作由事业部做。

3. 个人职涯规划培训

所有的管理干部都有责任为下一级的干部及员工设计个性化的培训计划。员工根据自己的情况定出一个升迁、发展的个人规划,要有目标的工作。

4. 转岗培训

为培养复合型人才,可以采用转岗培训使员工适应新的工作需要。

5. 半脱产培训

对于骨干员工和管理人员,有计划安排人才以半脱产的方式参加各种培训班,包括 MBA 培训班、高校进修、参加委培、学历教育。

6. 出国考察培训

为了掌握国际高科技发展的新动向,利用各种机会,派出有关人员到国内外参加各种专业研讨会、学术会议、科技博览会,出国进修。

二、新创企业的员工培训策略

一般来说,新创企业的员工培训有一定难度。一方面,新创企业的员工构成不如成熟企业那么规范,相当部分员工是通过老板的亲人、朋友、领导、同学介绍过来的,真正招聘进来的很少。这样,员工素质就参差不齐,在培训内容、时间安排上意见很难统一;另一方面,企业初创期往往运作非常快,内部分工不细、管理简单粗糙。同时,企业的人力资源主管一般是由老板本人兼任,老板做人力资源管理是非职业化的,往往老板自己对员工培训心里都没底。因而我国的创业企业大多数只会用人,而没有培养人。即便有员工培训,大多也是应急或被动式,企业经营者并没有将培训作为投资来看待,对员工只用不培养,这样不仅无法建立员工与企业间的归属关系,更无法形成企业凝聚力或学习型组织的形成了。

1. 员工培训的关键在老板

首先要针对老板进行人力资源培训,因为老板经过培训后,确定了企业管理和发展的思路才能有的放矢地培训其下属。事实上,我国民营企业最需要培训的就是企业老板,企业老板从创业中一步步成长起来,当企业发展到一定程度时,他的管理理念和知识开始难以适应企业发展,这对企业和员工都非常不利。企业老板应该注意培训课程与自己的需要与适合程度。如果执意去参加那些超出了自己适合范围的课程,其结果只能是造成资源的浪费。

2. 制定员工逐步发展的培训计划

要创造必要的环境条件,营造一个使全体员工奋发向上、不断进取的学习型组织氛围,是新创企业人力资源培训与开发的首要条件。要在此基础上制定员工逐步发展的培训计划。

在培训方式上可以采用在职培训和脱产教育培训,对于新创企业,显然应当以在职培训为主。在职培训的内容主要包括常识培训、共同目标和从业技能的培训。

常识培训是指对在这个企业里工作需要哪些常识进行培训。其中一些是关于企业内的,例如和员工工作相关的上下游工序是谁在负责,员工该如何和别的工序进行交接,怎样才算真正完成了一项工作等;另一些是企业外的,例如公司产品销售是款到付货,还是货到付款,诸如此类。常识培训非常重要,因为它将帮助员工迅速进入到创业者要求的工作状态。

共同目标培训有助于建立企业的共同愿景,培育凝聚力。很多小企业难以吸引人才、留住人才,一个重要原因是缺乏稳定感和共同目标。当企业与员工拥有共同的目标,并为之奋斗后,就会发现企业的稳定性增强了。

从业技能的培训则是一项持续不断的工作,主要就某项具体业务工作所需要的基本技能列出任务清单、完成任务的工序步骤以及对应的操作要点、质量要求等对员工进行培训,须专人负责。

在职培训可以采取多种方式:一是请人来讲课,二是大家开交流会,三是针对企业的需要自己编制教材,积累自己的资料库、知识库。摩托罗拉公司自己汇编了各种管理课程,要求每学年员工要去学哪几门课程。请人来讲课最好是采用职业模拟培训模式,职业模拟就是假设一种特定的工作情景,由若干个受训组织或小组,代表不同组织或个人,扮演各种特定角色,例如总经理、财务经理、营销经理、秘书、会计、管理人员等。他们要针对特定条件、环境及工作任务进行分析、决策和运作。这种职业模拟培训旨在让受训者身临其境,以提高自身的适应能力和实际工作能力。

3. 注重员工人格的培养

对员工进行精神教育,是经营者的责任。人格的培养,必须经过千锤百炼。

缺乏应有的人格锤炼，就会在商业道义上产生不良的影响。松下公司强调真正的培训是对一个人的人格培训，知识的传授只是教育的第二意义。他们认为现在的教育虽名为教育，但不能算是真正的教育，真正的教育是提高一个人的人性。教育的中心是以培训一个人的人格为第一，至于知识、技术之类，可以说是附属的教育。

4. 加强企业价值观念和团队合作精神的教育和培训

价值观念是在企业中形成的人们用以判断是非和评价满意程度的标准，是员工思想和行为的依据。国外很多企业十分重视员工的价值观念的培训，原因在于员工的价值观念会深深地植入人们的头脑中，时刻影响到人的行为。对于初创期企业来说，一种好的价值观念的确立，可以使企业更具有活力，可以增强企业的凝聚力，提高工作效率，减少人员的流动，减少培训费用，对企业生存和发展影响巨大。因此，有必要采用多种形式，对员工进行企业价值观念的培训，使企业能够和谐有序地组织和运营。

5. 注意控制培训风险与培训成本

培训要从企业实际需要和承受能力出发，不要盲目去追求那些对企业没有用的东西。因此，一定要建立一套完整的员工培训体系，要作综合的员工培训分析，企业没有一个科学细致的员工培训分析，必然会给员工培训带来很大的随意性和盲目性，当然培训工作也就没有什么针对性可言了。

初创期企业用人方面的最大困难在于留不住适合本企业需要的优秀人才。实际情况往往是，企业刚刚把所聘用的人培训成适合自己需要的专业人员，很快又会被挖走；或者，员工在工作的同时也是这山望着那山高，心态不是很稳定。从员工个人的工作兴趣和希望讲，只要所在的企业不是同行业中最优秀的，或者企业没有为员工提供最高的岗位薪酬，在具备了一定的专业技能以后，员工总是希望能有流动的机会，这就形成了培训风险。

针对创业企业人员流动频繁的情况和培训风险，可以采用期权激励的办法，在员工加入本企业的时候，在工资以外根据不同的岗位职责给予员工一定的期权，如果企业上市则可以转成股份，不上市也可以根据企业年终效益情况分红。这种办法不仅可以有效地调动员工的工作积极性，还可以促进员工队伍的稳定，减少由于人员流动给企业增加的培训等负担。此外，岗位技能工资制等合适的分配方式，突出了员工个人技能在收入分配方面的作用，也对员工参加专业技能培训、提高个人专业技能水平产生激励，促使员工以积极的态度参加企业组织的各种技能培训，甚至自发地寻求接受培训的机会，从而大大地提高企业的培训效果。当然，企业应当与员工签订培训合同，约定服务年限和要求，避免那种刚培训完员工离职的现象发生。

第五节　绩效考核与薪酬管理

一、绩效考核

绩效考核是企业运营的催化剂。绩效考核有两个作用：一是提高公司的整体绩效水平，通过建设性的绩效评估，不断提高个人的业绩能力；二是对员工进行甄选与区分，保证优秀人才脱颖而出，同时淘汰不适合的人员。新创企业组织结构一般趋于扁平，员工的优秀与否大家都清楚，因此，创业期企业绩效考核的主要目的在于系统地保障业绩目标的实现，让员工的个人目标最大限度地配合公司整体目标，从而使公司的目标得到实现。通过绩效考核对员工的技能和业绩表现进行科学评价，与薪酬紧密挂钩，使薪酬作为绩效管理的调节杠杆，通过薪酬体现员工的绩效并引导员工不断提高绩效，使员工绩效与薪酬、职务晋升、调整紧密结合，为员工的晋升和发展提供公平竞争的机会，使绩效管理真正成为人力资源发展的保证。

绩效考核指标的设计一般围绕员工的德、能、勤、绩四个方面展开，也可以简化为：

(1) 能力考核指标。即员工具有这方面绩效的能力，这种能力到了何种程度。

(2) 态度考核指标。即员工在创造绩效的过程中表现出来的主动性、责任感强度等。

(3) 业绩考核指标。即员工在创造绩效的过程中所表现出来能力的实际效果。

创业期企业的绩效考核容易出现这样一些问题：一是领导者（通常是创业者）的个人色彩比较浓，往往缺乏制度观念，对下属的业绩评价具有主观性和随意性。这是由企业初创期的特点所决定的。二是初创期企业由于规模小、实力弱，以业务为战略核心是企业生存的必须，所以完全以业务量或销售额衡量员工绩效，至于其他方面，如员工对企业文化的认同、员工的职业道德修养以及自我学习和提升的能力等都可能被忽略。三是初创企业人员少，管理架构扁平，人与人之间一般可以便捷地面对面沟通，加之创业者及骨干员工多半有血缘、乡缘、学缘等关系，企业往往有浓厚的“家族”色彩，人情味较重，理性思考淡薄，在绩效考核中容易出现不客观的现象。四是由于创业期企业的制度和流程不完善，加之企业在激烈的竞争中需要随时应变甚至进行大的战略调整，总是处在变化中生存，所以类似目标管理等先进管理方法很少能在小企业中推行，也使得绩效考核难以有据可依。五是初创期企业的中层乃至高层管理者往往以业务为中心，业务占去了管理者的绝大部分精力，从而在考核后无暇顾及下属的绩效改进，使得绩效考核流于形式。

因此，绩效考核指标的设计应当注意：

(1) 创业期企业的业绩受到市场的影响比较大，用于绩效考核的业绩指标不应该过于苛刻，否则绩效考核不能起到良好的激励作用，只会打击员工的积极性。

(2) 初创期企业的业绩考核要体现出灵活性，特别是在有关业务方面的绩效考核指标设计的时候，需要体现灵活性。对初创企业而言，绩效考核的作用应更偏重于激励，结合绩效制定相应的薪酬体系，让考核结果直接与员工的绩效挂钩，当员工看到考核带来的好处时，制度的推行才能顺利。这里还需要准确把握考核内容的全面性和考核指标的重点性，指标的设计体现了公司的导向，考核指标中的业务指标，例如销售额、利润、客户拓展、市场占有率等占有的权重应尽量大些，而个人素质、能力、价值观等方面的软指标权重则可小一些，但也必须有所体现。

(3) 初创期企业数据收集和分析的能力相对较弱，因此，绩效考核不能过于细致，绩效考核中的数据收集和分析工作要和公司实际挂钩，尽量使用目前可操作的或者适当努力之后就可以得到的数据，否则绩效考核非但不能成为公司运营的催化剂，反而会成为绊脚石。

(4) 绩效考核过程中，人的主观因素可以适当加强。因为小型企业中每个员工之间的沟通机会较多，相互了解比较多。企业可以在除了客观业绩方面的其他方面采用主观打分的方式对员工进行全方位的绩效考核。主要考核办法可以利用各种满意度调查问卷的形式进行，如领导满意度、内部客户满意度、下属满意度等。

(5) 为充分发挥绩效考核效应，应当建立沟通评估机制，可以通过月度计划执行考核、季度业绩考核、年度述职和综合业绩考核等多种方式，围绕计划、执行、评估、反馈四个环节进行。最后由经理或部门经理与每位员工进行一对一的面谈，听取他们对考核结果的反馈，双方在相互交流中达成一个彼此都能接受的结论；然后部门负责人根据这一结论确定员工已经达到要求的地方和有待进一步改进的地方，双方在商讨中制定出新一轮的个人发展计划。

二、薪酬管理

绩效考核的结果运用主要体现在对员工的薪酬设计上。管理者必须在工作与奖励之间建立恰当的联系。员工想要什么就应该奖励什么,有效的奖励可以引导员工努力工作。

员工最关心的莫过于自己的薪酬,如果优秀的人才觉得自己的所得不如自己的付出,或者不如其他同类企业相同职位的工资,就很有可能心生不满,对工作不认真,甚至作出离职的决定,这对企业而言将是一个重大的损失。因此,员工的薪酬管理如何才能更有效,也是企业人力资源竞争力的一个方面。

1. 薪酬概念

薪酬是员工因向其所在组织提供劳动或劳务而获得的各种形式的酬劳。薪酬的概念包括广义和狭义两方面。广义薪酬指雇员因完成工作而得到的内在和外在的报酬,而狭义薪酬通常仅仅指外在的报酬。

(1) 内在薪酬

内在薪酬是指雇员由于完成工作而形成的心理思维模式。根据工作特征理论,当雇员工作在技术多样性、工作重要性、工作意义、自主权、业绩反馈五个方面都处于较高的水平时,雇员的心理状态也就是内部薪酬就会得到改善。内在薪酬是员工高层次的需求,缺乏这些,核心特征的工作提供的内在薪酬很少。

(2) 外在薪酬

外在薪酬包括货币薪酬和非货币薪酬。货币薪酬代表了核心薪酬。非货币薪酬包括保障计划(如医疗保险)、带薪非工作时间(如假期)和服务(如日托补助)。大多数薪酬专业人员把非货币薪酬称为员工福利或边缘薪酬。外在薪酬通常满足员工低层次需求并作为高层次需求的支撑。

2. 薪酬的组成部分

薪酬涵盖了员工由于为某一组织工作而获得的所有直接和间接的经济收入,其中包括薪资、奖金、津贴、养老金以及其他各种福利保健收入。可以将薪酬划分为基本薪酬、可变薪酬以及间接薪酬三个部分。

(1) 基本薪酬

基本薪酬是员工收入的基本组成部分,具有高差异性和高刚性。也就是说,在公司内部员工之间的基本薪资差异是明显的,一般能升不能降,表现出较强的刚性。基本薪酬是员工从企业那里获得的、较为稳定的经济报酬,因此,这一薪酬组成部分对于员工来说是至关重要的。它不仅为员工提供了基本的生活保障,也是其稳定的收入来源。

(2) 可变薪酬

可变薪酬的目的是在绩效和薪酬之间建立起一种直接的联系,而这种业绩既可以是员工个人的业绩,也可以是企业中某一员工群体、团队甚至整个公司的业绩。可变薪酬对于员工具有很强的激励性，对于企业绩效目标的实现起着非常积极的作用。同时，因为具有较强的灵活性，一般不会对公司的成本构成持续性的影响。

（3）间接薪酬

间接薪酬主要是指福利和服务。作为一种不同于基本薪酬的薪酬支付手段，福利和服务这种薪酬支付方式有其独特的意义，可以帮助企业避税、提高员工因退休或不测事件的保障能力以及通过团购方式提高员工的购买力。

【案例】维达公司内部管理问题

某高校的李教授快下班时接到维达公司的电话，电话是维达公司王总打来的，电话里说他想与李教授探讨一下李教授为其提供管理咨询的可能性，并邀请李教授第二天上午9:00到他的办公室相见。

李教授与王总见过几次面，但对维达公司了解并不多，只知道这是一家民营企业，公司生产小型家用电器如电吹风等产品，产品行销全国各地。公司自1994年创办以来发展顺利，销售收入1998年达到2 000万元，2000年达到6 000万元，2002年达到1个亿。王总是维达公司的老板、董事长兼总经理，今年44岁，大专学历。10年前，34岁的王总还是原集体企业向阳家用电器厂的一个技术员，后该厂因体制、机制等问题经营不善，濒临倒闭，最后由王个人筹资50万元将该厂买了下来，并带领几个朋友一起，改制成立了维达家用电器公司。

维达公司的办公楼第六层是老总们的办公室，副总办公室在楼的西头，楼中间是三个会议室，一大二小，东头就是王总的办公区，首先是秘书室，共有四个秘书在此办公，再过去是一个精致的小型会客室，再往里即楼的最东头是王总的办公室。这是一间非常宽敞气派的办公室，由两个大房间打通而成，约有150 m^2。房间中间靠北的地方摆放着一张巨大的办公桌，主人坐北面南，办公桌后面的墙上有一很大的敞开式壁橱，壁橱里放置着一具约1米高用红木雕刻而成的弥勒佛。两侧靠墙处摆放了四张大书柜，柜子里的书排得整整齐齐，一尘不染，都是与经济、企业管理相关的，其中还有整套的MBA教材。在办公桌旁有一大屏幕监视器，用于内部监控，通过它可以清楚地看到除副总办公室以外的其他任何一个办公场地和生产现场的情况。

9:00还差2 min，李教授来到王总办公室，秘书迎上前来，说王总因企业里有一急事需立即处理，请李教授等候30 min。

9:30王总急匆匆赶回办公室。宾主落座，王总边气喘吁吁地对李教授的到来表示欢迎，边抱怨说："真不知怎么搞的，过去企业缺少订单，找订单累人，现在业务上去了更累人，领导这个企业越来越难，有时甚至有点推不动、驾驭不了的感觉"。边说着王总边指着办公桌上一堆一堆的文件："你看，这是要我签字报销的发票，从出租车发票到住院看病的发票都有，看到这些发票我就头痛，但不过目又不行。有人劝我，将权力下放，我也试过，一张发票至少要经过当事人、主管部门领导、财务部门领导和分管副总裁签字才能报销，道理上讲关口已够多的了。但有一次我随意翻看了一下，看到一张我们请一展览公司做展台的费用发票，本来只有1.5万元，而对方收我们4万元，我感觉有问题，派人查，结果里面水分很大，而我们的人是见单照付，一句话崽花爷钱不心疼，你说我不管怎么行。"

"你再看，我有四个副总，刘、张、卢三位副总是和我一起创业的，康是我去年招聘的MBA，他们之间现在闹得不可开交，我整天忙于调节他们之间的矛盾，本来是想让他们帮助我工作的，结果他们却为我创造了不少工作。坦率地讲，刘、张、卢三位对我很忠诚，一条心，但水平低，还不愿学习，我曾跟他们讲，要学习新东西，他们回答得很干脆：我们公司只要你王总一个人学习就行了，你怎么说，我们就怎么干，一切行动听指挥，如果我们拼命学习，思想活了，主意多了，弄不好就会出现行动不听指挥的情况。好几次我想把他们拿下来换人上，但每次又于心不忍，此外他们的奉献精神也赢得了相当多的员工的敬重，动他们会伤一批人的心。我现在懒得跟他们多讲什么，有什么事我都是让秘书去跟他们讲，所以你看我得有四个秘书才够用。"

"康总是我去年聘来的MBA，管营销，有专业知识，也有干劲，但太职业化。比如，他要求的薪水是其他副总的2倍，比我都高；还要求有职有权，不得随意干预他的工作。我咬咬牙硬是答应了他的要求，但其他三位副总和许多中层干部不服气，也看不惯他的工作作风，明争暗斗，矛盾不断。"

"虽说现在每年销售增长还不错，但我也看到一些问题，怎样解决我一时也拿不出办法。比如，在外的地区销售经理，他们直接面时客户，在业务往来中往往与客户单位的采购部门的领导或其他部门的一些领导结下了密切的私人关系，从做业务来讲，这并没有什么不好，但是有些人以此来损公肥私，或作为向公司提出种种不合理要求的条件，公司如果拒绝，他就会带走客户，因此公司轻易还不敢得罪这些人，但容忍的结果只能是更加糟糕。"

"还有人浮于事、平均主义的问题，在某些方面我们快要成了原来的国有或集体企业了。"

王总一口气说了许多问题，也许是说得太急太多，有点口干舌燥，他按了一下铃，通知秘书进来加水，一口气将一杯水喝下，王总拍了拍身后的弥勒佛像幽默地说："全公司有600多人，能真正理解我的恐怕只有它，无论是我春风得意还是水深火热，它总是一直笑眯眯地看着我，从来不会改变。"

说完，王总问道："李教授，您看我现在该怎么办呢"？

李教授正要说话，王总的手机响了，王总向李教授打了个手势表示歉意，就接起了电话。在这关口，李教授陷入了沉思。

【案例】推销明星为何"跳槽"①

白秦铭在大学时代成绩不算突出，老师和同学都不认为他是很有自信和抱负的学生。他的专业是日语，毕业后被一家中日合资公司招为销售员。他对这岗位挺满意，不仅因为工资高，而且尤其令他喜欢的是这家公司给销售业务员发的是固定工资，而不是佣金制。他担心自己没受到推销方面的训练，比不过别人，若拿佣金，比人少多了会丢脸。

刚上岗位的头两年，白秦铭虽然兢兢业业，但销售成绩只属一般。慢慢地他的销售额渐渐上升了，到第三年年底，他觉得可算是进入了全公司几十名销售员中头20名之列了。到了下一年，根据与同事们的接触，他估计自己当属销售中的冠军了。不过这家公司的政策是不公布每人的销售额，也不鼓励互相比较，所以他还不能很有把握认定自己一定是坐上了第一把交椅。

这一年，白秦铭干得特别出色。尽管定额比前年提高了25%，到了9月初他就完成了销售定额。他对同事们仍不露声色，不过他冷眼旁观，没发现什么迹象说明他们中有谁哪怕已接近完成了自己的定额。此外，10月中旬时，日方销售经理召他去汇报工作。听完他用日语做的汇报后，那位日本经理对他格外客气，祝贺他已取得的成绩。在他要走时，那位经理对他说："咱公司要再有几个像你一样棒的推销明星就好了。"他只微微一笑，没说什么，不过他心中思忖，这不就意味着承认他在销售员队伍中出类拔萃、独占鳌头了么？今年，公司又把白秦铭的定额再提高了25%。尽管一开始不如去年顺手，但他仍是一马当先，比预计的干得要好。他根据经验估计，10月中旬前肯定能完成自己的定额，不过他觉得自己心情并不舒畅。最令他烦恼的事，也许莫过于公司不告诉大家谁干得好谁干得坏，干好干坏都没个反应。他听说本市另外两家中外合资的化妆品制造企业都搞销售竞赛和颁奖活动，其中一家是总经理亲自请最佳销售员到大酒店吃一顿饭；而且还有内部发行的公司的小报，让人人知道每人销售情况，表扬季度和年度最佳销售员。想到自己公司这套做法，他就特别恼火。其实，在开头

① ［资料来源］摘编自：http://blog.sina.com.cn/s/blog_48884f05010003j9.html.

他干得不怎样时，他并不太关心和在乎排名第几的问题，如今却觉得这对他越来越重要了。不仅如此，他开始觉得公司对销售员实行固定工资制是不公平的，一家合资企业怎么也搞“大锅饭”？应该按劳付酬嘛！

一天，他主动去找了那位外国经理，谈了他的想法，建议改为佣金制，至少实行按成绩给奖金制。不料那位日本上司拒绝了他的建议，并且说这是本公司的既定政策，本公司一贯就是如此，这正是本公司的文化特色。第二天，令公司领导吃惊的是，白秦铭辞职而去，听说他到另一家竞争对手那儿去了。

白秦铭的离去说明了当前大多数企业都面临的一个问题，即应该如何留住人才，用好人才，充分调动人才的工作积极性。

第五章　技术创新与产品管理

本章提要

- 技术创新的含义与创新激励
- 创新的过程与组织
- 新产品开发的方式与程序
- 产品的品牌策略

创业者常常以自己所掌握的技术进行创业。但是很多创业者所拥有的技术并不是完整的技术，或者说技术还不完善。创业者的技术需要在生产或营销的运作过程中，逐步完善。其实，对于一个现代的创业者，仅仅是把一项开始创业的技术在产业中实施还远远不能使创业走向成功。由于技术在迅速地进步，因此，创业者在将创业的技术实施的同时，就必须考虑技术再创新的问题，或产品的进一步开发，否则，很可能还没有收回创业投资，技术或产品就已经落后，或失去了竞争力。以技术创业的创业者，不能躺在技术带来的一点点成果上而忘乎所以，必须时时关注技术与市场的发展动态，不断地研究与开发新产品，改进与提高技术与管理水平，才能使企业健康成长。当今时代，技术与产品的生命周期日趋短暂，不创新很快就被淘汰出局。因此，新创企业必须高度重视技术与产品的管理。

第一节　技术创新管理

一、创新的内涵与创新激励

1. 创新的内涵

创新(Innovation)一词源于拉丁语里的“Innovare”，又可译为技术创新，意思是更新、制造新的东西或变化。关于创新理论，如果从历史发展的角度分析，它是由熊彼特的创新理论发展而来的。按照熊彼特的创新理论，“创新”就是建立一种新的生产函数，即实现生产要素和生产条件的一种从未有过的新组合并引入生产体系。创新并不是某项单纯的技术或工艺与产品的发明，而是一种不息运转的机制，只有引入生产实际中的发现与发明，并对原有生产体系产生震荡效应，才是创新。

彼得·德鲁克说："成功的创业家，不论他个人的动机如何——是为了金钱、是出于好奇、还是追求名誉与社会承认，都要创造价值并有所贡献。成功的创业家一般都瞄准较高的目标。他们不以改进现状或修正已有事物感到满足，而是努力创造新的、不同的价值与满足，把物质转变为资源，或结合已有的资源创立新的和富于生产力的结构。"他认为：为不同的新事物提供机会的是变化，系统创新在于有目的和有组织地探索这些变化，并系统地分析哪些是可能提供经济或社会创新的变化。产品与技术的新与旧、高与低、先进与落后，来自两个方面的概念：一是时间性；二是空间性。当一项新产品或新技术一旦开始在市场出现，便开始由新向旧的演变。由于竞争与发展，学习者、模仿者便会接踵而至，则产生出的新技术便逐渐随着时间而向空间扩散，当新技术在特定的空间内为同行共同掌握时，这项新的技术就变成了普通的技术，新技术便走完了由新到旧的"生命里程"。

同时，用户也会有更新更多的要求，原有创新的企业必须向更新的技术发展，开发出更新产品，或向新的尚未"饱和"的需求空间区域拓展，进行多角化技术与产品开发，或是向新领域新空间的"填空"，这是平面横向的开发。

创新不在于能与不能，而在于什么时间能，这要求创新应具有一定的时效性。另外，创新不是一次就可以"一劳永逸"，特别是知识经济时代，技术与产品的生命周期日趋短暂，企业的生存与发展需要持续创新。

新创立的企业，必须具有创新战略意识。从创立之初，就应该注重培植核心技术或核心产品，以技术创新为核心，不断开发高附加值的新产品。从一开始，就应该注重技术创新与市场需求的匹配或融合，建立创新文化，完善创新激励机制，并应该注重实施专利战略及技术积累的管理。

2. 创新激励

鼓励公司员工开动脑筋、挖掘创造力，是许多成功企业普遍采用的激励管理方式，并形成了企业的创新文化。丰田公司宣称他们的员工每年提出大小 200 万个新构思，平均每个员工提出 35 项建议，这些建议有 85%以上被公司采纳。在我国的许多企业，也非常鼓励职工提合理化建议，这些合理化建议有许多被采纳后，对企业的技术与管理的创新起到了积极的推动作用。

创新活动，既是企业发展的根本动力，给企业带来良好的机会，也会由于创新失败而造成损失。创业者要根据新创企业的实际，恰当地实施创新激励。创新要根据自己的基础与资源进行，不要好高骛远。

二、创新的过程

创新在本质上是杂乱无章的，因为创新是对旧事物的否定，是对新事物的探索。对旧事物的否定，创新必定要突破原先的制度，破坏原先的秩序，必须不遵守原先的章程；对新事物的探索，创新者只能在不断的尝试中去寻找新的程序、新的方法，在最终的成果取得之前，可能要经历无数次反复，无数次失败。因此，它看上去必然是杂乱的。但这种“杂乱无章性”是相对于旧制度、旧秩序而言的，是相对于个别创新而言的。就创新的总体，或“创新一般”来说，它们必然依循一定的步骤、程序和规律。

总结众多成功企业的经验，成功的创新要经历寻找机会、提出构想、快速行动、坚持不懈这几个阶段的努力。

1. 寻找机会

创新是对原有秩序的破坏。原有秩序之所以要打破，是因为其内部存在着或出现了某种不协调的现象。这些不协调对系统的发展提供了有利的机会或造成了某种不利的威胁。创新活动正是从发现和利用旧秩序内部的这些不协调现象开始的。不协调为创新提供了契机。

2. 提出构想

敏锐地观察到了不协调现象的产生以后，还要透过现象究其原因，并据此分析和预测不协调的未来变化趋势，估计它们可能给组织带来的积极或消极后果，并在此基础上，努力利用机会或将威胁转换为机会，采用头脑风暴、畅谈会等方法提出多种解决问题、消除不协调使系统在更高层次实现平衡的创新构想。

3. 快速行动

创新成功的秘密主要在于迅速行动。提出的构想可能还不完善，甚至可能很不完善，但这种并非十全十美的构想必须立即付诸行动才有意义。“没有行动的思想会自生自灭”，这句话对于创新思想的实践尤为重要，一味追求完美，以减少受讥讽、被攻击的机会，就可能坐失良机，把创新的机会白白地送给自己的竞争对手。比如，20 世纪 70 年代，施乐公司为了把产品搞得十全十美，在罗彻斯特建造了一座全由工商管理硕士（MBA）占用的 29 层高楼。这些 MBA 们在大楼里对第一件可能开发的产品设计了拥有数百个变量的模型，编写了一份又一份的市场调查报告……然而，当这些人继续不着边际地分析时，当产品研制工作被搞得越来越复杂时，竞争者已把施乐公司的市场抢走了 50％以上。创新的构想只有在不断地尝试中才能逐渐完善，企业只有迅速地行动才能有效地利用“不协调”提供的机会。

4. 坚持不懈

构想经过尝试才能成熟，而尝试是有风险的，是不可能“一击而中”的，是可能失败的。创新的过程是不断尝试、不断失败、不断提高的过程。因此，创新者在开始行动以后，为取得最终的成功，必须坚定不移地继续下去，绝不能半途而废，否则便会前功尽弃。要在创新中坚持下去，创新者必须有足够的自信心，有较强的忍耐力，能正确对待尝试过程中出现的失败，既为减少失误或消除失误后的影响采取必要的预防或纠正措施，又不把一次“战役”（尝试）的失利看成整个“战争”的失败，创新的成功只能在屡屡失败后才姗姗来迟。爱迪生曾经说过：“我的成功乃是从一路失败中取得的”。这句话对创新者应该有所启示。创新的成功在很大程度上要归因于“最后五分钟”的坚持。

三、创新活动的组织

系统的管理者不仅要根据创新的上述规律和特点的要求，对自己的工作进行创新，而且更主要的是要组织下属进行创新。组织创新，不是去计划和安排某个成员在某个时间去从事某种创新活动——这在某些时候也许是必要的，但更要为部属的创新提供条件、创造环境，有效地组织系统内部的创新。

1. 正确理解和扮演“管理者”的角色

管理人员往往是保守的。他们往往以为组织聘用自己的目的是维持组织的运行，因此自己的职责首先是保证预先制定的规则的执行和计划的实现，“系统的活动不偏离计划的要求”便是优秀管理的象征。因此，他们往往自觉或不自觉地扮演现有规章制度的守护神的角色。为了减少系统运行中的风险，防止大祸临头，他们往往对创新尝试中的失败吹毛求疵，随意惩罚在创新尝试中遭到失败的人，或轻易地奖励那些从不创新、从不冒险的人，这显然是不行的。管理人员必须自觉地带头创新，并努力为组织成员提供和创造一个有利于创新的环境，积极鼓励、支持、引导组织成员进行创新。

2. 创造促进创新的组织氛围

促进创新的最好方法是大张旗鼓地宣传创新，激发创新，树立“无功便是有过”的新观念，使每一个人都奋发向上、努力进取，跃跃欲试、大胆尝试。要造成一种人人谈创新、时时想创新、无处不创新的组织氛围，使那些无创新欲望或有创新欲望却无创造行动，从而无所作为者感觉到在组织中无立身之处，使每个人都认识到组织聘用自己的目的不是要自己简单地用既定的方式重复那也许重复了许多次的操作，而是希望自己去探索新的方法，找出新的程序，只有不断地去探索、去尝试才有继续留在组织中的资格。

3. 制定有弹性的计划

创新意味着打破旧的规则，意味着时间和资源的计划外占用，要求组织的计划必须具有弹性。因此，创新需要思考，思考需要时间。把每个人的每个工作日都安排得非常紧凑，对每个人在每时每刻都实行"满负荷工作制"，则创新的许多机遇便不可能发现，创新的构想也无条件产生。宫凯尔博士对日本人的高节奏工作制度就不以为然，他说："一个人成天在街上奔走，或整天忙于做某一件事……没有一点清闲的时间可供他去思考，怎么会有新的创见？"他认为，每个人"每天除了必需的工作时间外，必须抽出一定时间去供思考用"。美国成功的企业，也往往让职工自由地利用部分工作时间去探索新的设想。据《创新者与企业革命》一书介绍，IBM、3M、奥尔-艾达公司以及杜邦等公司都允许职工利用5%～15%的工作时间来开发他们的兴趣和设想。同时，创新需要尝试，而尝试需要物质条件和试验的场所。要求每个部门在任何时间都严格地制定和执行严密的计划，则创新会失去基地，而永无尝试机会的新构想就只能留在人们的脑子里或图纸上，不可能给组织带来任何实际的效果。因此，为了使人们有时间去思考、有条件去尝试，组织制定的计划必须具有一定的弹性。

4. 正确地对待失败

创新的过程是一个充满着失败的过程。创新者应该认识到这一点，创新的组织者更应该认识到这一点。只有认识到失败是正常的，甚至是必需的，管理人员才可能允许失败，支持失败，甚至鼓励失败。当然，支持尝试、允许失败，并不意味着鼓励组织成员去马马虎虎地工作，而是希望创新者在失败中取得有用的教训，学到一点东西，变得更加明白，从而使下次失败到创新成功的路程缩短。美国一家成功的计算机设备公司在它那只有五六条的企业哲学中甚至这样写道：我们要求公司的人每天至少要犯10次错误，如果谁做不到这一条，就说明谁的工作不够努力。

5. 建立合理的奖酬制度

要激发每个人的创新热情，还必须建立合理的评价和奖惩制度。创新的原始动机也许是个人的成就感、自我实现的需要，但是如果创新的努力不能得到组织或社会的承认，不能得到公正的评价和合理的奖酬，则继续创新的动力会渐渐失去。促进创新的奖酬制度至少要符合下述条件。

(1) 注意物质奖励与精神奖励的结合。奖励不一定是金钱上的，精神上的奖励也许比物质报酬更能满足驱动人们创新的心理需要。而且，从经济的角度来考虑，物质奖励的效益要低于精神奖励，金钱的边际效用是递减的，为了激发或保持同等程度的创新积极性，组织不得不支付越来越多的奖金。对创新者个人来说，物质上的奖酬只在一种情况下才是有用的：奖金的多少首先被视做衡量个人工作成果和努力程度的标准。

(2) 奖励不能视做“不犯错误的报酬”，而应是对特殊贡献甚至是对希望作出特殊贡献的努力的报酬，奖励的对象不仅包括成功以后的创新者，而且应当包括那些没有获得成功的努力者。就组织的发展而言，也许重要的不是创新的结果，而是创新的过程。如果奖酬制度能促进每个成员都积极地去探索和创新，那么对组织发展有利的结果是必然会产生的。

(3) 奖励制度要既能促进内部之竞争，又能保证成员间的合作。内部的竞争与合作对创新都是重要的。竞争能激发每个人的创新欲望，从而有利于创新机会的发现、创新构想的产生，而过度的竞争则会导致内部的各自为政、互相封锁。协作能综合各种不同的知识和能力，从而可以使每个创新构想都更加完善，但没有竞争的合作难以区别个人的贡献，从而会削弱个人的创新欲望。要保证竞争与协作的结合，在奖励项目的设置上，可考虑多设集体奖，少设个人奖，多设单项奖，少设综合奖；在奖金的数额上，可考虑多设小奖，少设甚至不设大奖，以给每一个人都有成功的希望，避免只有少数人才能成功的超级明星综合征，从而防止相互封锁和保密、破坏合作的现象。

第二节　新产品开发管理

产品开发战略是市场营销战略的重要组成部分，为市场提供消费者需求的新产品是企业获取竞争优势的源泉。初创企业应该对新产品有一个客观的认识，根据自己的实力来决定自己所提供的新产品，进而对新产品开发的方式及开发的程序进行决策。

一、新产品的类型

所谓新产品，是相对老产品而言的，是指新出现的与市场上的老产品有所区别的产品。营销中的新产品含义与一般的科技开发上的新产品含义并不完全相同，前者的内容要比后者广泛得多。新产品有四种形式。

(1) 全新产品。指采用新的原理、新的材料、新的技术而制成的产品，与现有的产品毫无雷同之处。如电话、飞机、尼龙、复印机、电视机、计算机等就是 19 世纪 60 年代至 20 世纪 60 年代世界公认的最重要的全新产品。

(2) 换代产品。指产品的性能、结构有重大突破与改进的产品。如洗衣机从原来的半自动变为全自动的就是换代新产品。

(3) 改良新产品。这是对企业现存产品的材料、结构、性能、外形设计、颜色、包装等方面作出某些改进的产品，这是企业最容易开发的新产品。

(4) 模仿新产品。指企业对市场上已出现但自己还没生产过的产品进行模仿改进而生产的产品。

二、选择新产品开发的方式

(1) 独立研制。这是企业在应用技术研究成果的基础上，自己研制的独具特色的产品。采用这种方式开发的一般是全新的或者是换代的产品。独立开发新产品，特别是研制复杂的产品，要求企业有较高的技术水平，有较雄厚的人力和财力资源。因此，企业在创业阶段，最好是开发不太复杂的产品或开发仿制型、改良型产品。

(2) 技术引进。这是指利用国外或国内其他单位或个人已有的成熟技术从事的新产品开发。采用这种方式，企业投资少，并可以较快地掌握产品制造技术，争取时间把产品制造出来，因此较适用于刚开始创业的企业。但是，引进技术多属于别人已经采用的技术，其产品已占领了一定的市场。所以，企业的新产品开发不应长期建立在技术引进的基础上，等到新创企业的资金和实力积累到一定程度，就要建立自己的产品研究开发机构，逐步形成自己的产品开发能力，发展有自己特色的技术。

【案例】"曲线救国"[①]

谈到商业谋略，梁伯强是最令人敬佩的一个。梁伯强想做指甲钳，在国内却找不到过硬的技术，找来找去，他发现韩国人在这方面技术好。可是韩国人对自己的技术看得很严。公开向韩国人讨要技术肯定不行，出钱买人家也未必肯卖。为了从韩国人那里偷师学艺，梁伯强想了一个办法。第一步，他先想办法成为韩国人的代理商，为其在中国内地批发销售指甲钳。这样既建立了自己的指甲钳销售网络，又取得了韩国人的信任。第二步，在取得韩国人的信任后，梁伯强便开始找借口，说韩国人的货这不行哪不行，质量不过关，产品老崩口，天天找韩国人的麻烦，把自高自大的韩国人气得不行。最后为了证明自己的产品质量过关，韩国人竟在一怒之下，将产品生产材料和工艺流程都告诉了他。

梁伯强偷艺的故事，不禁让人想起华人第一首富李嘉诚。李嘉诚当年未发迹时，为了获得塑料花的生产工艺，也曾在意大利做了类似的举动。看来，财富强人有时在财富智慧上也是惊人相似。

---

① [资料来源]摘编自：http://3y.uu456.com/bp_2puon110j29pg7z7h9zo_4.html.

(3) 科技协作开发方式。这是一种由企业、高等院校或科研机构协作进行新产品开发的方式。这种方式花钱少、见效快，又能促使企业提高开发能力，是一种较好的方式。

三、新产品开发的程序

开发新产品涉及企业的生产技术和经营管理各个领域，是一项十分复杂和细致的工作，必须按照一定的程序来进行。新产品开发过程由八个阶段构成，即寻求创意、甄别创意、形成产品概念、制定市场营销战略、营业分析、产品开发、市场试销、批量上市。新创企业应按科学的程序来进行新产品开发，减少失败的风险。

(1) 寻求创意。所谓创意，就是开发新产品的设想。新产品创意的主要来源有：顾客、科学家、竞争对手、企业推销人员和经销商、企业高层管理人员、市场研究公司、广告代理商等。此外，企业还可以从大学、咨询公司、同行业的团体协会、有关报刊媒体那里寻求有用的新产品创意。

(2) 甄别创意。取得足够创意之后，要对这些创意加以评估，研究其可行性，并挑选出可行性较强的创意，这就是甄别创意。甄别创意的目的就是淘汰那些不可行或可行性较低的创意，使企业有限的资源集中于成功机会较大的创意上。甄别创意时，一般要考虑创意与企业的战略目标和企业能力的适应性。

(3) 形成产品概念。所谓产品概念，是指企业从消费者的角度对这种创意所做的详尽的描述。企业必须根据消费者的要求把产品创意发展为产品概念，选择最佳产品概念后，进行产品和品牌的市场定位。

(4) 制定市场营销战略。形成产品概念之后，需要制定市场营销战略，企业的有关人员要拟定一个将新产品投放市场的初步的市场营销战略报告书。报告书大体分为三部分：第一部分是描述目标市场的规模大小、结构行为、新产品市场位置、产品销售最初几年的销售量、利润、市场占有率等；第二部分是规划新产品的预期价格、分销渠道及第一年以促销（尤其是广告）为重点的营销预算费用；第三部分是阐述较长期的销售额和利润目标及不同时期的营销组合策略等。

(5) 营业分析。在这一阶段，企业市场营销管理者要复查新产品将来的销售额、成本和利润的估计，看看它们是否符合企业的目标。如果符合，就可以进行新产品开发。

(6) 新产品开发。这一阶段主要是将通过商业分析后的新产品概念交送研究开发部门或技术工艺部门研制成为产品模型或样品，同时进行包装的研制和品牌的设计。这是新产品开发的一个重要步骤，只有通过产品研制，投入资金、设备和劳力，才能使产品概念实体化，才能发现产品概念的不足与问题，继续改进设计，也才能证明这种概念在技术、商业上的可行性。

(7) 市场试销。企业将少量通过生产测试的样品作为正式产品，投放到有代表性的小范围市场上进行试销，旨在检查这种新产品的市场效应，然后再决定是否大批量生产。不过并非所有新产品都必须经过试销，是否试销主要取决于企业对新产品成功率的把握。如果对新产品成功率没有把握，付出一定的试销费用是必要的。

(8) 批量上市。新产品试销成功以后，就可以正式批量生产，全面推向市场。这时企业就要动用大量资金支付大量费用，而新产品投放市场的初期往往利润微小，甚至亏损，因此，企业在此阶段应在投放时机、投放地区、目标市场和营销组合等方面慎重考虑。

第三节　产品的品牌策略

品牌在本质上代表着某种产品的特征、能给消费者带来的利益和服务的承诺，是消费者识别企业的重要依据。因此对于新创企业来说，在条件许可时给自己的产品设计独特的品牌就显得尤为重要。

品牌是产品规定的商业名称，通常由文字、标记、符号、图案和颜色等要素或这些要素的组合构成。品牌一般分为品牌名称和品牌标志两个部分。品牌名称是指品牌中可以用语言称呼的部分。品牌标志则是指品牌中可以被识别，但不能用言语称呼的部分。品牌由企业在政府有关部门注册登记以后，获得专用权，受到法律保护，就称为商标。

新创企业的品牌策略有以下几种选择。

一、无品牌策略

无品牌策略本身就是一种品牌策略，它不是要企业永远抛开品牌，更不是对品牌的否定，而是要企业先将远大的梦想暂时放在一边，踏踏实实地把自己做大做强，以积蓄可以实现自己梦想的力量。

新创企业可采用的无品牌化策略包括无商标策略和采用零售企业商标策略。

(1) 无商标策略。即不使用商标的策略。商品之所以能不用商标，一方面是因为有些企业的产品因难以形成“产品差别”，或质量难以统一保证和衡量，或消费者对质量要求不高，无须特别的辨认，从而使得使用商标的可能性大大降低。另一方面是人们生活中经常接触的商品，不需要特别的专业知识，就能够辨别真假、好坏，如衣服、食品、饮料等，也可以不用商标。美国的两大零售商沃尔玛和卡玛近年来相继推出无品牌商品大宗销售法，他们要求消费者成打、成箱或按一定的散装量来购物，商品仅限于无品牌甚至是无正式包装的统货，价格相当低廉，商品十分畅销，这种方法迅速在美国、加拿大等国超级市场上流行起来。目前仓储式购物中心大受消费者青睐就证明了这一点，低价格商品，对于我国广大消费者来说，具有无穷的魅力，因此，无品牌商品销售在我国有着良好的发展前景。

(2) 采用零售企业商标策略。零售商品牌是商业竞争发展到一定阶段的产物，它是零售商为了突出自身形象，维持竞争地位，充分利用自身的无形资产和优势而采取的一种竞争战略。具体做法是：零售商通过了解消费者信息，提出产品的设计开发要求，并选择生产企业进行生产，然后利用零售商品牌把产品推向市场。在我国，一方面有不断发展壮大的大中型零售企业、连锁超市；另一方面是大量生产能力闲置的中小型企业，日趋激烈的市场竞争将迫使制造商不得不使用零售商品牌，而零售商经营自有品牌必须有为其生产产品的生产企业，这就为零售商和中小企业合作，形成生产和流通的新型结合体创造了有利条件。如上海开开百货商店自 1987 年实施零售商品牌以来，推出开开牌系列产品，其中开开牌衬衫荣获“中国十大名牌衬衫”的殊荣，开开牌羊毛衫荣获“中国名牌产品”的称号。

二、借助已成功的品牌策略

不具备自创品牌的条件而其生产的产品或市场特点又不允许采用无品牌策略的中小企业，可以采用借助已经成功的品牌提升自己的品牌战略。台湾宏碁于创业之初，经济上捉襟见肘，是典型的作坊式企业。他们利用世界知名品牌来成就宏碁。他们首先瞄准的是蓝色巨人 IBM。经过努力，他们争取到了在台湾为 IBM 制作零部件的机会，从而使质量和技术得到了初步的积累，团队也得到了训练。可是单纯的组件加工无法为宏基带来丰厚的利润。于是，他们开始谋求为 IBM 组装整机。经历了艰苦的努力，他们不仅成为 IBM 优秀供应商，而且开始了自身的国际化进程。羽翼渐丰的宏碁开始了宏碁品牌的营销，自行制造、销售宏碁品牌的电脑是宏碁走向辉煌的根本原因。借助成功品牌的策略主要有贴牌、品牌租借、为成功品牌生产配套产品等多种方式。

三、自创品牌策略

对于已经拥有完善的管理和营销体制、充裕的资金等创立品牌所需条件的中小企业，制定自创品牌策略仍是上策。这些企业应该从品牌建设之初就制定出与品牌发展阶段相适应的品牌形象设计方案，循序渐进地塑造品牌。

企业自创品牌，需要具有前瞻眼光、文化内涵和国际化意识，注意品牌附加值的创造和积累，克服品牌命名时的先天不足。企业的发展犹如长途旅行，启程时是产品，抵达终点站时是完整的品牌体系，如何选择到达的路线和到达方式，既要制定理性的品牌战略，又要十分重视感性的品牌延伸艺术。因此，企业要用心体会以下几种策略：一是“独立”，即创设的品牌在行业内具有鲜明的个性，能独树一帜，吸引客户的视听。二是“巧挖”，即从博大精深的中华民族文化中挖掘有商业价值的文字作为品牌。如“步步高”、“红豆”等。三是“口传”，即利用口碑的力量打响品牌，如“娃哈哈”等。四是“快抢”，即以敏锐的眼光发现未来可能成为有价值的品牌资源，抓紧抢注。如 1994 年，在一曲“又是九月九，重阳夜难聚首”唱红大半个中国时，陕西有一个企业就策划抢注了“九月九”商标。

品牌是企业走向市场的通行证，是消费者选购产品的着眼点，更是企业参与市场竞争的锐器。品牌价值越高，对销售的促进作用越强，企业的获利能力就越好。好的品牌所需要的鲜明的时代特征、公共亲和力、美誉度等的形成，是一个漫长的过程。

【案例】宝洁公司的品牌创新①

宝洁公司有 300 多个品牌畅销于世界 140 个国家和地区。走的是“从产品推出品牌，再由品牌推出新产品”的路子，它的经验如下：

1. 奉行消费者至上

宝洁公司在各地建立机构，了解本土市场，了解当地语言和文化，了解消费者需求、态度、使用习惯。比如，他们通过深层次地了解，对 26～34 岁消费者对皮肤的认识，日本是“像煮熟的鸡蛋”一样半透明的光洁肌肤，香港是“水晶般光洁”，台湾是“红润光洁”。同样的品牌、同样的产品，根本不同的感受会形成消费者心目中的品牌所代表的不同形象。

2. 创造特色，创造差异

宝洁认为特色与差异是卓越产品应有的个性特点。如“海飞丝”“去头皮屑”的特有个性特征，赢得了消费者的喜爱，赢得了市场。而“沙宣”、“飘柔”、“潘婷”又是另外的特点，可让消费者各取所需。不同名称、符号、颜色将品牌的内在特征告诉消费者，以其独特魅力吸引消费者。

赢得市场后，宝洁又一次次改进推出新产品，宣布这是“新的和改进的产品”，让消费者更加钟情于此产品。

3. 品牌策略不断创新

(1) 侧翼产品策略：一个品牌有多种规格和形式，以满足消费者不同偏好，

---

① [资料来源]摘编自：郭鹏辉. 宝洁公司的品牌创新. 江苏商论，2008(35).

使其占有更多货架空间，以防止竞争者进入。

(2) 多品种策略：用一种产品推出几种品牌，如洗涤去污剂就生产了10种品牌，满足消费者不同需要。

(3) 品牌扩展策略：产品创出名牌后，利用它的品牌名称再推出其他产品。如“象牙牌”产品，已从肥皂扩展到液体肥皂和清洁剂。这样可以减少广告支出，又能迅速得到消费者认可，获得好的市场信誉。

(4) 品牌管理系统：品牌多，管理者也多，宝洁系统中一个经理管理一个品牌。这样分而治之，责任落实、行动敏捷，便于占领市场。20世纪80年代后期，宝洁36个月内在全球成功推广了“飘柔”品牌；90年代早期，24个月在全球成功推广了“潘婷”品牌。

(5) 强大而有效的促销：宝洁年广告支出6.72亿美元。为了创造强有力的知名度，为了满足消费者的偏好，从不限制广告费用支出。宝洁拥有一支一流的销售队伍，能很好地与零售商合作，并负责向品牌经理提出建议，研究如何进行最有效的促销。

(6) 创新战略：宝洁的获胜准则是不断向最好推进，为了消费者的利益，不断研究开发新产品、新技术、新服务。

(7) 有序经营：宝洁的口号是创新永久性品牌。它对品牌的有序经营，不仅表现在价值策略的运用上，还表现在沟通、促销及广告代理商的选择上等。它不依靠价格优势，相反，它的洗衣粉、洗发精、香皂价格都不便宜，同样成为市场领导品牌。

【案例】淘金路步步惊魂①

1999年，25岁的李智和他的两个好朋友刘明、陈文三人合伙在深圳成立了一家公司，注册资本50万元。公司最初专注于卫星信号接收器的销售及安装，产品可以直接从原来的公司批发；不久他们就和珠海一家电话机厂商签下了合作协议．成为该厂的代理商。

激情万丈时

创业之初似乎很顺利，卫星信号接收器三四个月的时间安装了十多台，赚的钱已能冲抵房租水电等费用。但日常开支仍然令创业的资金一天天在缩小，那都是他们昔日的“血汗钱”，这种趋势让人很心惊。在三个创业者眼里看来，光做卫星信号接收器的销售和安装并无多少利润可赚，所以他们每一天都在寻找新

① ［资料来源］摘编自：吴海波．淘金路步步惊魂．中国市场，2004(5)．

的而且盈利迅速的项目。2000 年 3 月,IP 拨号器进入了他们的视野。

早在 1999 年,有关 IP 拨号器的报道已经见诸媒体,不过当时国内还没有专门的生产厂商,充斥市场的都是进口产品。一段时间之后,他们注意到在深圳等地已经有厂商开始投产,于是买来一个拨号器打算仔细研究一番。拆开一看,对电子通信产品都很熟悉的三个人不禁惊喜:整个机器成本算下来不过 50 块钱出头,可是当时市场价却是每台 1 000 多元,1999 年最高甚至卖到 2 000 元。IP 拨号器技术原理很简单,基本是电话机原理,只不过多了块控制芯片。在电子通信市场异常发达的深圳,相关部件的生产厂商多如牛毛,所以基本元件的供应不是问题。

他们决定自己生产。以满大街的公用电话为例,电话亭老板在安装拨号器之前的成本大约在 0.7～1.1 元/min,收打长途电话费是 0.8～1.2 元/min,安装了拨号器之后收费和原来相同,但成本只有 0.4 元/min。仅此一项,拨号器的市场就大得望不到边。这一点让三人觉得眼前拆开的不是拨号器而是一个金娃娃。

初期一切都进行得井井有条。产品设计生产开始启动,买来了数万元的生产调试设备,还招聘了一个专门负责调试的专业人员。陈文日夜兼程地进行程序设计,李智和刘明则在深圳地区洽谈业务,寻找合适的生产厂商采购零配件。不久实验室产品诞生,在深圳地区做了简单的应用测试后,李智带着产品飞往福州、厦门、宁波、东北等地联络发展经销商。当时这种定价的产品对于经销商而言很具有诱惑力,市场方面的情况很不错。回深圳后,刘明和陈文也相继去了西北、西南一带,带回来的同样是好消息。

财富在触手可及之处,心情如三月的春风吹拂。

危机初显处

既然市场反馈非常之好,李智就开始着手开始铺摊子:他制定了完整的全国性营销计划,招聘了业务人员、技术人员、专职会计和文秘人员。产品一进入市场效果就很不错:虽然发货量少,利润却基本可以维持公司的运转。除了出差的时间外,李智一直睡在办公室,既做老板又做工人,每天的睡眠时间不到 4 个小时,就这样持续了 4 个月。顺利的开始和充满希望的未来,好比浓咖啡下肚,让李智不觉得有丝毫疲倦;但同时它也有麻醉剂的效果,使他感觉不到危机已经像毒蛇一样,悄悄爬到了脚边。

由于看好这个利润超高的市场,竞争对手纷纷跟进。2000 年六七月份,拨号器的市场价格降到每台 500 元——这是一个令人心惊胆战的跌幅。不过市场在迅速扩大,依照三人的预期,这样价格的利润率依然非常诱人。公司再次招聘业务员扩充销售队伍，最高峰时人员总数达到了14名，每月的费用也攀升至3万余元，这是一个让李智这样的小老板难以入睡的开支。

竞争很快变得更加激烈，竞争者大部分是转型的电话生产厂商和大通信公司下属的事业部、分公司，类似李智们这样白手进入市场的寥寥无几，从公司的背景、实力和行业优势来说，李智的公司已经输入一步。

然而，这还不是最紧要的，3个月以后，各地的经销商纷纷退货，技术问题爆发。

拨号器是通过集成电路来控制的，也就是常说的IC芯片，它对输入输出的电压很敏感，稍有偏差就出问题。由于他们生产的拨号器兼容性不够，产品具有很大的区域局限性。经销商的退货使得前几个月已经实现的现金销售再次转变为存货。三个人紧急商议，决定由一直负责技术方面的陈文重新编写程序设计方案。但是，陈文的技术经验有限，多次改进后，依然无法解决区域适应性的难题。如此反反复复，3个月的时间过去了，问题依旧如磐石横路。老客户相继丢失，重新设计产品和接受退货成为公司的日常工作，3个月的时间内公司没有实现一分钱的销售，而每个月3万元的费用却丝毫不可能减少。

压力之下，创业初"十倍速致富"的梦想仿佛越来越远了。

豪情渐变冷

陈文和刘明原来是非常好的朋友，但是3个月毫无销售的运营，毫无改善的希望，使友谊再也难以挂在脸上。恶言只要发生一次，就会在心里留下怨恨；怨恨留下一点，必然有下一次恶言。陈文过于自信和推卸责任的做法，令矛盾最终公开化。开始时还只是针对公司事务方面的矛盾，到后来逐渐转化为个人之间。不断在彼此间滋长的不满乃至人身攻击，导致合伙创业决策的灵活性和高效率等优势丧失殆尽。

局面越来越坏，唯一的办法是尽快低成本地解决技术问题。然而，在一个新的行业里，本来已经很难有成熟的工程师，更何况即便有，他也不会至今仍"流落民间"。

没有人愿意束手就擒，每一个人都在寻找变局的机会。

2000年7月，有一位台商主动找到李智，谈到台湾的电信市场也适逢变革，有意和李智一道开发台湾市场。李智非常高兴，觉得这是一次重新开始的机会。他找到了一位自称可解决该技术难题的工程师，并和一家芯片厂商签订了开发协议。但是，前面的时间拖得太长，此时的李智已经无力承受过大的成本。结果只能是失望。当时他们也考虑找厂商做OEM(贴牌生产)，但因质量无法控制而流产。

2000年国庆节，大部分人的欢乐时光，对李智而言却是异常痛苦的煎熬。来自西北客户的一笔数额巨大的退货后，合伙人之间爆发了一场宣泄情绪似的冲突，刘明和陈文相继离开公司，李智变成了独木支撑危房。

2001年元旦，拨号器的市场价格降到每台100多元，零星的市场销售和不断投入的开发费用造成了公司后继资金的严重匮乏。千禧年的曙光带来的是市场变局，拨号器购买者最终集中于几家大的电信营运商手中，但与电信营运商的合作，却已不是李智这样风雨飘零的小公司所能做到的。

2001年4月春暖花开，苦苦挣扎的李智回天无力，关闭公司。

此后很长时间，李智都在思考这次创业失败的前前后后。

李智坦言，作为初次创业者，他们对于创业风险明显缺乏相对准确的估计。如果早预料到后期的技术研发需要的时间和成本，也许他就会把销售队伍的发展再放慢一些，初期可以租一个便宜点的地方；在产品开发方面，会更有系统性，比如说采用现在比较成熟的项目经理制；甚至在合伙人的选择上也可以考虑更成熟一些。

【案例】沃尔玛的品牌故事①

沃尔玛百货有限公司由美国零售业的传奇人物山姆·沃尔顿先生于1962年在阿肯色州成立。经过五十年的发展，沃尔玛公司已经成为美国最大的私人雇主和世界上最大的连锁零售企业。目前，沃尔玛在全球15个国家开设了超过8 000家商场，下设53个品牌，员工总数210多万人，每周光临沃尔玛的顾客有2亿人次。2008年7月11日在美国《财富》杂志公布的2008年世界500强排行榜中，沃尔玛以3 780亿美元的年营业收入超过埃克森美孚，再度跃居榜首。2010年美国《财富》杂志世界500强企业排名发布，沃尔玛位居榜首。

公司宗旨

沃尔玛提出“帮顾客节省每一分钱”的宗旨，实现了价格最便宜的承诺。沃尔玛还向顾客提供超一流服务的新享受。公司一贯坚持“服务胜人一筹，员工与众不同”的原则。走进 沃尔玛，顾客便可以亲身感受到宾至如归的周到服务。再者，沃尔玛推行“一站式”购物新概念。顾客可以在最短的时间内以最快的速度购齐所有需要的商品，正是这种快捷便利的购物方式吸引了现代消费者。

此外，虽然沃尔玛为了降低成本，一再缩减广告方面的开支，但对各项公益事业的捐赠上，却不吝金钱、广为人善。有付出便有收获，沃尔玛在公益活动上

① [资料来源]摘编自：http://blog.sina.com.cn/s/blog_6fedb15a0100n29y.html.

大量的长期投入以及活动本身所具的独到创意,大大提高了品牌知名度,成功塑造了品牌在广大消费者心目中的卓越形象。

价格最便宜的承诺

沃尔玛市场比一般的超级市场面积略大一些,每家平均占地约45 000平方尺(1平方尺=0.111 111 m^2),经营的商品品种齐全,一个家庭所需要的物品在这里都能买到,又称"家庭一次购物"。从服饰、布匹、药品、玩具、家用电器、珠宝化妆品,到汽车配件等,一应俱全。商品陈列干净利落。初到美国的人逛超级市场往往摸不清所需要的东西究竟放在哪里。沃尔玛市场的标志却很清楚,使顾客在这样庞大的空间里不会迷路。沃尔玛市场都贴有"天天廉价"的大标语。仔细比较一下,同样牌子的商品,在沃尔玛确实便宜。买两支"目标"牌牙膏,在别的超级市场价格是每支1.99美元,而这里只要1.36美元。顾客对在沃尔玛市场所购的任何物品觉得不满意,可在1个月内拿回商店退还全部货款。

所有的大型连锁超市都采取低价经营策略,沃尔玛与众不同之处在于,它想尽一切办法从进货渠道、分销方式以及营销费用、行政开支等各方面节省资金,提出了"天天平价,始终如一"的口号,并努力实现价格比其他商号更便宜的承诺。严谨的采购态度,完善的发货系统和先进的存货管理是促成沃尔玛做到成本最低、价格最便宜的关键因素。其创始人沃尔顿曾说过:"我们重视每一分钱的价值,因为我们服务的宗旨之一就是帮每一名进店购物的顾客省钱。每当我们省下一块钱,就赢得了顾客的一份信任。"为此,他要求每位采购人员在采购货品时态度要坚决。他告诫说:"你们不是在为商店讨价还价,而是在为顾客讨价还价,我们应该为顾客争取到最好的价钱。"

捐赠公益树立形象

沃尔玛为了向顾客提供更多的实惠,而尽量缩减广告费用,为此它在促销创意上颇费心思,力争以最少的投入获取最佳的效果。凡是沃尔玛所促销的商品总是能被一抢而空。在促销方式中,沃尔玛特别重视发挥活动行销的作用。例如,在纳布拉斯加州费尔伯利的分店 成立了一支"精确购物花车训练队",并组织参加了当地举行的花车游行活动。所有的队员都穿着沃尔玛的制服,推着花车变换队形,在游行队伍中显得格外引人注目。为了给社区乏味枯燥的生活增添些情趣,制造欢乐气氛,沃尔玛会经常性开展一系列户外大拍卖、乐队和马戏团表演,以吸引顾客前来购物。每年10月的第二个星期六 ,沃尔玛都会在奥尼安塔分店的停车场举行"吃圆月饼"的竞赛活动。这一活动吸引许多来自其他州的顾客前来参加、观看。新闻媒体的采访报道更提高了该项竞赛以及沃尔玛的知名度。另外,在沃尔玛公司股票上市时,曾邀请华尔街的证券分析家和股东们泛舟溪流、露营湖畔。

尽管沃尔玛一再缩减其广告开支，但另一方面却对非营利组织和公益事业（如学校、图书馆、经济发展团体、医院、医学研究计划和环保方案等）进行捐赠时，却不吝金钱，十分慷慨。1983年以来，沃尔玛为美国各州“联合之路”慈善机构捐赠了5 200万美元。佐治亚香山城的分店举办了亲猪大赛为慈善机构募捐。1988年以来，为协助各儿童医院开设的“儿童的奇迹”电视栏目，沃尔玛筹集了5 700万美元，是其中最大的赞助商。沃尔顿还积极资助公、私立学校，成立特殊奖学金，协助拉丁美洲的学生到阿肯色州念大学。他还将自创品牌“山姆美国精选”商品营业额的一定比例捐作奖学金。

【案例】蓝橙网络:“全球领先的旅游休闲产品在线零售商”品牌①

蓝橙的CEO曹流说:“我喜欢去品牌资产特别深的企业工作，这样可以学到很多东西。”这句话不是空穴来风。创业开始，蓝橙就提出了打造“全球领先的旅游休闲产品在线零售商”的品牌的目标。能够有这样的愿景和曹流个人的经历不无关系。

中国人民大学经济系毕业的他，毕业后加入保洁公司担任重点客户经理，进行客户和渠道拓展。2001年前往美国伊利诺伊大学攻读工商管理硕士，毕业后在美国加入全球最大的健康护理公司——强生，并回国负责新品牌露得清在中国的上市。

美国对他最大的影响是很多企业非常注重“人性”，很多事情最后判断的标准是人的价值。“强生做到最后都会让员工感受到一种关爱。有的人买强生的股票买了三四代人，这些人不仅喜欢公司的氛围，更喜欢强生让人健康的价值观。这是国外给我最大的帮助，给我带来了很多潜移默化的影响。”曹流说。

在这之后，曹流还就职过喜力和联合利华，负责多个品牌在中国地区的战略规划、品牌 推广、渠道建设和经营管理等业务。这些工作经历为曹流在品牌管理和渠道建设方面积累了非常丰富的实战经验。“我喜欢去品牌资产特别深的企业工作，我会听他们讲述品牌，他们不只把品牌当作品牌而是当作了生活的一部分，对生活产生了非常深刻的影响，还有很多人专门收集喜力的纪念品，这已经超出了产品的本身。”

创业者都喜欢不安于现状，曹流也是一样。他认为，一下子看到人生的尽头是件很没意思的事情。更重要的是，他相信在中国复兴的道路上，应该会诞生很

① [资料来源]摘编自:https://wenku.baidu.com/view/24f6094c2e3f5727a5e962c5.html.

多具有代表性的品牌。他希望能够亲身参与到这个伟大的过程中并留下自己的印记。于是,2008年在获得了具有同样理念的天使投资人的帮助下,他和当年的GMET老师Tony以及IT高手张立一同创立了蓝橙网络科技有限公司。着手打造起“蓝橙”这个代表旅游休闲生活理念的品牌。并且,力争通过5年的时间,使其成为知名的“全球领先的旅游休闲产品在线零售商”品牌。

有媒体问,蓝橙的团队中缺少有网络营销成功经验的员工,那么多公司,你凭什么能够成功?蓝橙团队则有不同的判断:不要把电子商务当作一个很神秘的东西。它只是一个载体,一个工具。我们的关注点是消费者需要什么,同时我们能够以最简洁的方式传递给他们。

对创业者来说,企业的首要目标是生存。所以其战略的核心即在于赖以生存的根基产品。如何将适合的产品送到目标客户手中是企业战略要规划的核心问题。

经过周密的市场分析,蓝橙将客户定位为生活在城市中收入水平中等、热爱生活、享受休闲、有旅游需求、刚刚接触或习惯网络购物且有一定品牌意识,但又不盲目随从的男性消费者。有了这一明确的定位后,蓝橙产品的定位也保持了一致性——通过开发具有明确功能性的产品来满足消费者提升旅游品质的新体验的需要。“因为我们都是消费者,我们知道自己需要什么样的产品。我们的定位就是产品必须有一定的功能性,要能够解决消费者在旅途中的诸多问题,这个原则你只要坚持了就肯定有人会买你的东西。”曹流如是说。

如今,蓝橙的产品已经包括了服装、饰品、鞋以及各种旅行装备等基础系列产品,今后将逐步延伸到更为细化的专业系列领域。蓝橙希望以新的经营理念,倾力打造简约实用、创新入时的蓝橙品牌,最终让每一位消费者都可以充分享受旅行所带来的快乐。实现蓝橙品牌从入门到专业的覆盖,从服饰到装备的延伸,成为消费者旅游体验中的首选。

第六章　市场开发与营销策略

本章提要

- 市场开发与市场定位
- 营销策略组合
- 新顾客开发策略

第一节　市场开发与市场定位

一、目标市场营销的要领和步骤

一般说来，任何企业无法为一个广阔市场上的所有顾客服务，新创企业更是如此。这样一个市场上的顾客人数太多、分布太广，顾客的需求差异也很大。因此，企业不应到处与他人竞争，而应采用所谓"田忌赛马"的策略，用自己的优势与他人的劣势竞争，也就是确定最有吸引力的、本企业可以提供最有效服务的细分市场，在细分市场上确立自己的经营优势。现代策略营销的核心可称为STP营销，即细分市场(Segmenting)、选择目标市场(Targeting)和产品定位(Positioning)。但企业经营人员对这种观念的认识经过了三个阶段：

第一，大量营销阶段。在此阶段，企业大量生产某种产品，通过众多渠道大量推销给所有的消费者。例如，美国可口可乐公司长期只生产一种饮料，采用一种包装，它希望这种饮料适合每一个人。大量营销的观念认为，这样做可以大大降低成本和价格并开拓最大的潜在市场。

第二，产品差异化营销阶段。在此阶段，企业生产几种具有不同特点、风格、质量和尺寸的产品，其目的是向顾客提供多种产品，供不同的顾客选购。产品差异化营销的观点认为，顾客有不同爱好，而且爱好随时间推移会发生变化，顾客也在寻求差异化。

第三，目标市场营销阶段。此时企业先从整体市场中找出主要的细分市场，选定其中的一个或几个作为目标市场，并制定相应的产品计划和营销计划，使之适合每个选定的细分市场的需要。

目标市场营销的观念已为越来越多的企业所接受，它能帮助企业更好地识别市场营销机会，使企业能为每个目标市场提供适销对路的产品，调整价格、营销渠道和广告，以到达目标市场。企业可以避免分散营销力量，以便把重点放在最大潜力的顾客身上。

目标市场营销包括三个主要步骤：

第一，细分市场。其做法是根据消费者对产品的不同消费需求、不同购买行为和购买习惯，将整体市场分割成由许多消费需求大致类同的消费者群体所组成的子市场群。市场细分的目的在于有效地分析和了解各个消费者群体的需求满足程度和变化发展的趋势，从中选择最佳目标市场，以便集中力量针对目标市场开展经营。通过细分有助于发掘市场机会，进而迅速进入市场，尤其是在创业初期企业实力不足的时候，可以通过市场细分充分利用现有资源，获得竞争优势。

第二，选择目标市场。即制定衡量细分市场吸引力的标准，选择一个或几个要进入的细分市场。

第三，产品的市场定位。即确定企业的竞争地位及其向每个目标市场提供的产品。

二、市场定位的原则

各个企业经营的产品不同，面对的顾客不同，所处的竞争环境也不同，因而市场定位所依据的原则也不同。总的来讲，市场定位所依据的原则有以下四点。

1. 根据产品特点定位

构成产品内在特色的许多因素都可以作为市场定位的依据。比如产品所含成分、材料、质量、价格等，“七喜”汽水的定位是“非可乐”，强调它是不含咖啡因的饮料，与可乐类饮料不同；“泰宁诺”止痛药的定位是“非阿司匹林的止痛药”，显示药物成分与以往的止痛药有本质的差异。

2. 根据用途定位

为老产品找到一种新用途，是为该产品创造新的市场定位的好方法。例如，一家生产“曲奇饼干”的食品厂最初将其产品定位为家庭休闲食品，后来发现不少顾客购买这种产品用于馈赠，于是又将其定位为礼品。

3. 根据顾客利益定位

产品提供给顾客的利益是顾客最能切实体验到的，也可以用作定位的依据。例如，世界上各大汽车巨头的定位各有特色：劳斯莱斯车豪华气派，丰田车物美价廉，沃尔沃车则结实耐用。

4. 根据顾客类型定位

企业常常试图将其产品指向某一类特定的使用者，以便根据这些顾客的看法塑造恰当的形象。美国米勒酿酒公司曾将其原来唯一的品牌“高生”啤酒定位于“啤酒中的香槟”，吸引了许多不常饮用啤酒的高收入妇女；后来发现，30％的狂饮者大约消费了啤酒销量的 80％，于是，该公司在广告中展示石油工人钻井成功后狂欢畅饮的镜头，还有年轻人在沙滩上冲浪后开怀畅饮的镜头，塑造了一个“精力充沛的形象”，在广告中提出“有空就喝米勒”，从而成功占领啤酒狂饮者市场达 10 年之久。

事实上，许多企业进行市场定位的原则往往不止一个，而是多个原则同时使用。这是因为要体现企业及其产品的形象，市场定位必须是多维度的、多侧面的。

三、市场定位的方法

市场定位是一种竞争性定位，它反映市场竞争各方的关系，是为创业企业有效参与市场竞争服务的。

1. 避强定位

这是一种避开强有力的竞争对手进行市场定位的模式。创业者可采用这种定位模式，避开竞争强力对手，瞄准市场“空隙”，发展特色产品，开拓新的市场领域。有学者称之为“市场需求填空”。这种定位的优点是：能够迅速地在市场上站稳脚跟，并在消费者心中尽快树立起一定形象。由于这种定位方式市场风险较小，成功率较高，常常为多数企业所采用。

2. 迎头定位

这是一种与市场在位者“对着干”的定位模式，即创业者选择与竞争对手正面市场冲突，争取同样的目标顾客，彼此在产品、价格、分销、供给等方面稍有差别。实行迎头定位，创业者必须做到“知己知彼、知天知地”，应该了解市场上是否可以容纳两个或两个以上的竞争者，自己是否拥有比竞争对手更多的资源和能力，是不是可以比竞争对手做得更好；同时，选择恰当的市场进入时机与地点。否则，迎头定位可能会成为一种非常危险的战术，将创业企业引入歧途。

当然，也有一些创业者认为这是一种更能激发自己奋发向上的定位尝试，一旦成功就能取得巨大的市场份额。

3. 重新定位

重新定位通常是指对那些销路少、市场反应差的产品进行二次定位。初次定位后，随着时间的推移，新的竞争者进入市场并选择与本企业相近的市场位置，致使本企业原来的市场占有率下降；或者，由于顾客需求偏好发生转移，原来喜欢本企业产品的顾客转而喜欢其他企业的产品，因而市场对本企业产品的需求减少。在这些情况下，企业就需要对其产品进行重新定位。一般来讲，重新定位是企业为了摆脱经营困境，寻求重新获得竞争力和增长的手段。不过，重新定位也可作为一种战术策略，并不一定是因为企业陷入了困境，相反，可能是由于企业发现新的产品市场范围而引起的。例如，某些专门为青年人设计的产品在中老年人中也开始流行后，这种产品就需要重新定位。

第二节　营销策略组合

市场环境变量将提供很多重要的信息，以使企业决定什么是最有效的营销策略。在营销计划中，实际的短期营销决策将包括 4 个重要的营销变量：产品或服务、定价、分销和促销。这 4 个变量要素的总和被称为营销组合（4Ps）。尽管灵活性同样值得考虑，但创业者仍然需要一个较强的决策基础以便能对每天的营销决策提供指导。每个营销组合变量涉及的关键决策在表 6-1 中加以描述。

表 6-1　　营销组合的关键决策

营销组合变量	关键决策
产品或服务	组件或材料的质量、风格、特征，买卖的特许权、品牌、包装、规格，服务的可获得性、产品保证
定价	质量形象、定价单、数量、折扣、快速支付限额、信用条款、支付期
分销	批发商或零售商的使用、批发商或零售商的类型、分销渠道的数量、分销渠道的长度、地理覆盖区域、存货、交通
促销	媒体的选择、信息、媒体预算、个人销售的角色、销售促销（展示、赠券等）、公众对媒体的兴趣

一、价格策略

在营销计划中最难的决策就是为产品或服务确定适当的价格。一个质量好而且零部件较贵的产品需要以较高的价格来维护其产品形象。但创业者还应该考虑其他很多因素，诸如成本、折扣、运输及毛利。估价的问题常常与成本估计的困难联系在一起，因为它们常常反映在需求中，而需求本身又是难以预计的。根据市场研究及产品本身特点，创业者可采用不同的定价策略。

1. 高价定价策略

高价定价策略是以高价位来搜刮市场利润的一种定价策略。例如，“拍立得”快速照相机刚上市时，销售此类照相机的只有一家公司，所以该公司先推出一种昂贵的机种，赚取大量利润后，再逐渐推广简单型便宜机种。高价定价策略成功的条件是：有充足的市场需求量；市场价格敏感度低，需求弹性小；良好的产品品质及功能，吸引消费者愿意出高价；高价不会吸引竞争者在短期内加入市场竞争；在小规模的生产成本下，仍有充足的利润。

2. 渗透性定价策略

渗透性定价策略是以较低的产品价格打入市场，目的是在短期内加速产品成长，期望能获得大量的市场占有率。例如，美国德州仪器公司是典型的例子：大量生产、销售其产品，利用经验曲线的效率将产品成本及价格不断拉低，一举占有了广大的市场，造成绝对的优势。渗透性定价策略的成功条件是：有广大足够的市场需求；高度的价格敏感度及需求弹性；大量生产能产生显著的成本经济效益；低价是减少潜在竞争者的最佳策略。

3. 组合定价策略

如果企业开发出一系列产品，且产品之间关联性很强，开发的主产品必须使用特定的专属产品或在主产品使用过程中，附属产品也必须使用本企业开发的产品。对这种产品的定价策略是将主产品价位降低，甚至可以降到成本以下以吸引更多的顾客，而对配置的附属品采取高价策略，以获取尽可能多的利润。这种定价策略就是组合定价策略。

4. 折扣定价策略

折扣定价策略是指企业在销售产品过程中，出于促销或者其他目的，直接或间接地给中间商或最终消费者一定的价格优惠。其中，现金折扣是指顾客在一定时期内付清价款，按原价给予一定折扣的形式。数量折扣是指当购买者的购买达到一定数量或金额时，企业给予一定折扣；功能性折扣是根据各类商业部门在产品销售中负担的功能不同而给予不同的折扣；季节性折扣是生产厂家为了维持季节性产品的全年均匀生产而鼓励经销部门淡季进货所给予的折扣。

5. 心理定价策略

心理定价是指企业定价时，利用顾客心理有意识地将产品价格定高些或低些，以扩大销售。其中，尾数定价，是指给产品定价时，故意保留一个零头，让消费者觉得价格是经过精密计算的，因而产生一种真实感和便宜感，从而有利于扩大销售；声望定价，是指企业利用消费者仰慕名牌商品或名店的声望所产生的某种心理来制定商品的价格，故意把价格定成整数或高价；习惯定价，是指对消费者已经习惯了的日常消费品的价格不轻易改动，如果必须变价，则应同时采取加强宣传等配套措施；招揽定价，是指零售商利用部分顾客求廉的心理，特意将某几种商品的价格定得较低以吸引顾客，使顾客采购廉价商品，同时也选购其他正常价格的商品。

6. 差别定价策略

差别定价即企业以不同的价格向不同的消费者销售相同或类似的产品。其中，顾客差别是对不同的顾客群收取不同的价格；地点差别是对不同区域的产品确定不同的价格；时间差别是对不同时间里提供的产品收取不同的价格。

二、产品策略

这个营销组合要素是对新创企业即将上市的产品或服务的描述。对该产品或服务的定义不仅要考虑它的有形特征，还必须考虑其无形特征。完整的产品概念应包含包装、品牌、价格、保证、形象、服务、交货时间、特征和风格等。

创业者的新产品开发，需要围绕产品全方位价值进行知识融合。在经济过剩的时代，产品在满足功能性与安全性需求时，应注意考虑产品的精神价值。弗朗西斯·C. 罗内曾说："人们不再是仅仅为了使脚暖和与干燥去买鞋，他们买鞋是因为使他们感受到男性气魄、女性娇美、与众不同、优雅、年轻、富有魅力、'时髦'。购买鞋子已成为一种感情经验，现在我们的企业与其说是推销鞋子，还不如说是推销刺激。"宝洁公司的创始人哈莱·普洛斯特说："在新产品上市之前，我们还要做一些准备工作。一定要使它上市之后一鸣惊人，造成一种夺人的声势。"

三、分销渠道策略

这个营销组合要素使得产品在需要的时候方便顾客购买，但是必须与其他市场营销组合变量相一致。例如，一个高质量的产品不仅有较高的价格，而且应该在品质形象较好的连锁店分销。适合新创企业的分销渠道如下所述。

1. 直接邮购营销

对于创业者来说，可以借助邮购营销，不需要店铺，只需要一个库房和管理办公室。这样在企业创业初期的困难阶段可以最大限度地减少投资，节约经营费用，从而降低产品价格，提高竞争力。而且随着计算机网络办公的成熟，企业还可以用计算机存储和处理订单，既快又减少人手，对于创业者来说是个很好的营销渠道。

2. 网络和电话营销

互联网技术为现代销售提供了方便、快捷、低廉的销售渠道和平台。企业可以通过一些商业网站，介绍和推销自己的产品，也可以建立自己的网络销售系统，实现网上销售。

电话销售即借用电话来向顾客推销自己的产品，这种方式和邮购销售有异曲同工之妙。利用这种销售方式，企业只需要很少的营销人员，就可以达到较广的市场销售面，营销成本也比较小。

3. 直销并直接建立自己的销售网络

这是一种在目标市场采用密集型和轰炸型销售策略。这种销售方式一般是针对市场需求巨大、面向广大消费者、利润率特别高、技术含量高的产品。比较适合于初创企业在企业品牌影响还不高、企业知名度还不大的情况下打开产品的销路。这种方式的好处是不需要花费多大的费用去做广告，却为产品打出了牌子，只要质量真的不错，就会取得消费者的认可。但这种方式也存在着一些问题，如由于佣金太高容易造成商品的售价较高，削弱了竞争能力，企业用于直销员的招聘、培训、监督管理的费用较高等。

4. “捆绑式”销售

如果开发出的新产品系列是相关产品，这些产品的用途是相互配套、相互联系的，那么配套产品可以利用主要产品销售渠道。例如，美国达罗奇制药股份有限公司生产了一种婴儿用的抗菌类新药，命名为护肤净，该公司除利用药品经销商、药房和超级市场进行销售外，还利用美国尿布辅助设备商店协会的销售网络和经销人员的推销，使千百万美国妇女都知道了该药品对杀菌和消除臭味的效用，于是打开了这一新产品的销路。

5. 广泛性和控制性相结合的销售渠道

该策略指既要利用尽可能多的中间商分销产品，又要能控制中间商的销售活动，目的在于保证选用的销售渠道畅通无阻，保证产品质量信誉不受损害。例如，美国可口可乐公司的销售策略可算这方面的典型，总公司在各国选择代理商、批发商，并授予特许经营权；按合同规定，代理商、批发商都要从该公司进口浓缩原液，按统一配方、商标、包装来销售产品；该公司只取得浓缩液的利润，而代理商、批发商可取得全面销售利润。

四、促销策略

创业初期的企业营销的最大不足在于社会认知度比较小，企业资源较薄弱，所以创业者要做到的就是投入小、见效快，企业的销售策略应当集中在能马上吸引消费者的促销手段和保证良性循环的销售方法上。促销方式可分为人员促销和非人员促销两大类。人员促销指推销员直接推销、非人员促销又分为广告、营业推广、公共关系等。新创企业应该结合各种促销手段的特点，在不同的时期，针对不同的产品，整合各种促销手段，以达到最好的促销效果。

1. 商业广告

每种促销工具都有自己的优点，广告介绍能有效引起公众的注意，其目的在于刺激需求、扩大销售。广告是现代促销最常用也是非常有效的手段，不少创业者通过广告促销打开市场使自己创业成功，所以创业者要肯于花钱做广告。创业者在制订一个广告计划时必须要考虑这些问题：确定目标，确定广告预算、制定广告战略、进行广告评估、组织广告宣传等，这样才能取得良好的预期效果。

2. 公共关系

这是新创企业树立自己良好的公众形象，增进公众的信任与支持，从而扩大销售的一种促销活动。公共关系是组织或个人同与之相关的社会公众建立相互联系的手段；是一项建立信誉、改善形象、增强组织目标与公众利益一致性的工作。例如，公共关系部发布的新产品公告可能很有新闻价值，通过公共报道将产品有关信息传递给顾客；与外部行业、技术单位、专家、中间商建立良好的沟通渠道；建立良好的政府沟通渠道；召开记者招待会、开办慈善宴会、赞助公益事业等公共活动等。

3. 人员推销

人员推销是一种通过销售员深入中间商或消费者进行直接的宣传介绍活动以推动销售的促销方式。它具有机动灵活、现场洽谈、选择性强、反馈及时等特点，推销员与顾客面对面交流，说服的效果好，有利于培养业务单位间良好的人际关系。但与其他促销活动相比，人员促销的费用较高，推销员的素质高低以及工作表现将直接影响到促销活动的成败，所以新创企业决定使用人员推销时必须权衡利弊，慎重从事。如果企业采取这种促销方式，则必须加强对销售人员的管理，如招聘、挑选、训练、指导、激励和评价等。

4. 营业推广

这是指采取特殊的手段或方法能够对顾客进行强烈刺激，引起顾客强烈反应，促进顾客短期购买行为的各项促销措施。通过营业推广，企业向顾客提供特殊的优惠条件，能够引起他们的兴趣和注意，影响他们的购买决策，刺激他们的购买行为，在短期内达成交易；企业可以依靠售后服务、技术培训、义务咨询等手段，促进与顾客的中长期业务联系。营业推广包括多种方式，如产品陈列和现场表演、产品展销、样品赠送、发放优惠券等。

营业推广往往是为了推销积压产品，或是为了在短期内迅速收回现金和现实产品价值而采用的。因此，这种促销方式的效果也往往是短期的，如果应用不当，可能会使顾客对产品产生怀疑，不利于长远效果。新创企业在选择此促销策略时应慎重。

总之，各种促销手段和具体的促销方法都有其各自的特点，新创企业在进行促销活动的时候，关键是要从自身的实力和具体情况出发，将各种促销方式进行综合应用，并且制定出营销计划安排表，以取得最好的促销效果。如表6-2所示，某酒店开业时的促销活动计划表，为其打开市场进行了充分的准备。

表 6-2　　某酒店开业时的促销活动计划表

<table>
<tr><th colspan="2">促销活动</th><th>采用与否</th><th>成本/美元</th><th>有关活动</th><th>时间</th></tr>
<tr><td rowspan="4">促销材料</td><td>宣传手册</td><td>用</td><td>3 000</td><td>1. 聘请营销顾问
2. 设计商业标志
3. 起草内容
4. 付印等</td><td>30天
45天
60天
75天</td></tr>
<tr><td>促销文具</td><td>用</td><td>100</td><td>1. 设计标志
2. 付印</td><td>45天
50天</td></tr>
<tr><td>书面通告</td><td>用</td><td>100</td><td>1. 写草稿
2. 传播</td><td>5天
15天</td></tr>
<tr><td>名片</td><td>用</td><td>75</td><td>1. 设计标志
2. 付印</td><td>45天
60天</td></tr>
<tr><td rowspan="3">广告</td><td>杂志</td><td>不用</td><td></td><td></td><td></td></tr>
<tr><td>报纸</td><td>不用</td><td></td><td></td><td></td></tr>
<tr><td>其他</td><td>用</td><td>350</td><td>在游客指南上刊登广告</td><td></td></tr>
<tr><td>公共关系</td><td>媒体</td><td>用</td><td>50</td><td>向期刊寄发开业通知</td><td></td></tr>
<tr><td rowspan="2">直接邮寄</td><td>业务通信</td><td>不用</td><td></td><td></td><td></td></tr>
<tr><td>邮件</td><td>用</td><td>500</td><td>向旅行社和涉外旅游局寄宣传手册</td><td>90天</td></tr>
<tr><td rowspan="2">互联网</td><td>网址</td><td>用</td><td>1 000</td><td>让营销顾问设计网址</td><td>90天</td></tr>
<tr><td>业务通信（电子）</td><td>用</td><td></td><td>营销顾问设计第一份业务通信</td><td>90天</td></tr>
<tr><td rowspan="2">媒体</td><td>广播</td><td>不用</td><td></td><td></td><td></td></tr>
<tr><td>电视</td><td>不用</td><td></td><td></td><td></td></tr>
</table>

第三节　新顾客开发策略

新顾客开发是企业整个销售过程的基础性环节，也是新创企业生存的前提条件。新顾客开发的策略、方法很多，下面仅从企业推销人员寻找和选择新顾客的角度进行分析。

一、地毯式访问法

地毯式访问法也叫全户走访法，它是指推销人员在不太熟悉或完全不熟悉推销对象的情况下，普遍、逐一地访问特定地区或特定职业的所有个人或组织，从中寻找自己的顾客。地毯式访问法是以平均法则为基础的，即推销员所要寻找的顾客是平均地分布在某一地区或职业的所有人或组织当中的，如果推销人员的寻找是彻底的，那么总会找出一定数量的潜在顾客，其中会有一定比例的潜在顾客与推销员达成交易。假如过去的经验表明，访问的 10 人中有 1 人会买某种推销品，那么 50 次访问会产生 5 笔交易。

采用地毯式访问法寻找顾客，推销人员首先应该根据推销品的特征，进行必要的、科学的推销工程可行性研究，确定可行的、理想的推销范围，做好必要的访问计划。例如，到大中专院校推销大中专学生使用的书籍或其他文化用品；到医院、诊所等医疗机构推销药品、医疗器材等。

地毯式访问法的优点是：推销人员可借机进行市场调查，能够较客观、全面地了解顾客的需求情况，同时可以扩大企业和推销品的影响；还可以锻炼推销人员的意志，积累和丰富推销工作经验。其不足之处在于地毯式访谈的相对盲目性，而且这种陌生拜访容易造成顾客心存戒心和冷漠，往往拒绝接见。

二、连锁介绍法

连锁介绍法就是推销员请求现有顾客介绍未来可能的准顾客的方法。该方法的理论依据是事物普遍联系的法则，即世上万物都按一定的方式与其他事物发生联系。连锁介绍法就是根据消费者需求和动机的相互联系与相互影响，利用各个现有顾客的社会联系，通过顾客之间的连锁介绍寻找更多的新顾客。研究表明，在耐用品消费领域，有 50％以上的消费者是通过朋友的引荐而购买商品的，有 62％的购买者是通过其他消费者得到新产品信息的。

采用连锁介绍法寻找顾客，关键是推销员要取信于现有顾客，树立全心全意为顾客服务的观念，千方百计解决顾客的实际问题，使现有顾客对自己的推销人格和推销品感到满意，真正赢得现有顾客的信任，从而取得源源不断的新顾客名单；否则，推销员失信于现有顾客，现有顾客就不敢或不愿为推销员介绍新顾客。研究表明，由亲朋好友及其他熟悉的人向潜在顾客推销产品，影响力高达80%，向由现有顾客推荐的新顾客推销比向没有人推荐的新顾客推销的成交率要高3～5倍。

【案例】250法则

曾推销过13 000多辆汽车，创吉尼斯世界纪录的美国历史上最伟大的汽车推销大王乔·吉拉德曾自豪地说："'250人法则'的发现，使我成为世界上最伟大的推销员。"吉拉德做汽车推销员不久，有一次从朋友母亲葬礼的主持人那里偶然了解到，每次葬礼来祭奠的人数平均为250人左右。有一天，吉拉德参加一位朋友在教堂里举行的婚礼，从婚礼主持那里得知：每次婚礼，新娘方大概有250人，新郎方大概也有250人参加婚礼。这一连串的250人，使吉拉德悟出一个道理：每一个人都有许许多多的亲朋好友、熟人，甚至远远超过250人这个数字，而250人只不过是个平均数。

因此，对于推销人员来说，对任何顾客都须待之以诚，无论其买还是不买你的东西，因为每位顾客可以使你失去许多，也可能为你带来许多！如果你得罪了一位顾客，也就得罪了另外250位顾客；如果你让一位顾客难堪，就会有250位顾客在背后为难你；如果你赶走一位买主，就会失去另外250位买主；只要你不喜欢一个人，就会有250个人讨厌你。这就是吉拉德的"250法则"。

三、中心开花法

中心开花法又叫权威介绍法，是指推销人员在一定的推销范围内发展一些有较大影响力的中心人物或组织来消费自己的推销品，然后再通过他们的影响把该范围内的其他个人或组织变为自己的准顾客。实际上，中心开花法是连锁介绍法的一种推广运用。一般来说，中心人物或组织往往在公众中具有很大的影响力和很高的社会地位，他们常常是消费者领袖，诸如政界要人、企业界名人、文体界巨星、知名学者、名牌大学、星级酒店、知名企业等。这些中心人物或组织的知名度高，且拥有很多的崇拜者，他们的购买与消费行为能在其崇拜者心目中形成示范作用和先导作用，从而引发甚至左右崇拜者的购买与消费行为，这就是心理学中的"光晕效应"。

四、广告开拓法

广告开拓法也称广告吸引法，是指推销人员利用各种广告媒介寻找顾客的一种方法。这种方法依据的是广告学原理，即利用大众宣传媒介，把有关产品的推销信息传递给广大的消费者，以刺激消费者的购买欲望，诱导消费者的购买行为。由于广告媒介不仅载体的信息量大，传递速度快，而且覆盖面广，如果一则推销广告被100万人看到或听到，就等于推销人员对100万人进行了地毯式访问，这是其他任何推销手段所无法比拟的。广告形象、生动、逼真，加之广告本身的权威性，易于被受众接受，说服力较强，因此，广告被喻为"印在纸上的推销术"。

广告媒介形式多样，如印刷媒介、电子媒介、户外媒介、展示媒介等，利用广告开拓法寻找顾客，关键在于正确地选择广告媒介。选择广告媒介的基本原则是：以较少的广告费用取得较好的广告效果，最大限度地影响潜在顾客。因此，推销人员要具体结合推销品的消费对象、推销区域、推销品特性、广告费用等情况，恰当地选择广告媒介，恰到好处地发挥广告效果。例如推销生活消费品、营养保健品等，选择老少皆宜的电视、广播和通俗性的报纸杂志作广告媒介，而对于生产资料、机器设备等工业品，宜选择专业报刊目录等广告手段。

五、委托助手法

委托助手法是指推销人员通过委托聘请的信息员或兼职推销员等有关人员寻找顾客，以便自己集中精力从事实际推销活动的一种方法。这些接受雇佣、被委托寻找顾客的人员通常被称为"推销助手"或"猎犬"，因此委托助手法也叫"猎犬法"。推销助手往往利用自身职业和工作的方便，掌握相关信息，一发现潜在顾客，便立即通知委托人，安排推销访问。

利用推销助手来发掘潜在客户，既可以使推销人员及时获得有效的推销情报，有利于开拓新的推销区域，发展大批新顾客，又可以节省推销费用，提高推销的经济效益。该办法最大的困难在于：在实际推销工作中，理想的推销助手往往难以找到，或者找到的推销助手同时兼职几家同类公司，势必使推销人员处于被动状态，不利于本公司产品的市场竞争。

六、资料查询法

资料查询法是推销人员通过查阅各种现有的信息资料来寻找顾客的方法。实际上可供推销人员查阅的资料比较有限，主要有工商企业名录、统计资料、产品目录、工商管理公告、信息书报杂志、专业团体会员名册、电话簿等。利用查阅资料的方法寻找顾客，可以减少寻找顾客的盲目性，节省寻找的时间和费用，同时还可以通过资料对潜在客户进行了解，为推销访问做好准备。但由于当今市场瞬息万变，一些资料的时效性较差，加之有些资料内容简略、信息容量小，使这种寻找顾客的方法具有一定的局限性。

除以上介绍的几种常用的寻找顾客的方法外.还有一些其他的方法，如个人观察法、市场咨询法、互联网寻找法等。每种方法都各有长短，推销人员应在实际推销活动中，结合实际，勇于创新，大胆摸索出一套高效率寻找顾客的方法为己所用。

【案例】创业服装店的营销计划①

小王准备建立一家服装店，对于营销作出了下述计划。

创业服装店的产品定价

尽管消费者的购买心理千差万别，但无论对于顾客还是对于店铺本身，货品价格都是一个敏感的问题。对于店铺来说，价格的高低影响货品的销路，而货品销售状况又直接影响到店铺的盈亏；对于顾客来说，货品价格是判断所购买货品是否有价值的重要尺度。

女性在购物时多爱讲价，无论店家便宜多少，就算是便宜一两块钱，女性在心理上也会觉得自己没有吃亏了。因此，在定价时，要先分析好顾客的心理，根据顾客的不同心理制定不同价格。本人设定了三种定价方法：

奇数定价，该定价利用了消费者求廉的心理，以奇数作尾数，尽可能在价格上不进位。假设一件衣服的价格定为49元，而不定50元，就可以在直观上给消费者一种便宜的感觉。

习惯定价，即依据顾客在购买商品中形成的习惯价格作为定价依据。店铺应从长远发展来看，有些服装不一定有相当大的利润，但为了迎合顾客习惯定价的心理应保持价位。

分档定价，即服装服饰店将同类型但不同牌子、型号、花色及面料的服装分成几档，每一档定一个价格。

一般来说，顾客对提价都抱有反感心理，但顾客也是通情达理的，如果能据之有理、涨之有因，消费者也是接受的。因而采用一些方法与技巧可使提价顺利进行：提价幅度不可太大；对服装服饰分批提价；附送赠品或取消折扣；提高服装服饰质量。每隔一段时间，店铺应该对还没卖出的服装进行清货，很多时候采用的方式就是价格调整。降价是指直接降低产品的价格，多在一次性清货时使用。

“特色”服务

(1) 服装修改。在购买衣服的时候，很多人都会遇到一些问题，可能腰围合身但裤脚太长，可能裤脚合适但大腿的地方太松，也可能衣摆太长，因此，本店特

① [资料来源]摘编自：http://blog.sina.com.cn/s/blog_4894879a01000ahu.html.

设了一项免费服务——服装修改。凡在本店购买服装的客人，如觉得哪个地方不合身需要修改的，我们都将免费修改，我们的宗旨是“能改则改，顾客至上”。

(2) 服装翻新。女生爱美，有时候今年买的衣服明年觉得款式旧了就不想穿了，但又舍不得丢。本店针对这个问题，利用一些小配件，如花边、蕾丝及珠片等添加到旧衣服上，使旧衣服变成了其他款式的“新衣服”。翻新的价钱不贵，视配件的多少而定，1～10 块钱不等。

(3) 新型服装加香。该技术俗称“持久留香技术”，衣物加香一次，留香 2～4 个月，并且对人体无任何伤害。据了解，本区暂时还没有一家服装店有此技术。该技术本小利润大，成本 0.2～0.3 元，收费 2 元。开业初期，预计月利润在 900 元左右。

转季期间的应变策略

(1) 变价处理。季末货品的处理应在换季前一个月就开始，一旦认为某些服装可能会积压或滞销，就要加强促销，力争把握住最后的销售机会清空。此时，可通过变价来处理。

一是折扣，熟客的话可以给到 8～7 折；一次性购买 2 件衣服的话，可以给 7.5 折。

二是特价，将特别难销售出去的服装以低于原价的一个特别价格来促销。如 T 恤一律 25 元，短裤一律 39 元。

三是组合特卖，即把两件以上货品组合在一起制定一个特卖价格的促销方法。例如，买一送一。

四是配套特价，对功能互补的货品重新组合配套，并制定一个价格。例如，衬衣与西裙配套特价 80 元。

(2) 变价注意要点。一是制订计划，如张贴宣传海报、更换价格标签；二是选择时机，变价工作要选择合适时间，通常选择一些重大节日，如国庆、元旦、圣诞节及春节前夕等日子。

其他营销策略

(1) 开张酬宾。当一切都准备完之后，就要择日开张了。开张当天为吸引顾客，办一些促销活动是少不了的，促销活动不外乎是打折、赠品及免费加香服务。

(2) 建立忠诚顾客档案。给不同的顾客提供个性化服务，争取更多的回头客及让其介绍更多朋友光临，并给予相应的优惠价。

(3) 网络销售。在佛山各大论坛发帖宣传，在淘宝网开一家网上店铺，将本店的服装远销市外。

(4) 信誉营销。商业上的诚信，说白了就是为了下一笔生意，为了更大的利润。如果你失去了起码的信誉，那么，将会失去的是你的店铺。

【案例】绿意：飞信取代纸传单，先赚口碑再赚钱①

“绿意：可口可乐招91名女促销员，详询绿意网；河南出台新规，在人员密集场所吸烟将被拘留5天……”看着刚刚收到的短信，因为不考研而“闲得发慌”的大四女生刘丽娜高兴得跳了起来。她正为找兼职发愁，没想到“刚想睡就有人递了个枕头”。

给刘丽娜发短信的郑州绿意文化传媒有限公司，是一个通过移动飞信给会员发布天气预报、兼职广告、短新闻和商家打折广告的公司，会员全是高校学生。

创办该公司的河南农业大学2009级毕业生周松正解释：“这样传递信息，比传单环保，对会员免费，一天最多发3条。”那公司靠什么赚钱？面对疑问，24岁的周松正笑出两个小酒窝儿：“现在没赚钱，以后会赚的。”如今，绿意的会员已分布郑州10多所高校，有1.3万人，且每天都有近百人到绿意网上注册。

2008年10月之前，正读大四的周松正只有过一次摆地摊4天赚了5元钱的创业经历，当想到用移动飞信发短信创业时，他脑子一下子热了，马上和三个伙伴商量。一个月后，“绿意”诞生了。

“刚开始主要是推广会员，捎带做些商店打折的广告。”周松正说，因为“绿意”用飞信取代了传单，所以他们和学校的环保协会合作，很快获得2 000名会员。但因为每个移动手机号最多能加150个飞信好友，所以“光手机卡就办了快20张”。

周松正清楚地记得自己第一次“跑广告”的情形。他拿着一张公司说明书，在一家化妆品店门前“瞄”了半天，想好“台词”后，终于在女朋友的“刺激”下走了进去。10分钟后，漂亮的女售货员“满脸真诚”地告诉他：“对不起，我没听懂。”又10分钟过去，女售货员脸上布满歉意：“真不好意思，我还是没听懂。”但几天过后，周松正就跑成了公司第一笔业务。“是家理发店，给他们发两次信息，给了50元”。周松正笑称：“前几次失败估计是因为紧张，语速太快。”他后来在书中看到一个理论，称跑业务的成功比其实是一定的，只要跑得多总会成功。“假如说跑100家可以成功2家，而每家挣2 000元，那么失败一次其实就是挣了40元。”周松正觉得，失败只是还未成功，“但跑业务时选客户很重要，选的客户潜在合作可能越大，成功率越高”。

2009年4月，即将毕业的周松正面临重大选择：三个伙伴，两个决定考研，

① ［资料来源］摘编自：http://business.sohu.com/20100118/n269651912.shtml.

另一个则选择当兵，入股的钱退给伙伴后，资金很是紧张。但最令周松正苦恼的是，要毕业了，还要继续吗？

毕业一个月后，从代理公司拿到营业执照和税务证时，周松正想的是“这下没有退路了”。让周松正欣慰的是，母校河南农业大学当年恰好设立了 60 万元的学生创业基金，“学校奖励了 8 000 元，还提供了免费办公室”。周松正很开心，“办公室有 3 台电脑，电费也不用交”。

“会员推广和购买移动手机号渐渐成为公司最大的开销，而赚的钱仍是发布商家打折信息的广告费。1 万多名会员，发一次短信才收 200 元，比传单便宜、有效得多，但周边小店店主眼光有限，大广告客户又嫌我们会员太少，所以很矛盾。”周松正语气中略带失意。“现在，我们正摸索其他营利方式，比如卖绿意品牌的组装电脑，或做一些旅游景点、培训机构和电影票的代理。”周松正说，他们其实是在打造一个直接与客户沟通的渠道，“渠道打造得足够大、足够有口碑，赚钱不是问题”。

在周松正公司做兼职业务员的大四女生韩素鸽有些“埋怨”：“公司要赚钱很容易，因为公司给会员提供的兼职都近 3 000 人次了，就算不收会员一分钱，招聘单位总要收点吧？一人收 10 元，不就赚大了？”

“承诺免费，就要守信。”周松正觉得，“绿意”要做成大学生信赖的品牌，有些钱他不想赚，更不能赚。“所有会员都信任你、需要你的时候，还愁没钱赚吗？”每次确认兼职信息可靠、安全，将信息发布出去后，不到两个小时，就能招 200 多人，周松正的手机都会被直接打到没电，他不得不事先备下两块电池。

“绿意：绿意与豆豆餐吧达成协议，会员凭短信进店消费，吃大份鸭肉、羊肉火锅送两份菜，吃小份送一份菜，面免费。地址：信息学院路双铺路交叉口南路西。”就是这样一条短信，让本已准备转让、“死马当活马医”的餐吧不但起死回生，而且生意渐旺。以后，周松正每到这个餐吧吃饭，老板都会免费送上两个菜和一小瓶二锅头。

“其实，广告效果像豆豆餐吧这样惊人的不能说多，但也不少。”周松正觉得，之所以广告收入一年来还不到 1 万元，是因为“自己忙着推广会员，而公司又很缺好的业务员”。

现在，周松正的公司有正式员工 3 名，兼职业务员 3 名，算是“初具规模”。最近，有两件事让他很高兴，一是母校的信管学院奖励了他 1 000 元，另一件是他的公司被人“拷贝”了。

“早就想到了，只是没想到这么快。”周松正说。刚开始他有点担忧，但得知对方完全照搬他的模式后，经过思考又觉得挺高兴的，“这说明其他人也觉得这个项目好”。周松正抱着交流经验的想法找到对方，对方有些不好意思。“蛋糕很大，你一个人是吃不完的。”对方讪讪地解释。而周松正的坦然让对方惊讶：“确实一个行业，如果没有人竞争，说明这个行业是不健康的，也是没有生机的。”

现在，周松正经常会收到不认识的会员的感谢或祝福短信，“因为天气预报和兼职信息很受欢迎，更重要的是会员觉得我们的短信很亲切。”

【案例】鸡蛋饼网络开发校园夜宵市场①

2006年的某段时间，上海交大的BBS上有关“蛋饼外卖”的讨论成为校园里最热门的话题之一。开张仅两周，一个名为“交大小胖蛋饼网”的网站迅速蹿红，成为学生夜宵外卖的首选。此后不久，该网站又将业务范围由大三学生扩大到大二学生，生意越做越大。没想到一个2元钱的小蛋饼里也隐藏了“商机”。

加辣、放香菜一键搞定

打开“交大小胖蛋饼网”的页面，滚动字幕显示：“本网站是以勤工助学为目的的上海交大(闵行)学生个人网站，服务对象仅限闵行校区，提供校外蛋饼和土家饼的网上预订派送至寝室服务。请按照本页面提示操作，否则任何损失与本网站无关。”根据提示，学生可以选择蛋饼送达的时间、数量，除此之外，还可以根据个人喜好选择是否加辣和放香菜，人性化服务深得民心。同时，网站上还列出了今日订单，公开每一位顾客的订购信息和IP地址，实行透明化管理。页面左上角的告示也随时对新品种进行抢“鲜”预报，例如“最近蛋饼网的夜宵又增加新口味，土家烧饼隆重登场”。

磨破嘴皮，煎饼店终于答应供货

记者在交大的闵行校区见到了蛋饼网的“老板”——李哲(化名)，这位来自信息安全系的大三学生刚参加完献血，就一边用棉球按着胳膊，一边向记者讲述起他的创业故事。

“夜宵我什么都吃，蛋饼是我的最爱。”直率的宁夏小伙第一句话就把大家逗乐了。李哲说，早在大一时，这个点子就一直在他的脑海中酝酿，当时苦于没有合作伙伴，只得作罢。今年新学期开学后，一次偶然的课间闲聊，一位知音与他一拍即合，答应提供网站技术支持。

另外，小李开办“交大小胖蛋饼网”的另一初衷就是自主创业、勤工助学，让更多的人通过劳动获得报酬。经过一番市场调查后，同学、老乡、网友一致投票

① [资料来源]摘编自：张汝山，张林. 大学生创业案例解析. 南京大学出版社，2013.

赞成，两人打足了气开始忙活起来。

为了寻找货源，小李跑遍了学校周围的十几家山东杂粮煎饼店，很多老板都因其利润低、被捆绑不自由而拒绝了他。小李磨破了嘴皮，最终说服了三家店在夜宵时间为其供货。随后，小李又找来了四位“死党”负责送货。由于人力有限，他们将送货范围限定在大三学生宿舍区，规定在晚上9点50分至10点30分之间将蛋饼送至各寝室。不久之后，“交大小胖蛋饼网”正式开业。

生意红火

开业首日就卖了150个蛋饼，虽然有一定的心理准备，但火爆程度还是出乎大家的意料。开业第一天，生意好得供货商都来不及做，一直到熄灯后，蛋饼都没有送完。当天便售出150个蛋饼，可以说，每20位大三学生中就有1位叫了当晚的蛋饼外卖。这边，网下卖得红火；那边，网上也说得热闹。该校BBS上的热门讨论区之一“03级本科学子版”立即变成了“蛋饼的海洋”，版主不得已将有关蛋饼的讨论都移至另一个区域，即便如此，还是没能阻挡大家讨论的热情。“诚征大四代理”、“快面向全校吧”、“建议开通研究生宿舍”，在大家的强烈要求下，小李又征召了一批新人手，将业务扩大到大二学生宿舍区。

创业烦恼

“交大小胖蛋饼网”开业一周后，两家克隆网站也迅速出现。为了对付这些克隆网站，小李告诉记者，随着节令的变化，蛋饼网将不断推陈出新，以新品种取胜才是硬道理。夏天快到了，“交大小胖蛋饼网”正打算推出一系列消暑食品，例如冰镇奶茶、凉皮、凉面等。小李说：“创意除了贴近学生生活外，还要不断收集反馈大家意见，考察市场，更新品种。只有这样，大学生创业的路才能越走越宽。”

第七章　会计报表与财务管理

本章提要

- 会计账簿的建立
- 必备的财务报表
- 初创企业的财务控制

在任何企业，财务管理都是一项重要的工作。企业所有的商业交易都应该完整地记录在账簿上。正确的账簿记录和健全的财务管理制度能够及时地为创业者提供所需要的财务信息，有利于创业者作出正确的经营决策。

第一节　建立会计账簿

一、会计账簿的重要性

会计账簿是把记录企业交易的过程转化成财务账目、保留交易记录的文件。

企业之所以要建立会计账簿，是基于以下几个原因：

(1) 法律上要求所有企业都必须建立某种形式的会计账簿。

(2) 提供便于查询和查证的税务资料。会计账户混乱会带给企业很多审计、处罚等方面的问题。

(3) 提供便于用来进行企业分析的资料。准确的财务报告能帮助创业者在企业经营过程中了解其动向和实际变化。

企业通过精确地记录财务账目，建立一个完整、简便的核算体系，从而为企业提供最有帮助的全部财务资讯。如果企业有一套精确的财务档案，创业者或管理者看一眼就能掌握企业的业务状况——哪些地方收益好并有成本效应，哪些地方需要进一步改进，这对提升企业的经营管理水平无疑有着重要意义。

二、由谁负责企业会计账簿的记录和保存

(1) 企业主自己亲自做。如果企业规模比较小，而企业主自己又具备会计方

面的经验和技能，那么企业主可以自己来记账。但是，要记住：记账是需要占用时间和精力的，企业主从事这项工作的时候，就可能做不了别的事情了。这时候，企业主就应该尽快委托其他人来做会计工作。同时，企业主应该始终关注会计事务。

(2) 指派一名会计助理。如果企业主聘用其他人来记账，那么他就应该把全部或部分记账工作交给其他员工去做。实际上，许多员工都或多或少地要承担一些记账的责任，比如他们要开列售货单，或者填写现金登记簿。

(3) 聘请一名全职会计。当企业发展到一定规模之后，就应该聘请具有会计执业资格的人员来担任专职会计，他们通常要比企业主更加内行。有的企业主不太愿意把会计事务委托给别人去做，他们觉得还是自己亲自“经手”账目比较放心。但是，这种事必躬亲的做法容易使自己的企业主角色和会计人员的角色混淆起来，有时候还会削弱企业主的地位。最好的解决办法是：把你的想法和要求详细地列出来，让会计人员去完成你想要做的事情。

(4) 委托会计公司办理。有许多会计公司向企业提供会计服务项目并收取一定的服务费，其服务内容包括为企业准备利润表和资产负债表，以应付年度审计；为企业制作月度工资单；为企业进行每日销售情况分析；为企业提供存货控制分析报告等。

(5) 设立财务会计部门。如果企业规模进一步扩大，那么，从业务发展需要出发，企业应该设立独立的财务会计部门，并委任一名会计师来主管这个部门。财务会计部门应该保存全套会计账簿，包括现金和银行存款等日记账、应收账款和应付款账款等明细账以及总分类账。同时，根据财务会计部门所要处理的信息量的大小，还可以购置一些电算化会计处理设备和专业的财务软件。

三、小企业会计账簿中应该记录什么

新企业开始动用资金筹备运作之日就是开始记账的时候了。创业者开办企业时所发生的所有费用都是企业开办的正常成本费用。与此相对应，企业所获得的任何收入也都应该进行记录说明。

每个企业都需要有一定的记录来管理其日常事务，这些记录可用来形成企业的利润表和资产负债表。

以下是会计账户的常规记录：

(1) 每月工资发放记录。创业者必须清楚企业应支付的工资额。这笔账需要单独列出，记录要准确无误，而且要按一定顺序记录下来，以便核查。

(2) 现金和银行存款等货币资金的流水、余额记录。创业者必须清楚知道企业的现金和银行存款等货币资金的流水去向和余额，以决定能否付清账单，这就要求对资金流入和流出进行及时记录，随时了解企业的支付能力。

(3) 应收客户账款记录。在某种情况下,创业者也会向客户赊账。客户所赊欠的账款就叫应收账款。应收账款的记录十分重要,如果没有账簿记录,那么创业者怎么知道这笔应收款何时到期,应收金额是多少,什么时候可以延期,何时采取措施追索逾期应收账款? 如果应收账款含有利息,那么何时开始计息?

(4) 应付供应商账款记录。企业欠别人的账款(比如欠供货商的钱)叫作应付账款。应付账款需要及时结清,原因有两个:第一,及时结账有时候可以得到现金折扣,而逾期付款则要支付违约金;第二,及时结账有利于维护企业的信誉,有利于与贸易伙伴保持良好的业务关系。如果没有账簿记录,就可能会出现差错。

(5) 存货记录。即使是一家小型零售企业,企业主也必须掌握存货情况,知道什么商品畅销,什么商品滞销,是否有足够的库存以备销售。当然,企业主可以把这些信息记在脑子里,但是,如果想把生意做大,这是远远不够的。企业要想赚到钱,必须对存货情况进行准确记录,并且要根据销售情况随时更新所记录的信息。

(6) 纳税记录。企业主必须制作一些财务报表为纳税作准备。税收是根据企业所赚取的利润来计征的,即使是一家小型零售企业,也需要制作一些财务报表,向税务机关报送。

(7) 财务报表。企业主应按月制作利润表和资产负债表以及和自身相关的现金报表、银行存款报表、存货的进销存记录、应收应付款报表、下一月度的资金预算报表等。企业主至少应该一年完成一份关于企业经营状况的综合财务报表,就像一个人每年去做一次全面的体检一样。从销售总额方面看,企业做得如何? 企业的开支项目有哪些? 税前利润和税后利润分别是多少? 下一年度企业主应该采取什么措施来改善企业经营状况? 当企业向银行申请贷款时,创业者必须向银行提供这样一份财务报表;当创业者准备出售自己的企业时,他们必须向那些有意向购买的人说明企业的财务状况,这也需要使用财务报表。

第二节　财务报表

财务报表实际上就是从前面所讨论的一般性记录发展而来的,这些报表一方面用来提供准备纳税的资料,另一方面,更为重要的是,运用这些财务报告能帮助创业者了解企业的财务状况和辨别其相关的长处和不足。那些愿意花时间通过财务报表了解和估算其经营状况的企业主,将比那些只关心产品和服务的企业主要有远见得多。

下面介绍三种所有企业都必备的主要财务报表:资产负债表、利润表和现金流量表。

一、资产负债表

资产负债表是总括反映企业存续期间某个特定日期财务状况的报表(或显示企业截至某个固定日期的财务状况报表,最有效的是在每个会计年末进行统计,如果用财务软件,资产负债表则能轻松地在会计年度结束时做成)。

资产负债表是反映企业所拥有的资产和所承担的债务以及投资者或创业者在企业中所拥有的权益的一种财务报表。对这个报表的审查能让创业者去分析企业并及时改进经营方式。见表 7-1。

表 7-1　　资产负债表

编制单位:　　单位:万元

资产	期末数	负债和所有者权益	期末数
流动资产:		负债:	
现金	5	短期借款	
银行存款	15	应付账款	
应收账款	15	应交税金	1
产成品	14	一年内到期的长期借款	
原料	3	长期借款	40
流动资产合计	52	负债合计	41
固定资产:		所有者权益:	
土地和建筑	40	投入资本	181
机器与设备	144	利润留存	11
在建工程		月度净利	3
固定资产合计	184	所有者权益合计	195
资产合计	236	负债和所有者权益总计	236

计算资产负债表的公式是:资产=负债+所有者权益。

1. 资产

资产是由于过去的交易和事项形成并由企业拥有或者控制的资源,该资源预期会给企业带来经济利益。资产就是企业所拥有的所有资产的货币价值,包括企业所拥有的现金、设备、厂房和存货等。

企业资产按照流动性可分为流动资产和固定资产。

流动资产是指可以在一年或者超过一年的一个营业周期内变现或者耗用的资产，包括现金、银行存款、短期投资、应收账款、存货等。

固定资产是指同时具有下列特征的有形资产：为生产商品、提供劳务、出租或经营管理而持有，使用寿命超过一个会计年度。一般说来，固定资产包括土地、厂房、机器、设备和车辆等。

2. 负债

负债是指过去的交易或者事项形成的现时义务，履行该义务预期会导致经济利益流出企业。负债是企业所欠债权人的所有债务，如短期借款、应付账款、应交税费和抵押贷款等。

企业负债又可分为短期负债和长期负债。

短期负债通常指那些需要在短期内（如12个月内）偿还的债务，包括应交税费、短期借款和应付账款。偿还短期负债需要动用企业的流动资产。

长期负债是指那些偿还期限在1年以上的债务，如长期借款。

3. 所有者权益

所有者权益就是企业的净资产，指企业所有者在企业资产中享有的经济利益，其金额等于资产减去负债后的余额，包括业主的初始投资和留存盈余。

二、利润表

利润表是反映企业在某一时期内（如一个月或一年）经营成果的财务报表。这个财务报表显示企业在一个具体时间内的财务活动。与资产负债表不同的是，利润表可以被视为是一个动态的画面，它显示了企业的资金来源及在一段时间之内的花费。创业者从这个表中能找出经营管理中的不足，制定更有效的企业经营计划，从而获得收益。

利润表应该在每个月末准备。流水账上的所有合计数将转记到利润表上相关列项。在12月底（或企业的会计年度末）会得到一个有关企业一年12个月的收入和花费清晰画面。同样，可以利用财务软件来制作企业的月度或年度报表。

企业者把过去几个月或几年的利润表进行比较，就能看出哪些是高收入的时期，哪些项目有增加或减少的利润额，以及许多其他有价值的资料。千万不要低估这个重要工具的价值。

如同资产负债表有一个公式一样，每年利润表所包括的每个分类都必须有一个具体的顺序。在期末有一个时间间歇来分析包括在会计账目记录上的资料，同样，这段时间也要包括在利润表上。见表7-2。

表 7-2　　　　　　　　　　　　利润表

编制单位：　　　　　　　　　　　　　　　　　　　　　　　　单位：万元

项目	本期数	本年合计数(略)
1. 营业收入		
现金销售收入	22	
赊销收入	14	
2. 营业成本		
期初存货	8	
本期购进	24	
可供销售的存货	32	
减：期末存货	18	
3. 营业毛利(1－2)	22	
4. 经营性支出	18	
5. 利润总额(3－4)	4	
6. 所得税(5×税率)	1	
7. 净利润(5－6)	3	

三、现金流量表

会计上所说的现金通常指企业的库存现金，而现金流量表中的现金还包括企业银行存款中随时可用于支付的部分，也包括外埠存款、银行汇票存款、银行支票存款和在途货币资金等其他货币资金。

据调查，33%的创业者表示在筹建和经营企业时存在现金流管理方面的问题。企业失败的原因其实有 1/3 以上都是缺乏现金流所致。许多企业在初创时不考虑自己企业的现金流支持，而盲目增加投资，扩大生产，从而导致现金危机。因为早期的销售水平通常并不能产生足够的现金流来满足企业的经营发展所需，对企业来说完全有可能在盈利的同时由于缺少现金而倒闭。所以，对于初创企业来说，拥有足够的现金、能持续经营是非常有必要的。

在分析现金流时，创业者必须明白现金和利润不是同一回事。利润是企业的总收益和总支出之差，它体现了企业的运作效益如何。现金是企业手头持有的、能随时使用的资金，通过在一段时间内记录企业的现金流和流出量，可反映出企业资产的流动性以及能按时支付各种账款的能力。

现金流量表是一种财务文件，是以货币的形式描述的企业计划。现金流量表就如同一个预算，它以预算形式（或计划）进行内部计划和估算在一定的时间内要展开的业务，通常是指下一个财务年度需要多少出入资金。企业年底的盈利将取决于现金流入和流出的收支差额。

现金流量表只涉及实际现金交易，所有的开销以手头的现金进行支付，并不跟折旧、企业信誉、摊销或其他非现金费用有关联。经过周密的计划，创业者应该不仅计划出企业流进和流出的具体现金数目，而且还应包括什么时间流进或流出。一个企业应该有能力设计出其总收益来满足需要，如果不能按时支付费用，新事业就会迅速地成为历史，除非事先计划好有其他渠道的资金来源帮助企业渡过难关直至有实际收入进账。出版业就是一个典型的例子，出版商会在其收到投资回报前 6～9 个月内非常需要资金，一旦出版商不能付款给印刷商，就不可能有书来销售，印刷商也不能只得到出版商 9 个月收到货款后支付的承诺就完成成品生产。为了保证企业的正常运营，出版商需要事前计划好资金来源渠道，以此渡过难关直至收到进账资金。

由于现金流量表所涉及的是现金的流入和流出，因此这一报表的编制需要事先准备好以下两个工作表：

（1）现金支付表。这个表格文件记录的是流出企业的现金，它明确了企业支出的各种类型和职责以及各列项目所需的现金计划。企业可能要通过进行几个不同的预算（库存的购入、直接花费、管理费用和业主提取的资金等）来处理这个事务。

这些花费通常并不好估算，新企业需要去做大量的市场调查；如果是接管一家旧企业，就要汇总过去财务状况的信息和了解未来新企业具体行业的走向。

（2）现金来源表。这个表格文件用来记录流入企业的现金，它能帮助创业者估算将会有多少现金流入企业和这些现金的来源。要完成这个表，需要查看手头的现金、计划收入、能清算的资产、那些可能借钱给创业者或给创业者投资的人，以及可以运用的所有者权益。这个表还有助于企业去寻找可能用来增加可用资金的方方面面。

如果已经完成了上面两个参考表，就可以运用表中的资料编制一个综合的现金预算表。这样就可以预算出一年需要多少资金，并完全掌握那些现金来自何处。流动资金计划的下一步是把一年的时间再分段到月份，并预测什么时候需要现金使整个财政年度能平安度过。

为了完成这项工作需要做现金预算。月度现金预算是评估企业每个月预期可以收到或需要支出多少现金的一种财务预测工具，做好月度现金预算可以帮助创业者规避现金短缺风险。一个典型的现金预算如表 7-3 所示。

表 7-3　　现金预算表

收支项目 \ 月份	1	2	3	4	5	6	7	8	9	10	11	12
月初现金余额												
销售收入												
其他现金流入												
现金收入总额												
人工支出												
材料支出												
其他支出												
现金支出总额												
月末现金余额												

第三节　新创企业的财务控制

新创企业和小公司成败的关键之一，就是正确、严格的财务控制。许多融资非常顺利的公司，其商业计划书非常完善，产品或服务满足了市场的某一类需求，销售组织效率很高，市场营销颇为有效，定价也十分合理，但是却失败了。其关键原因在于缺乏财务控制。

新创企业及成长阶段的小公司必须对各种支出加以规划和严格控制。创业者必须对公司的财务关键控制点作出相应的对策，这不仅有助于增加公司的销售额，更重要的是，公司能够从收入中获得利润和现金。寻找财务关键控制点，首先要考虑公司大部分收益、资金源于何处、花费于何处。例如，是否更多的收入被用来购买原材料或支付工资？是否更多的现金流被存货、应收账款或资本支出所占用？

一、财务控制制度

（1）不相容职务分离制度。这要求新创企业合理设置财务会计及相关工作岗位，明确职责权限，形成相互制衡机制。不相容职务包括：授权批准、业务经办、会计记录、财产保管、稽核检查等职务。例如，有权批准采购的人员不能直接从事采购业务，从事采购业务的人员不得从事入库业务。

（2）授权批准控制制度。这要求新创企业明确规定涉及财务会计及相关工作的授权批准的范围、权限、程序和责任等内容，单位内部的各级管理人员必须在授权范围内行使职权和承担责任，经办人员也必须在授权范围内办理业务。

例如，采购人员必须在授权批准的金额内办理采购业务，超出此金额必须得到主管的审批。

(3) 会计系统控制制度。新创企业应依据我国《会计法》和国家统一的会计制度，制定适合本单位的会计制度，明确会计工作流程，建立岗位责任制，充分发挥会计的监督职能。会计系统控制制度包括企业的核算规程、会计工作规程、会计人员岗位责任制、财务会计部门职责、会计档案管理制度等。良好的会计系统控制制度是企业财务控制得以顺利进行的有力保障。

二、现金流量预算与控制

企业财务管理首先应该关注现金流量，而不是会计利润。新创企业应该通过现金流量预算管理来做好现金流量控制。对于初创、早期或成长阶段的企业来说，现金流是极其重要的。要根据年度现金流量预算制定出分时段的动态现金流量预算，对日常现金流量进行动态控制。现金流量预算的编制采用“以收定支，与成本费用相匹配”的原则，采用零基预算的编制方法，按收付实现制来反映现金流入流出。经过企业上下反复汇总、平衡，最终形成年度现金流量预算。

三、财务风险控制

财务风险主要是指举债给企业收益带来的不确定性。对于处于早期或成长期的公司来说，需要大量的运营资本来应付快速增长的应收账款和存货，举债经营成为企业发展的途径之一。有效地利用债务可以大大提高企业的收益，当企业经营好、利润高时，高负债会带来企业的高增长。但企业举债经营会对企业自有资金的盈利能力造成影响，由于负债要支付利息，债权人对企业的资产有优先的权利，万一公司经营不善或有其他不利因素，则公司资不抵债、破产倒闭的危险就会加大。例如，某新创公司在其内部股东矛盾被媒体报道后，银行马上停止了其 4 000 万元的贷款，供货商也纷纷上门讨债，公司陷入了资金短缺的漩涡，最终走向了衰败。因此，新创企业必须正确客观地评估控制财务风险，采取稳步发展的财务策略。

四、销售与应收账款控制

企业必须建立销售与收款控制业务的岗位责任制，明确相关部门和岗位的职责、权限，确保办理销售与收款业务的不相容岗位相互分离、制约和监督。销售部门负责应收账款的催收，财务部门应当督促销售部门加紧催收。对催收无效的逾期应收账款可通过法律程序予以解决。

在市场竞争日趋激烈的今天，新创企业不得不部分甚至全部以信用形式进行业务交易，经营中应收账款比例难以降低。许多大公司认为可以延迟支付小公司或新公司的欠款,因为小公司或新公司几乎没有讨价还价的能力。另一方面,许多新创企业或者处于早期发展阶段的公司通过给那些因为风险很大所以在别处贷不到款的客户更大的个人信誉度(以个人信誉来担保的应收账款)来获得业务,但这样的做法风险很大,许多初创期企业由于未能及时收回欠款或者没有收回欠款导致破产。因此,应收账款是一个重要的财务控制点。

控制好应收账款应注意处理好以下三方面的问题:

(1) 客观评价客户资信程度。做好客户的信用调查,对赊销用户的资产状况、财务状况、经营能力、以往业务记录、企业信誉等进行实地调查,根据调查结果来评定其信用等级,建立赊销信用等级档案。新创企业必须根据客户的资信程度来制定给予客户的信用标准及相应信用政策。通常从信用品质、偿还能力、资本、抵押品和经济状况五个方面来评价客户的资信程度。新创企业可以根据对客户资信程度的分析对客户进行排队,选择资信程度好的客户,而拒绝那些资信程度差的客户。

(2) 建立合理的信用标准。企业一旦决定赊销客户,要按赊销客户的还款能力和信用等级确定赊销金额的多少和期限的长短。对每笔赊销账目的应收账款进行监控,账目标明 0～30 天还款、30～60 天还款、60～90 天还款以及 90 天以上还款(一般赊销期不应超过 3 个月)。企业要采取合理的信用标准,如果信用标准较高,将使许多客户因信用品质达不到所设标准而被企业拒之门外,其结果尽管有利于降低应收账款成本,但却会影响企业市场竞争能力和销售收入的扩大;相反,如果企业采取较低的信用标准,虽然有利于企业扩大销售、提高市场竞争力和销售收入,但是会增加应收账款风险。企业切忌盲目追求销售量而忽视应收账款的增加。

(3) 如何收回过期的应收账款。企业赊销活动发生后,对所发生的应收账款企业和客户要进一步强化管理,对应收账款进行跟踪管理和再分析。企业可以按照资金价值按从大到小的顺序对不同客户的应收账款进行分类排序,首先列出尚未偿付款项最大的客户,即使其欠款的期限控制在 0～30 天之内;应收账款中尚未偿付款额最小的客户列在最后。企业应根据排序制定不同的催款计划,定期向赊销客户寄送对账单和催缴欠款通知书,或者拨打催款电话,同时要对有经营性业务往来的赊销客户进行单独管理。

五、成本费用控制

建立成本费用业务的岗位责任制,明确相关部门和岗位的职责、权限,确保办理成本费用业务的不相容岗位相互分离、制约和监督。

建立严格的对成本费用业务的授权批准制度,明确审批人对成本费用的授权方式、权限、程序、责任和相关控制措施，规定经办人办理成本费用业务的职责范围和工作要求。新创企业通常由创业者本人实行“一支笔”审批。

根据成本费用预算内容，分解成本费用指标，落实成本费用责任部门，考核成本费用指标的完成情况，制定奖惩措施，实行成本费用责任追究制度。

【案例】创业型企业财务管理问题与对策①

一、案例情况

案例企业成立于1994年，从事电子产品的生产与研发，属于高科技型创业企业。该企业已渡过创业期，现处于发展阶段，拥有员工200多名，每年销售收入过千万元，利润过百万元。企业分设3个子公司，子公司不设财务部门，所有的财务工作均由总公司财务部负责，总公司财务部配备专职的财务经理和会计人员3人。随着企业规模的不断扩大，其存在的以下财务管理问题逐步暴露，影响了企业的健康发展。

(1) 过度依赖财务经理，缺乏对财务经理的监督机制。该企业创业初期雇用了一位退休的注册会计师作为财务经理，其素质较高并且与企业老总携手度过了创业初期的艰难阶段，彼此建立了充分的信任。技术出身的老总为集中精力管理市场和营销两方面的业务，对财务经理充分放权。该财务经理也不负重托，公司财务在其管理之下一直运作有序。但是好景不长，因为缺乏对财务经理的监督机制，第二任财务经理趁机钻了空子，公款私用。而第三任财务经理天马行空的调账风格，又让非会计专业出身的老总经常面对“高深莫测”的会计账目一筹莫展。案例企业这种完全依赖财务经理的财务管理模式，使得财务经理的素质成为决定企业财务工作成败的关键因素，必然会导致企业面临很大的风险。

(2) 过于复杂的会计体系，增加了企业的财务风险。对于资金和实力并不强大的创业型企业来说，如何减少税务上的支出，使企业创造的利润有更多的部分留存下来是他们最为关注的财务问题之一。案例企业也不例外，企业财务的许多工作都是围绕避税而展开。企业为了享受特殊行业的税收优惠，把一家原本规模不大的企业拆分成工业型企业、商业性企业和服务型企业三种类型的子公司，虽然确实享受到了税收优惠，但是这种做法形成过于复杂的会计体系，给企业带来了财务风险：① 企业除了外部交易，还存在大量内部交易，增加了企业内部会计舞弊的风险。② 子公司独立的会计报表不能真实反映企业整体经营情况。合并会计报表的编制和分析，对财务人员的业务素质要求较高，企业现有

---

① [资料来源]摘编自：秦锂. 创业型企业财务管理问题解析. 中国注册会计师，2009(9).

财务人员的能力难以达到这一要求。③ 三个子公司占用了企业大量流动资金，增加了企业的资金缺口，提高了企业的资金成本。④ 按照税务局的要求，具备独立法人资格的子公司必须单独报税，增加了财务工作量。⑤ 案例企业面对如此复杂的会计体系，在财务人员有限、精力有限的情况下，忽视了成本核算和成本控制工作。事实上，对案例企业会计报表进行合并分析后发现，近几年在企业成本增长较快的情况下，销售收入和利润率并没有得到显著提高。

(3) 会计基础工作不规范。通过抽查案例企业的账本和会计凭证，发现企业会计基础工作存在不少问题。如企业不按月编制银行存款余额调节表；每年的银行对账单没有装订成册；现金出纳在电脑中用 Excel 表格自制账本代替现金日记账；调账没有调账说明；虽然企业已采用了会计电算化，但是没有打印总账和明细账并装订成册等。这些问题严重影响了企业财务工作的质量。

(4) 成本核算能力差，执行力度弱。虽然案例企业已经将每个车间作为成本中心，采取了独立的成本核算体系，但是成本核算的效果不尽如人意。比如，成本核算范围小，仅仅局限于生产车间，没有将企业所有成本纳入核算体系，造成对生产部门管理严格，对销售部门和采购部门管理宽松的局面，这种做法容易引起部门之间的矛盾；企业没有预先制定标准成本，只是事后将成本中心发生的成本费用进行简单汇总，难以达到控制的效果；对成本核算范围划分不合理，没有科学区分可控成本和不可控成本，导致年终在进行成本考核时，各成本中心经常争论不休，成本考核流于形式，成本执行力度差。

(5) 资本运作效果不够理想。案例企业雄心勃勃，一直以上创业板为目标。但是仅仅依靠常规的生产、销售和利润的积累，企业规模难以在短时间内迅速扩大。于是企业通过资本运作，采取了引入风险投资、增资扩股、兼并重组等一系列措施，使企业的资本规模得到迅速扩大，然而随之也产生了一些负面影响：股权过于分散，老总无法绝对控股，控制权有旁落的危险；引入股东人数较多，股东之间的经营理念经常产生冲突，决策拖沓；兼并项目与企业自身项目无法兼容，难以产生收益；作为无形资产投入的专利技术市场化艰难，无法成为企业新的利润增长点；为了满足上市要求，企业每年需要支付高昂的审计费聘请具备证券资格的会计师事务所审计，成本负担重。

(6) 营运资本管理不善。流动资产和流动负债的管理对创业型企业来讲是极其重要的。从案例企业近几年财务报表看，虽然企业销售额和利润逐年稳步增长，但企业总是存在较大资金缺口，需要不断借入短期借款以保证其正常运转。通过进一步调查发现，该企业存在存货管理混乱、应收账款催缴不及时、采购员付款草率、个人借款长期挂账不还等问题，吞噬了部分流动资金，加大了资金缺口。同时,企业筹集的短期借款在尚未使用阶段仅以活期存款形式存放在其银行账户上,从未进行过长短期资金配置,造成短期内大量资金闲置,增加了资金使用成本。

二、案例分析

案例企业存在的上述问题在创业型企业中有一定代表性,其原因主要有:

(1) 企业的财务管理模式与企业规模不相配套。财务管理体系的层次和规范性应该随着企业规模的扩大而逐渐增加,但大部分创业型企业在创业初期靠"一本账"起家,缺乏对企业财务管理模式的分阶段性、系统性的规划,当迅速成长时又往往会出现两种现象。一种现象是维持原有简单记账式的财务模式,这种模式难以达到管理的目的,无法满足企业成长的需求。另一种现象是为了快速建立有效的财务管理模式,直接照搬大公司的财务管理制度和流程,但这种模式在创业型企业部门设置简单、人员有限的情况下难以实施,最终导致内部财务管理制度形同虚设。上述两种现象的存在,都会导致创业型企业出现财务管理混乱的问题。

(2) 依赖"人治",而忽视企业内部控制。究其原因大致有三点:① 创业型企业由于内部经营程序不正规,职责分割比较困难,使得建立全面的内部控制系统非常困难。② 因为内部控制系统的实施需要付出一定的成本,所以部分创业企业老总觉得这种系统并不合适。③ 受到共同创业思想的影响,一些创业企业老总觉得一旦采取内部控制就表示出对创业伙伴的不信任,为了不影响大家的感情而不愿意采用内部控制。事实上,内部控制系统在保护企业财产安全、增进企业财务报表的精确和可靠性方面起着重要的作用。任何创业型企业都应该尝试着建立内部控制系统,缺乏内部控制的企业中欺诈和偷盗行为的发生会明显增加,而且也增加了依据不准确、不及时的财务信息作出错误决策的风险,这些风险一旦发生,对于实力并不雄厚的创业型企业来说可能都是灭顶之灾。

(3) 追求企业高成长的冲动导致陷入财务安全的陷阱。随着风险投资事业在中国的发展,让企业迅速成长,最终成功上市,成为创业企业追求的目标。部分创业者为了追求企业的超常规发展,将精力投入到资本运作里,而忽视了加强企业主营业务和培养核心竞争力,忽视了扎扎实实做好内部控制、管理好营运资金、充分挖掘企业自身资源的潜力、审慎选择投资项目等细节性问题。这种激情有时候会使创业者冲昏头脑导致企业不知不觉陷入财务安全的陷阱。

三、对策建议

(1) 建立以资金安全为核心的内部控制体系。由于创业型企业规模小,人员有限，所以内部控制不能不切实际地大而全，为此，应该建立以资金安全为核心的内部控制体系，具体包括加强银行账户的管理和使用，利用针对中小企业财务管理的软件等。同时，创业企业应根据自身的经营特点，对企业财务管理流程进行再造，找出内部控制的关键点。

(2) 建立规范有效的会计体系。具体来讲要注意以下几方面：

① 建立规范的会计系统。创业型企业不管规模大小，建立的会计系统都要满足以下基本要求：能够提供一个精确完整的企业经营成果概貌；允许目前的数据同先前年份的经营结果和预算目标进行及时的比较；能够向管理者、银行和未来的贷款人、投资人提供所需的财务报表；能够及时填写政府的税务征收及有关管理部门索要的报告和税单；能够显示雇员的失误、偷窃、浪费和记录保管错误等。这是判断创业型企业会计系统是否规范的基本标准。

② 建立有效的会计系统。创业型企业由于自身条件有限，所以企业在设计财务流程时要避免造成整个会计体系过于庞大繁杂，应该在满足规范性要求的前提下尽量减少中间环节。如案例企业为了追求避税的效果，把整个会计体系弄得相当复杂，但是企业财务人员有限，管理无法配套，反而作茧自缚、弄巧成拙，增加了许多财务漏洞。所以对创业型企业来说，建立规范有效的会计体系，踏踏实实地做好企业的主营业务，可能比一味地追求“做账技巧”来得更有效。

(3) 加强企业现金流管理，谨慎筹资。具体要注意以下几点：

① 加强现金流管理。创业型企业在其高速成长时，增长的趋势吸收追加现金的速度要快于这些利润以现金的形式产生的速度，现金流的问题往往会被高速增长的表象所掩饰。如伴随着企业规模的扩大，企业生产资料库存、存货规模和应收账款数额也随之增长，这些要素会占用企业大量现金，故加强现金流管理就是要加强存货、应收账款、应付账款这些作为营运资金主要组成要素的管理。同时，企业要树立理财理念，学会利用不同的金融工具，对企业的长短期资金进行配置，降低资金成本，提高资金的使用效率。

② 谨慎筹资。资金短缺是处于成长期的创业型企业普遍面临的问题。创业型企业在筹资时要遵循谨慎性原则，着重考虑以下问题：一是要在充分挖掘企业自身潜力的基础上再进行筹资；二是对筹资规模要进行合理估算；三是筹资时间要与用资时间相适应；四是确定权益性筹资和负债性筹资的比例；五是根据利率变化的趋势来安排筹资的节奏等。

(4) 加强成本核算和执行力度。

① 加强成本核算力度。案例企业可对成本核算方法做调整，根据自身的生产流程和特点，划分不同的成本范畴，由财务部门会同相关生产部门和业务部门

共同计算出合理的标准成本，将标准成本下达后，由相关责任部门负责本部门的成本控制，节约奖励，超额处罚，使企业的整个成本核算体系由事后计算改为事前控制，有效控制企业整体成本。

② 全员参与成本管理，加强成本执行力度。创业型企业在财务人员有限的情况下，仅靠财务部门是难以完成成本核算的目标。因为成本核算的结果是否合理，不但需要财务部门的自我评价和时间的验证，还需要生产、技术等部门的评价。创业型企业要树立全员参与成本管理的理念，同时要保证财务部门和其他部门之间的资讯畅通，才能加强企业成本核算的执行力度。

第八章　创业生涯管理

本章提要

- 创业者的类型与角色转换
- 总裁生命周期五阶段模型
- 总裁生命周期理论对创业者的启示
- 企业传承的基本形式
- 接班人的选拔培养

第一节　创业者类型与角色转换

随着创业企业的发展，创业者必须对自己有足够清醒的认识，给自己作出准确的定位。从目前的大部分情况来说，参与创业活动的主体主要有两种：第一，掌握一定的专业技能或者某项新技术的创业者，以理工科背景的大学毕业生或科技人员为主；第二，对工商管理有一定了解，对市场的各种信息能敏锐地把握并且转换为市场机会、盈利机会的创业者，其专业学术背景不定，但通常有一定的工作经历和社会经验，或对某一行业有浓厚的兴趣。

下面我们就针对这两种情况，对目前创业者的情况做一些评析。

1. 技术背景的创业者

应该看到，这部分创业者由于具有“实实在在”的专利、技术，因此他们创业成功的可能性往往较大；他们的工作主要就是将自己的科研开发成果转化为市场。当这种技术已经相当成熟并且也确实为市场所需要的时候，这种转化将是比较顺利的，科研成果能够比较成功地转化为市场利润。事实上，在这种情形之下，技术上的先进性和由此形成的在技术上的先行性，能够使他们比较顺利地实现打开市场、市场补缺的战略目标，甚至在一段时间内都有一种微弱的“垄断”地位。由于这种情况，这一类型的创业者所建立的企业往往会有比较好的市场销售状况和发展前景。但同时，这种良好的情况往往也会掩盖这些创业者在经营、管理企业上的不足。我们不否认某些创业者确实具有天才的商业头脑，但是更应当看到现代企业的经营和管理乃是一门科学、一门艺术，因此当创业企业发展到一定阶段的时候(例如当技术的领先优势基本消失的时候)，就不可避免地会出现创业者本身无法适应的情况；有的时候是创业者自己感觉到日益力不从心(毕竟管理方面有所欠缺)，有的时候就会反映到管理层内部的种种冲突与重组。正如我们在中关村的一些 IT 企业中看到的情况一样：技术人才在企业中的地位，似乎是可以“同甘”，却不能“共苦”。随着企业的发展，往往是在管理方面更擅长的管理者在企业中占据更高的管理地位。

2. 商业头脑比较敏锐的创业者

这种类型的创业者依靠敏锐的商业头脑将某种“创意”转化为市场，或者将消费者的潜在需求转化为现实需求，但他们可能并不掌握什么专门的技能。这种创业者的背景事实上不完全是管理类专业的大学毕业生。举例来说，我们过去看到的诸多“网上企业”，就体现了这种创业方式。

这种类型的创业者更具有企业管理者所需的精明的头脑，因此在企业管理的问题上可能比前一类型的创业者有一定的优势。可是，管理的学问不是一门纸上谈兵的学问，具备了管理的知识，并不等于具备了企业家的全部素质；真正能够经受得住市场考验的，乃是成功和失败的种种经验，并且这种积累还需要一定的量的要求。但是，创业者大多不具有这种市场经验和管理经验的积累。而在市场上，竞争对手却可能是经历了多少年风风雨雨的职业经理人。同他们展开竞争，当然非常有助于创业者本身的经验积累，但是对于创业公司本身来讲，可能更多时候是关乎成败存亡的考验。

因此可以认为，上述两种背景的创业者中的任何一种，对于创业企业的经营来说，都尚未具备企业长远发展所需的管理经验和才能。当然，一部分创业者也可能通过及时补充相关知识和在公司里的实践经历迅速成长起来，成为经营管理方面的专家或准专家，承担起公司经营管理职责。但对更多创业者来说，应当考虑在公司中引入职业经理人，并用长远的眼光对自己作出重新、正确的定位。常见的选择包括：作为技术专家，作为高层管理者或部门负责人，仅保留股东身份不参与公司运营，等等。创业者根据自己的时间情况作出正确的选择，无论对于创业者本身还是创业企业的健康发展，都是非常重要的。

【案例】创业家的角色转换

创业家何时开始考虑转换自己的角色为宜？一般来说，在新创企业的业务略有起色时，创业家就应该考虑起用专业人员来分担自己的业务。只有这样，新创企业才能早日踏上快速发展之路。事实上,在新企业尚未创立时,创业家就应将这个问题纳入自己的创业计划。

日本本田汽车公司创始人本田宗一郎,在第二次世界大战后决定成立一家小型企业时就考虑过这个问题。在尚未找到适当的合伙人负责管理、财务、销售及人事等部门之前,他决定暂缓创办企业。至于本田本人,他认为自己从创业一开始就应属于工程及生产领域,而不应插手其他业务。这个决策,缔造了今日的本田汽车公司。

另一个反面事例更好地说明了创业家进行角色转移的重要意义。当亨利·福特于1930年决心自行创业时,他的做法与本田宗一郎完全相同。在创业之前,他先寻找了适当的合伙人来负责他不熟悉的业务领域:管理、财务、销售及人事。与本田一样,亨利·福特知道自己应投入工程及制造领域,且仅限于这两个领域而已。福特的合伙人名叫柯森,他的管理才能使公司的业务蒸蒸日上,福特公司许多著名的政策都是他的杰作,但柯森的杰出表现引起了福特的嫉妒。1917年,柯森终于被迫离开福特公司。柯森离职前的最后一个建议是公司应逐渐减少对T型车的投入并着手开发新车型。柯森离职后,福特公司开始走下坡路。一家曾经叱咤风云的汽车业霸主最后几乎面临破产的窘境。直到亨利·福特过世,他的孙子亨利·福特二世接手经营这家已濒临破产边缘的企业之后,该公司才略见起色。

第二节 总裁生命周期理论及其启示

20多年前,两位美国管理学学者爱特申和叶特曼发现领导人经验的长短与企业业绩高低之间呈一种抛物线相关关系。爱特申和叶特曼对美国30支职业垒球队主教练的教练经验长短和所在垒球队的比赛成绩做了相关关系的全面分析,他们发现主教练执教经验的长短对所在垒球队的比赛成绩高低的影响是一条初期上升、后期下降的抛物型曲线。在主教练执教生涯的前半期,经验与业绩成正比,但是超过一定期限,经验成为一种消极因素、一种包袱,经验越长,比赛成绩越差。根据他们的调查,垒球队主教练的经验拐点(即从正因素转化为负因素)出现在第13年。

这种原先非常优秀的领导人从组织发展的动力变为阻力的现象,在管理实践中并不罕见。总裁生命周期理论对此提供了一个很有意思的假说。

1. 总裁生命周期理论

1991年,美国哥伦比亚大学的汉布瑞克和福克托玛提出了一个总裁生命周期的5阶段模型，对总裁任职期间领导能力的变化规律及其原因，提出了一个比较完整的总裁生命周期假说。这一模型认为，总裁的管理生命大约有如下5个季节：先是受命上任，二是摸索改革，三是形成风格，四是全面强化，最后是僵化阻碍。导致总裁绩效上升、继而持平、终于下降的抛物线现象的因素，主要有认知模式刚性、职务知识、信息源宽窄、任职兴趣、权利等。其中，最主要的可以说是"认知模式及其刚性"和"信息源宽度和质量"。如表8-1所示。

(1) 认知模式及其刚性。每个人都有一个基本的认知行为模式，主要由两方面内容构成：一是长期以来形成的信仰、偏好和思维方式；二是与此紧密相连的一套惯用的工作方式和分析手段、办事方法。

一般来说，每个总裁对自己的认知模式有效性的相信程度有一种周期性的变化。一开始一般比较强；然后是一段试验探索期，总裁对自己的基本模式在新企业应用的实际效果有一个反思过程，会根据实际使用效果进行微调；第三阶段是在经过初步实践和反思调整的基础上，渐渐形成自己的风格；随着在位时间的加长，这种风格逐步定型而刚性化，成为总裁最突出的思考和行为特征，直至最后僵化而变成企业发展的阻碍。

表8-1　　总裁生命周期阶段

主要变化因素和阶段特征	受命上任	摸索改革	形成风格	全面强化	僵化阻碍
认知模式刚性	中强	或弱或强	中强	强且上升	非常强
职务知识	知之甚少，但上升很快	大体熟悉，中速上升	非常熟悉，缓慢上升	非常熟悉，缓慢上升	非常熟悉，缓慢上升
信息源宽窄	来源广，未经过滤	来源广，信息过滤产生	依赖少数信息源，信息过滤现象加剧	依赖少数信息源，信息高度过滤	非常少的信息源，高度过滤的信息
任职兴趣	高	高	中高	中高但是下降	中低，下降
权利	弱，上升	中，上升	中，上升	强，上升	非常强，上升，失控产生

(2) 信息源宽度和质量。导致总裁管理能力在生命周期后期下降的另一个重要因素，是信息质量趋势性下降。在位时间的延长会使总裁的信息源渐趋同一化，所得到的信息也受到筛选。一方面，总裁对工作的兴趣不可避免地会随时间推移而有所减退，对信息的主动搜集减少；另一方面，员工在了解了总裁的信息偏好之后，会产生"报喜不报忧"的行为，更何况总裁的影响力可以使多数员工认同现行认知模式。

由于钻研学习的兴趣下降，信息质量下降，以及对自身认知模式的迷信，总裁思想方式出现僵化，再加上既得利益（不一定是物质方面的，很可能是地位、声誉、威信等）的因素，总裁所代表的那一套曾经先进的思想方式和技能组合的积极作用渐渐向相反方向发展，原来的革命家就可能转化为保守党。随着外部环境的变化，企业的业绩就可能下滑。

【案例】世界上年纪最大的老板[①]

生于1907年的邵逸夫可能是目前已知的世界上年纪最大的老板。直到2010年，103岁的邵老先生才宣布即将退休，由他79岁的太太方逸华接任香港无线电视（TVB）的主席。

20世纪50年代，邵逸夫和他的一个兄弟共同创立了邵氏兄弟电影公司，成为战后中国电影行业的先锋。在60～70年代，因率先将中国功夫与黄梅调戏曲引进大银幕，从而获得了巨大的成功。然而，80年代后期，新一代中国人不再热衷于传统风格的电影，邵氏兄弟从此停止了拍摄新电影，邵逸夫转而将精力和资源投入电视领域，成为TVB的控股股东。TVB靠着邵逸夫在早年电影事业积累的经验与资源，更重要的是香港政府对广播电视的进入管制，后来几乎垄断香港电视界。因为缺乏竞争，香港市民一直到今天还必须忍受低质量的电视节目。2006年，邵逸夫在98岁高龄因肺炎入院时，邵氏兄弟股价却大幅上涨，反映投资者对邵逸夫掌管的公司表现不认同。

邵逸夫与第一任太太育有两子两女，然而，他们都没有在邵氏兄弟或TVB工作，很难成为邵逸夫的接班人。邵逸夫与第二任太太没有孩子，因此，他的事业一直都没有明确的继承计划。前些年有传言指TVB将出售给内地一位地产大亨，但最终没有实现，邵夫人继任董事会主席似乎是延续邵氏王国的唯一选择。最近有消息称，TVB将出售给香港地产商李兆基，这意味着邵逸夫最终的退出。消息传出后，TVB的股价一日内急升近16%。

2. 生命周期对创业者的启示

总裁生命周期理论对创业者不无启示，我们完全可以把总裁生命周期理论中描述的“总裁”换成“创业者”。事实上，作为公司的缔造人，创业者独特的角色甚至进一步放大了前面所说的抛物线效应。

首先，创业公司是由创业者一手缔造的，创业者必然会将自己的认知模式赋予公司，公司也会无条件地全盘接受。这就相当于在一张白纸上写字，公司上下

① ［资料来源］摘编自：范博宏，俞欣．企业家早作退出准备，好于“永不言退”．新财富，2011年1月．

对行业、竞争对手、技术、产品、公司发展等问题的基本看法和认识框架会与创业者保持惊人的一致。对公司来说，这一认知模式是"与生俱来"的，并将影响到公司中绝大部分管理者和员工，形成普遍的认知模式刚性。

其次，由于创业者的认知模式和对行业、技术的分析结果得到了风险投资商和市场的认可，而且一些初期比较成功的创业者会得到大量来自媒体和公众舆论的赞扬，甚至政府部门的嘉许，成为"英雄"、"典范"，这就更容易使创业者坚信自己是正确的，使得认知模式迅速刚性化。同时，创业者在创业公司中往往具有特殊地位，毕竟是创业者赋予了公司生命，普通员工有可能因此唯创业者马首是瞻，他们对信息的筛选作用会进一步加剧。

此外，很多创业者在创业时都有自己的理想，有的是为了证明自己的价值，有的是因为对一种新产品、新技术或者一种新理论非常感兴趣，并不完全是为了经济利益。这种类型的创业者在技术和市场形势发生变化之后，往往不愿改变初衷，即使这种改变与他们的经济利益是一致的。

最后，创业公司在起步阶段往往人员和机构都比较精简，创业者经常要身兼数种职能，主管多项事务，付出大量的时间和精力，这势必影响其对知识和技术的学习，有可能导致创业者在专业知识和技术上逐渐落后，长期陷于繁复的公司事务中也可能会影响创业者的任职兴趣。

通过上面的分析，我们可以看到，对大多数创业者来说，生命周期的存在是一个客观事实，甚至可以说是一个严峻的现实。对大多数行业来说，行业的发展在经过一段相对平稳的发展阶段之后，技术、社会、经济条件总是会使企业的生存环境发生断裂性、突破性的质的变化。在上一个阶段形成而且适用的认知模式，在新阶段会变得完全不符合实际，这一点在高新技术行业尤为明显。此时，原来的经验就会变成包袱，形成前面所说的"拐点"现象。因此，创业者应该在以下几个方面采取措施：

第一，保持警惕，避免认知模式僵化；

第二，建立决策监督机制，通过外力（如员工、董事会）加强对自己的监督，保证决策的科学性；

第三，确立有效的决策制度、规程、方法和信息系统，保证充足的决策信息；

第四，培养员工的创新精神和创新性的企业文化；

第五，一旦出现严重的认知模式僵化，应当从公司中选择合适的替代者，或引进新的经理人和专家，并移交权力（有时这种权力移交可能是被迫的，如董事会作出相应决定）。

第三节　企业传承

企业尽管有生命周期，但随着转型的实现，仍然可以持续地经营下去；而人的寿命是有限的，特别是随着生理上的衰老以及精力的下降，就会难以继续经营企业，这时就需要将企业传承下去，使创业者创建的事业得以保持和延续下去。不管企业经营得多么成功，创业者终究会从所创建和经营的事业中退出，而由他人来继承和发展。企业传承的主要方式可选择子女（或家人）继承、管理层收购、员工持股计划等。

一、传承的形式

1. 传递给子女

这是一种最为普遍的形式，特别是对于家族企业而言，首选的形式是继承。尤其是在目前中国职业经理人与企业家之间双向的信用体系还没有十分完善的情况下，可能在相当长的一段时间里，家族企业将事业传承给子女显得更可靠。

子女继承方式可以通过几种途径来完成。创业者可以逐渐地与所选择的继承人分享权力，如“带三年，帮三年，看三年”；或者可以组建一个有限合伙企业，将大部分股份转移给这个成员，创业者作为一般的合伙人，仍然继续控制着这家企业的日常业务运营。另外，也可以建立各种类型的信托基金，即创业者与受托人（一般是银行的职员或代理人）之间的协议安排，由此，受托人将得到财产（例如企业股票）的法定权力，并为这种信托基金的受益人（例如创业者的子女）持有这些财产。在这种情况下，创业者在有限的时间内继续控制着这家企业，而后受益人将得到这些股票的所有权并对此进行控制。

目前，我国改革开放后的第一代创业企业家多数已年近花甲，精力、知识结构、对市场的灵敏度开始逐步退化，全国性的家族企业“交接班时代”已经悄然来临。实际上，我国家族企业都为代际传承做了一定的准备，但准备程度相对不高。同时，子女接班意愿对传承计划的制定和实施具有重要影响，家族成员的参与反而会增强企业对战略性问题的思考。

【案例】茅忠群：青出于蓝[①]

乡镇企业素有“富不过三五载”之说，而宁波方太厨具有限公司董事长茅理

① ［资料来源］摘编自：方太厨具．父子携手风雨同舟．浙江在线．

翔、总经理茅忠群父子两人却使一个经营了15年的乡镇企业至今仍然保持着100%的年增长率。

父亲茅理翔，人称“世界点火枪大王”。14年前，在政府没拨一分钱的情况下，他白手起家，找项目，跑市场，把一个8个月没发工资的乡办小厂发展成为名噪一方的飞翔集团。而就在企业渐渐步入正轨，点火枪生意在全世界铺开之时，市场竞争引发的价格大战却扼住了飞翔集团的咽喉。要发展，只有转变思路，二次创业。在这个岔路口，父亲想到了刚刚获得上海交通大学硕士学位、正准备赴美留学的儿子茅忠群。

没过多久，在确定了发展抽油烟机的大方向之后，茅理翔便把企业交给儿子管理了。茅理翔说儿子学历高，在品牌意识、精品意识等方面要超过他。而茅忠群缺少实际管理经验，所以也经常到父亲那里取经，一老一少形成互补。小茅初到公司时，很多职工只把他看作是初出校门的大学生，但在二次创业选择项目时，老茅的观点是上微波炉，小茅却认为抽油烟机更合适。市场调查结果证明，茅忠群的观点更正确。此外，茅忠群还主持策划了“方太”品牌，一举取得成功。开始时，“方太”这个名字有90%的人反对，但他还是定下了这个名字。其实单是这两招，职工们就已经对茅忠群刮目相看了，认为这位大学生是“青出于蓝而胜于蓝”。

财产问题一直是家族制企业最敏感和最尖锐的焦点。茅理翔把他的家族产权观念总结为“口袋论”，就是说要把利益放在一个口袋里，同一个口袋的人可以一起经营，他们会有同样的利益。即使在兄弟之间，分家后利益不同，家族矛盾也会上升为管理矛盾，给企业埋下定时炸弹，最后导致家族和企业分崩离析。他提出夫人和儿子与自己属同一个“口袋”，不会与自己争利益，不存在遗产归属问题。为了防止公司成为家族冲突的牺牲品，老茅给女儿单独制作了一个口袋。与方太公司相邻的菱克塑料厂的老板，就是茅理翔的女儿。女儿的厂子也是老茅投资，现在是方太公司的外协厂。虽然加工的是方太公司的产品，但方太公司将之与其他外协厂一样对待。

2. 转让给高管团队

企业的高层管理团队最了解企业的产品、财务、结构以及前景，所以，当创业者决定要离开时，高层管理团队往往是这家企业的合适买主。如果有足够的资金，他们就可以直接购买企业，或者商定一个先支付一部分费用而在一段时间以后再全部付清的协议（现金加合约的安排）。另外，他们还可以采取杠杆收购。通过这种方式，有意购买企业的管理者将从一个金融机构那里贷款，以支付给所有者一个商定的价格。新的所有者以其股票作担保获得贷款，或者在条件允许的情况下，放贷人也可以接受作为企业的权益人抵消全部或部分贷款。由于在杠杆收购中购买者就是运营这家企业的管理者，因此，这种方式使企业破产的可能性达到了最小化的程度。

二、接班人的培养

对于接班人的培养，如果是家族企业，可以首先从子女中选拔；如果是公司制企业，可以选择从内部培养和外部选拔接班的形式。这里谈到的接班，主要是指对企业经营管理权的交接。

1. 子女接班

对于家族企业来说，如果子女有意愿继承父业，那么可以选择子女来接班。由于血缘的关系，这种传承风险小，相对稳定，一般不会起大的波动。而要顺利地实现子女的接班，就需要及早培养他们管理企业的能力和水平。这在我国南方许多著名的家族企业中已经有了很成功的先例。其通常的做法是：首先，送子女去国内外名牌大学学习经营管理知识，为接班打好基础；其次，毕业后在企业内部进行锻炼，逐步培养其管理企业的实战经验；最后，扶持其成为真正的接班人。

在父辈的“传、帮、带”下，子女得到了锻炼和成长，为以后顺利接班打下了基础。

【案例】茅理翔谈交班

方太集团董事长茅理翔认为，企业的交接班现在有三种模式：

第一种是招聘管理博士等高级人才，先派出去到外面的跨国公司工作几年，到时让他回来接班；

第二种是招聘的人学历不需要那么高，让他从企业的底层做起；

第三种就是方太模式，实际上方太是我和儿子共同创业的，他是总经理，我是董事长，双方共同合作，当然这个过程需要我带三年、帮三年、看三年。

我为了彻底地把权交给他，也为了使下面的人相信，现在我自己有1/3的时间在外面讲课，1/3的时间看书、写书，1/3的时间接待客人。在交接班的问题上，我认为最关键的就是，交班者必须要开明、开放，接班者必须要有一种使命感，同时防止出现两个中心。

2. 从内部培养接班人

从企业内部培养接班人有利于公司战略的延续，有利于企业的稳定发展。

【案例】通用电气(GE)选拔韦尔奇的成功案例

杰克·韦尔奇无疑是当今最优秀的CEO之一。韦尔奇的前任雷吉·琼斯用了7年时间才挑选了韦尔奇,这一选择被称为GE发展史上最成功的决策。1981~2001年,杰克·韦尔奇将GE这样一家以传统产业为主的百年老店,改造成充满生机与活力的全球最强大的企业。韦尔奇领导的通用电气公司已连续两年在《福布斯》世界500强公司排名榜上位居榜首,使GE这家有百年历史的老牌公司成功实现了“中兴”。韦尔奇的变革精神、领导才能、管理方法和竞争策略,为全球工商界人士树立了榜样,世人皆称之为“世纪经理人”。从1994年韦尔奇59岁时,GE就开始着手考虑接班人问题,历时七载。可见,通用对选拔接班人是多么的重视。正因为总经理继任是企业最重大的战略决策,因此要把选拔接班人当成公司头等大事来抓。这次GE挑选的最后3名候选人,年龄最大的罗伯特·纳达利54岁,1971年加入GE,W·詹姆斯·麦克罗尼和伊梅尔特均于1982年加入GE。GE没有论资排辈,选任年长、资深的纳达利为接班人,而是从战略高度,从GE的前途出发,选任年纪最轻的伊梅尔特为正式接班人。

3. 从外部选聘接班人

从外部选聘的接班人,人们又称之为“空降兵”或职业经理人。对于外来的“空降兵”,由于其具有较强的专业知识和较高的专业素养,一般拥有广博的知识背景,对于企业创新和变革具有积极的促进作用。开始时,他们往往对企业的文化不熟悉,对企业的既有战略也有一个认识过程,所以会产生一些冲突。因此,对于从外部选聘的职业经理人,需要尽快使其熟悉企业的环境和文化,在现有文化和战略的基础上不断变革和创新,保持企业的持续和稳定发展。

【案例】大连新型集团的家族矛盾①

大连新型集团是由孙生有一手创办的,是由原大连市中心医院的服务公司逐渐演变而来的,到1999年,公司正式脱离卫生局。此时,集团的股权结构是:职工持股会占55%,孙生有占45%的股份。大连好多知名房产项目,都是孙生有带领该公司开发建设的。到了2000年,企业发展到了顶峰,资产达到几十亿元,孙生有也成了大连房地产界呼风唤雨式的人物。

孙生有育有三男一女:老大孙才科,老二孙才伟,老三孙才奎,女儿孙迎霞。从1985年起,老二就与父亲一起创业,这时的老大在水利局当干部,女儿自己经

① [资料来源]摘编自:http://news.sina.com.cn/o/2006－09－19/083310053315s.shtml.

营公司，老三在中心医院任科长。

随着企业的发展，孙生有把几个儿女都先后召进公司，成为自己的左膀右臂。其中女儿孙迎霞以自己的资产入股集团及部分下属关联公司，成为股东兼管理者的角色；老大孙才科从1993年进入公司后，一直在新型集团任职，与老二孙才伟一同参与经营新型集团；只有老三孙才奎在公司任职时间短，然后独立创业，他名下的大连鹏生集团现在也是大连市十大房地产企业之一。

1995年前后，老二孙才伟遵从父命弃商从政，孙生有随后把孙才伟的女儿孙明华任命为公司的财务总监。这时的孙氏家族在孙生有的统领下欣欣向荣，新型集团也迎来了最辉煌的时光。但随着年事的增高，老人不得不考虑自己百年之后企业的发展问题，即考虑接班人的问题。

据集团的“老人”介绍，在这期间，孙生有老人和老大孙才科之间工作上不时发生矛盾，而老人对女儿孙迎霞却是越来越信任。老人的遗嘱似乎也佐证了这一点。

2002年6月22日，老人立下遗嘱：第一，在其百年之后，任何子女不得分割其个人在公司中的45%的股份；第二，指定女儿孙迎霞继承管理这45%的股份，并由她接替其董事长职务；第三，其他个人财产由孙迎霞依法负责分配；第四，公司的现董事会及领导班子成员要精诚团结，协助孙迎霞做好他未做完的事业，把新型集团建成一个百年企业。

2002年6月29日，老人突然不省人事，44天后辞世。但是，孙迎霞并没能像他安排的那样顺利地接管公司。因为对老人的遗嘱，兄弟几个坚决反对。无奈，经过谈判，孙迎霞决定退让。

2002年11月19日，孙迎霞及其控制的新星公司与孙才科代表的新型集团签订合同，把她在新型集团的股权转让给集团；集团全部接收，并拿西北分公司的净资产等财产与孙迎霞及新星公司进行股权对价交换，这样，孙迎霞及新星公司就退出了新型集团。而孙生有持有的45%的新型集团股份按法定继承分割。

至此，新型集团的股权结构变为：员工持股会（孙才科任代表）占57.1%，杨玉卿（孙生有妻子）占27.3%，孙生有母亲徐金花及三个儿子各占3.9%。孙才科便成了集团的新当家人。

天有不测风云。2004年8月，家族的创业元老之一老二孙才伟突然去世。孙才伟的妻子和两个孩子孙明华、孙明中对公司越来越不满。他们认为，企业管理不透明，这样下去自己的权利根本得不到保护，所以，他们找到孙才科，要求继承孙才伟在公司中的股份，参与管理，但双方并未达成一致。不久，在集团任财务总监的孙明华也被解聘，家族矛盾陡然激发，如何安置这一家老小成了矛盾升级的导火索。

第九章　收获与退出策略

本章提要

- 收获、退出的含义
- 制定收获战略的时机把握
- 收获方式的类型
- 首次公开上市与借壳上市
- 直接出售
- 管理层收购与员工持股计划
- 家族继承

引例

企业家早作退出准备，好于“永不言退”[①]

很多企业创办人及其家族把退出看作失败、丧权，很难作出退出企业的决定。其实，及时谢幕并将时间、精力与回报投入生活或其他事业中，比故步自封、最终与企业一同衰败要好得多。企业家应尽早开展退出的准备工作，科学、渐进、分阶段地放权与释股。

在香港举行的一次中国企业领袖年会上，笔者主持了一个企业传承的论坛。问数位在内地创业有成的企业家有没有考虑过退出，众人无不坚定回答“永不言退”，并赢得了数百位听众的掌声。

另一个场景是笔者最近指导一群硕士生访谈香港30多家创业20年以上的中小企业所有者与家族，发现他们大多数面临着持续经营的困难，一个重要的原因是没有适合或对经营家族事业有兴趣的继承人；另一个原因是小规模、非标准化的家族经营，很难招聘外部经理人或吸引外部投资者，也难以找到适合的购买

① [资料来源]摘编自：范博宏，俞欣．企业家早作退出准备，好于“永不言退”．新财富，2011年1月．

者；加上他们往往面对动荡的市场，路障重重。相信这些创业者其实知道该退出经营，却迟迟不愿着手准备，都希望子女能接下企业的担子，但他们又几乎都不愿意现在就放手让有意愿的子女接手，甚至不能与子女有效沟通企业问题。

企业家们永不放弃的奋战精神令人尊敬。当然，在企业成长锋头的青年企业家是不须言退的。但是，商场中没有永远的成长，也没有永远的第一。预见未来强劲的竞争与路障，企业家除了不断创新，寻找新商机，打造适应变化的组织与团队外，也必须及早有退出企业的第二手准备。

第一节 成功的“退出”与创业“收获”

从法律上说，在创业公司成立之后，它就取得了独立的虚拟人格，成为在法律上能够独立承担民事责任的主体，也有了自己的“生命”。如果说创业者曾经孕育了这个“生命”的成长，那么尽管在感情上可能难以接受——创业者也应当知道，当自己的退出更有利于公司的长期健康发展，或者更有利于自己的未来发展的话，就应当选择退出。这是对公司真正负责的表现，是对自己的清醒认识的结果，也是最明智的选择。

退出不是在企业面临无以为继、破产时救火式的出售，更不是清算。面临破产的退出行动为时已晚，对于家族、企业与社会来说都是巨大损失。我们谈的退出，是在企业正常发展过程中，有计划、适时适量、渐进式地退出企业的所有权或者经营权。

总体来说，退出有两种方式。第一种是退出企业的经营，但保留企业的所有权。这种方式适合已高度标准化、市场化的企业。由于不依赖家族的特殊投入，家族可退出经营层，改由非家族的职业经理人经营，但由于资金充足，家族仍可保留企业所有权。若是资金不足以应对未来企业的发展需求，家族亦可在评估利弊后适量出售股份。

当今社会观念已由保守转变为多元，家庭子女减少，而且子女也越来越有机会发展自己的个性和爱好，对父辈经营的业务可能没有兴趣，或者没有足够的能力胜任经营管理。不少欧美家族企业在传递了两三代之后，都逐渐退出了企业的管理层，只保留企业的所有权。例如，丹麦的嘉士伯(Carlsberg)在第四代家族继承人接管公司领导权时，结束了家族成员对公司的日常监控和管理，改由外部经理人管理公司。瑞典宜家(IKEA)的创始人英瓦尔·坎普拉德虽然将资产分给三个儿子，但是，家族的第二代继承人已经退出了企业的经营管理，转而聘用专业经理人担任 CEO。这种退出方式准备的要点是，创业初成后及早开展标准化、市场化的工作。

第二种退出是我们熟悉的出售企业，既退出经营权又退出所有权。这通常是因为企业家和家族对企业已无特殊贡献或热情，缺乏资金和人才去迎接未来的挑战与发展，将企业出售，成为最佳选择。国内市场已不乏此类案例。三笑集团的创办人韩国平创造了曾在中国牙刷市场占有率第一的“三笑”牌牙刷。2000年韩国平与高露洁合资成立高露洁三笑公司，到2003年11月韩国平把自己所持有的30%股权出让，彻底退出了三笑。退出前，韩国平尝试过像宝洁一样延伸产品链，并且提升产品档次，进军城市市场，与高露洁等国际品牌一决高下。但是，家族成员间的矛盾、有限的管理能力等家族企业普遍面临的“瓶颈”限制了三笑的发展，他的努力没有能够扭转“三笑”牙刷在市场竞争中逐渐衰微的趋势。退出“三笑”品牌的决定，或许对于民族品牌是一个打击，但是对于创办家族甚至社会财富的保持是正确的选择。这种退出的准备要点是，及早作好标准化、职业化，引进战略合作者，明晰企业产权，精简组织结构与事业范围。

所谓创业“收获”，指创业者退出公司并从公司创造的价值中获取收益(通常是现金收益)。收获是创业者决定退出时的一种特殊选择，如果不准备保留自己在公司中的股权的话，创业者可以因此获得现金收益，并从公司中退出去另谋高就或再创业。

常见的收获策略有：一是直接出售创业公司的股权；二是创业公司被其他公司收购；三是通过管理层收购(MBO)或员工持股计划(ESOP)转让股权；四是家族继承；五是公开上市后出售自己所持股票。

第二节　收获战略的制定

杰弗里·蒂蒙斯(Jeffry Timmons)曾经分析到，创业者们总是避免考虑收获方面的问题。在一项对1983～1986年计算机软件行业的调查中发现，在被调查的100家公司中，有80家只有一个非正式的收获计划，而其余的调查对象同样证实了企业家们对收获计划的回避——只有15家公司在创业计划中正式制定了书面的收获战略，而剩余的5家则是在创业计划后制定其正式的收获计划。对于公司创始人来说，一家公司从最初的成立，然后是为生存而奋斗，到最后开始逐渐发展，最遥不可及的事就是公司的出售了。出售对于创业者而言就意味着完全放弃他们自己的“孩子”。

因此，创业者往往不会考虑出售公司，除非体会到可能损失整个企业的恐惧。但是，这种可能性的发生通常是突如其来、无法预料的：技术的日新月异使现有的产品生产线面临被淘汰的威胁；在很小的市场上突然出现了强大的竞争对手；突然失去了一个重要的客户。恐慌紧紧抓住了牢牢控制企业的创始人和股东，于是公司突然面临待售的境地——在错误的时机，因错误的原因，从而以错误的价格被出售。在正确的时机主动地出售企业，创业者就可以在众多“战略窗口”中选择某一窗口。

创业者们直到危机开始萌芽才会考虑收获的问题。一个持续发展的企业创造源源不断的收入，与从零开始发展有着天壤之别。大多数的创业者都认为，留住客户并保持持续的销售收入比他们原来想象的要困难得多，所花的时间也要长得多。此外，在电子数据表上轻而易举地进行的收入预测和财务控制往往也掩盖了将计划转变为实际收入所需花费的巨大时间和精力。

在特定的时候，对于一个发展潜力较大的企业而言，是有可能实现收获的。而且，在“战略窗口”敞开时出售企业要比它关闭时出售更为明智。伯纳德·巴鲁克(Bernard Baruch)在这个问题上非常有见解，他说：“我所有赚得的钱都是因为特别早地出售企业而获得的。”例如，一家销售收入达到 1.5 亿美元的私营糖果公司当时不考虑出售，但在分析了关于尽快出售公司的建议之后，企业创始人发现了一个绝佳的收获机会，并以 19 倍于盈利的天价出售了公司。又如，一家移动电话公司是东拼西凑成立的，并于 1987 年末开始运营，然而，在购买了系统建设和运营的基本权利之后仅仅 18 个月，虽然当时前景还十分看好，创始人就决定将公司出售。这是由于当时所处的卖方市场使他们获得了一个相当有利的估价——要比之前任何移动通信行业交易的平均标准(行业估价标准)高出 30%，在短短的一年半之内，创始人收获所得超出了投入资本的 25 倍(实际上，企业创始人在投资上没有花自己一分钱)。

【案例】牛根生的启示：退出不等于失败[①]

企业创办人与其家族退出企业是一项常见的经营决策。我们谈的退出准备，不是写遗嘱，不是承认失败，也不是在创业初期尝试错误的进退摸索，我们关注的是如何预见企业未来的机会与局限，作出发展与谢幕的两手准备，并不断重新评估未来情势，调整这个计划。蒙牛乳业创办人牛根生的退出，可以作为参考。

蒙牛乳业曾经是一家民营企业，2009 年 7 月，中粮集团联合厚朴基金，出资 61 亿港元收购其 20%的股权，成为公司第一大股东。此次收购前，牛根生通过个人、金牛乳业、银牛乳业、老牛基金的持股和其他一致行动人合计控制公司

① [资料来源]摘编自：范博宏，俞欣. 企业家早作退出准备，好于“永不言退”. 新财富，2011 年 1 月.

28.36%的股份。交易完成后，其合计持股比例下降至15.18%，其中，牛根生本人持股因增发由4.4%被稀释至3.96%。随后，蒙牛乳业董事会改组，牛根生辞去旗下负责具体业务运营的子公司——内蒙古蒙牛董事长，转任蒙牛乳业董事会主席，中粮集团总裁于旭波接任内蒙古蒙牛董事长，这标志着牛根生让出了蒙牛乳业的经营权。

在遭受了三聚氰胺、特仑苏事件的接连打击后，蒙牛乳业面临资金链的压力，也体会到乳制品行业的激烈竞争和作为行业领头企业的压力。牛根生选择将蒙牛的控制权转移给实力雄厚的国企，降低了这两方面的压力。退出蒙牛日常经营的牛根生并没有退休，而是专注于运作一家新企业——现代牧业，经营乳品行业的上游业务原料奶。

一旦错过了收获的机会，后果就可能不堪设想。例如，当类似前面提及的收获商机逐渐显露时，有一位企业家发现自己持有的房地产快速升值到近2 000万美元，从而使其个人账面资产净值达到了将近700万美元。这位企业家利用净资产进行再融资，并用现有房地产进行杠杆融资（有时杠杆比率超过100%），以期进一步把握所谓更好的商机。然而不幸的是，1986年联邦税法进行了修订，加上1987年的证券市场崩溃事件，使1988年的房地产市场一蹶不振。结果到1989年初，该企业家几乎有一半的资产被破产清算，而其余的资产则陷入极不稳定的危险境地。房地产的前期净增值早已消失殆尽，随着出租空置的不断增加和每平方英尺租金的降低，现金净流入变成了现金净流出。

收获战略的设计是一项极度复杂和困难的工作，因而，这样的战略设计不能过早进行。下列一些原则和注意事项将有助于收获战略的设计：

(1) 耐心。正如前面所提及的，成功企业的建立和发展需要好几年的时间，所以，耐心是非常宝贵的。收获战略如果考虑了至少3～5年或长达7～10年的时间段会更为明智。耐心的另一面是在突发事件面前保持镇定，不惊慌失措。在威胁之下不得不出售企业往往是最糟糕的。

(2) 现实的估价。如果缺乏耐心是一笔可观收获的敌人，那么贪婪就将是其葬送者。例如，新英格兰一家出色的小型企业拥有近80年的悠久历史，并一直由成功的家族领导人领导着。到了第三代，这家企业吸引了很多潜在收购者并获得了价值超过2 500万美元的善意要约。然而，企业的所有者却确信这家“伟大的小公司”的价值要远远超过这个数，因而拒绝达成协议。不久就再也没有感兴趣的收购者了，而市场环境也发生了非常不利的变动，加之利率飞速上涨，不久之后该公司财务就崩溃了，最终以破产告终。贪婪成了收获的掘墓人。

(3) 外部建议。找到一位能够帮助企业在发展阶段制定收获战略的顾问虽然很难，但十分值得；同时，他还能对企业进行客观估价并有耐心和技巧使价值最大化。一个关键的问题似乎在于那些出售企业的人，如投资银行家或企业经纪人，其实扮演着和房地产经纪人相同的角色，他们的动机是短期内（通常为几个月）的佣金。然而，一位与创业带头人进行了5年甚至更长时间合作的顾问能够帮助创业者为整个企业制定和实施战略，从而有能力及时发现并把握住收获商机。

第三节　收获方式的选择

如前所述，创业者可以通过多种方式收获其所创造的价值。以下按收获方式应用的普遍程度做简单介绍。

一、公开上市

1. 首次公开上市

拥有一个融资平台，拥有一家上市公司是许多企业家的梦想。通过首次公开上市（IPO）或者买壳上市可以实现企业公开发行股票。创业企业可以选择在国内和海外两个资本市场上市，国内除了沪、深证券交易所外，还有中小企业板、创业板，海外有中国香港创业板市场、美国纳斯达克（NASDAQ）市场，新加坡和加拿大也有类似美国NASDAQ的创业板市场。2009年10月30日中国创业板正式上市。

选择上市虽然会牺牲创业者一部分控制权，但是，至少可以从以下几个方面感受到上市给企业带来的好处。

（1）迅速增加财富，提高自身身价，筹集巨额资金，为二次飞跃聚集资本。企业上市意味着创业者名下的资产迅速扩张。2000年以来，证券市场上演绎了不少创业者因上市而迅速增富和创业团队集体致富的事例。例如，信雅达的郭华强团队，腾达建设的29个自然人股东等。每一家民营企业上市，往往会让数位甚至数十位来自“草根阶层”的商人跻身亿万富翁之列，他们的致富速度让人眼花缭乱。

（2）通过上市，改变家族制，使企业产权清晰化，形成完整的现代企业公司治理结构，用以构建企业做强做大的平台。例如，横店集团的徐永安，极力主张对公司进行股份制改造。1998年，横店集团就发起组建了横店高科技产业股份有限公司，积极酝酿上市。集团应势提出了新理念：用天下人，聚天下资，谋天下利。越来越多的企业老板发现，民营企业上市所带来的好处要比预想的更多，如通过上市改善股权结构，促进公司治理结构调整和提高管理水平等。这些因素促使许多民营企业开始进行股份制改造。面对经济全球化的挑战，越来越多完成资本原始积累的创业者，正急于摆脱"土财主"色彩，淡化"家族制"，寻求向"公众公司"转型的捷径。

(3) 改善企业外部经营环境，提高企业知名度，便于吸引优秀人才和开展业务；同时，分散经营风险。除了财富暴增的效应外，上市还能提高企业的知名度，给企业带来各方面的实惠。例如，杭州一家软件公司已通过中国证监会的审核，企业内部一位高层管理人员说，其实该公司经营形势良好，自有资金充足。但通过上市，可以更进一步提高公司的知名度，提升公司形象，有利于公司业务的开展。

(4) 不少创业者还有一个更为隐秘的上市动机，意欲通过上市来取得新的保护伞。上市使私人企业变成了公众拥有的上市公司，增强了企业与地方政府的对话能力。

(5) 上市后带来的股权稀释，使创业者的经营风险比以前一股独大要小得多。

2. 借壳上市

由于直接上市对拟上市公司的要求较高，审批程序复杂，企业需要等待的时间长，所以，许多企业为了绕开这些障碍，常常选择借壳上市来实现间接上市。借壳上市，无论是时间上(借壳上市的全过程不会超过6个月，一般在3～4个月内可以完成)，还是程序上，都比直接上市来得快，并且入市门槛相比较前一种方式更低，所以大受民营企业欢迎，成为民营企业上市的主渠道。尤其对中小企业而言，借壳上市如今已取代IPO成为上市热点。而在美国、中国香港地区等海外资本市场借壳上市，成本更低，时间更快。

所谓借壳上市，也称作买壳上市，就是非上市公司通过证券市场购买一家已经上市的公司一定比例的股权来取得上市的地位，然后通过"反向收购"方式注入自己有关业务及资产，实现间接上市的目的。非上市公司可以利用上市公司在证券市场上融资的能力进行融资，为企业的发展服务。例如，浙江万向集团借壳上市，控股美国纳斯达克上市的UAI公司，成为第一家海外借壳上市的中国民营企业。

二、直接出售

直接出售大概是最常见的出售方法。许多创业者决定出售企业，可能是因为有了新的奋斗目标，要去开创新的事业，也可能仅仅是觉得到退休的时候了。把公司出售给收购者，这也是中小科技型公司的主流退出方式。

如果创业者已经决定出售企业，那么有一些因素在整个过程中应尽早考虑：

(1) 对固定资产的状态进行有效的评估，如不断更新的或者先进的设备可以提高企业的出售价格；

(2) 进行税务咨询；

(3) 从关键员工那里获取员工意愿方面的信息；

(4) 尝试保持一个良好的管理团队，允许他们与重点客户签订常规合同，以减轻企业对业主与顾客关系的依赖。

企业经纪人有时可能会对企业的出售有所帮助，因为出售一家企业实际会花费较多的时间。经纪人对企业的出售会很谨慎，并可能通过一个既定的关系网络散播企业出售的消息，并从企业的出售中收取佣金。佣金一般从10%起始在一个浮动范围内变动。

一旦企业被出售，创业者的角色就要依赖于出售协议或者新的所有者所签订的合同。许多购买者都希望创业者能够在企业中暂留一段时间，以维持平稳地过渡。在这种情况下，创业者应该就雇用时间、工资和责任进行谈判，订立一个雇用合同。如果企业不需要创业者留在企业中，新的所有人有可能要求创业者签署一项在一个指定年限之内不再涉足相同企业的协议。这些协议在范围上有所不同，并可能需要律师来澄清一些细节。

三、管理层收购

管理层收购(Management Buy-Outs，MBO)，又称“经营层融资收购”，国内一般译为管理者收购、管理层收购或管理层融资收购，即为管理层利用杠杆融资对目标企业进行收购。具体来说，MBO是指目标公司的管理者或经营层利用借贷所融资本或股权交易收购本公司的股份的行为，从而改变公司所有者结构、控制权结构和资产结构，进而达到重组本公司的目的，并获取预期收益的一种收购行为。MBO是20世纪70年代在传统并购理论基础上发展起来的一种新型并购方式。通过收购，企业的经营者变成了企业的所有者，完成由单纯的企业管理者到企业主人的转变。

当创业者决定要离开企业的时候，将企业交付给那些对企业最了解的人，也许最让他放心。毫无疑问，那些每天都在经营着这家企业的高层管理团队最理解公司的发展战略，最了解公司的产品、财务状况和市场。由于没有足够的资金来支付所有的股权，所以，管理层常常采用杠杆收购方式，从支持自己的金融组织那里获取收购所需资金以支付给所有者。管理层为了获取资金，会将自己的股票质押给金融组织，也可以出让部分股权给金融组织以获取他们的支持，同时减轻收购的资金压力。

可以使用杠杆收购方式购买的企业一般具备以下特征：一是可靠的经营现

金流；二是高比例的充分折旧的固定资产；三是低的短期和长期负债；四是成功的产品线。符合这些特征的企业可以使得收购者在银行或其他金融机构获得贷款支持。

四、员工持股计划

员工持股计划(Employee Stock Ownership Plan，ESOP)始于1974年的美国。目前全美国已经有超过1万个员工持股计划，参加人数超过了1 000万人。员工持股计划将企业的股票作为奖金发给员工，奖金的多少依赖于企业盈利的程度。ESOP是一种建立员工对企业的认同感和激励他们努力工作的好方法，因为作为企业所有者，为了增加股份价值，员工将为自己而努力工作。

创业者可以利用ESOP逐渐将企业所有权转移给他的员工。如果企业员工对企业有高度的认同感并在企业工作的时间较长，ESOP将是一种很好的退出策略；相反，如果企业员工的流动性较大并且对获得企业所有权兴趣不大，那么应该考虑其他退出办法。

员工持股计划有以下两种类型：

第一，无杠杆ESOP。首先由企业设立员工持股信托基金，然后企业捐赠给信托基金，由信托基金购买企业股票，当完成ESOP中员工持股份额认购后，再由信托管理机构将股票分配给员工。因此，ESOP信托基金的最终受益者为企业员工。当然，在此过程中，企业捐赠的是工资的一部分，同时是享受政府税收优惠的，因此对于企业来说，这是一项低成本的福利计划。

第二，杠杆化ESOP。首先由员工持股基金会从金融机构借款(由企业提供担保)来购买企业股票，员工持股基金会将企业每年捐赠的资金用于还款，直到还清贷款再将股票分配给参加计划的员工。这对于解决员工认购资金不足以及企业获得资金运作便利是十分有利的。

五、家族继承

正如前面所讲到的，创业者在某个人生阶段需要更多的休闲时间或者一种更简单、压力更小的生活。另外，他们也许可能感觉到其他家庭成员具有他们缺乏的技能和专业知识，而这些技能和知识是处理企业面临的新环境所必需的，于是将公司交给家庭成员，特别是子女继承是创业者退出公司的一种最好的策略。目前，在中国民营企业里，方太、格兰仕等多个家族公司的第二代继承已经完成，其第二代的运作成为业界关注的焦点。

将自己创立的企业交给子女继承，这种现象在亚洲尤甚。与西方国家相比，除了传统文化的影响外，税收也是一个考虑因素。世界首富比尔·盖茨已经明确表示不会给自己孩子过多的财富，自己主要的财富将捐给社会。据了解，西方国家的遗产税数额比较高，美国为50%，英国最高的遗产税税率高达98%。因此，很多西方的富豪都愿意把自己的财产拿出来做公益事业。

与国外富豪的家族继承相比，由于目前中国没有遗产税等问题，富豪的家族继承更加倾向于给自己的子女。中国富豪的家族继承，对于只有一个子女的，一般都是直接交给独子或独女，如李仓海、左宗申等。对于子女比较多的富豪而言，主要采取了两种方式：一种是给各个子女一份事业，经过一段时间的观察，选择出能力最强的来继承；另一种便是将公司进行分拆，典型的是，中宝集团董事长吴良定将自己的家业分为3个相互并没有参股的集团公司，以解决自己5个子女的继承问题。这样的好处是，可以让这3家集团公司的经营相互不干扰，即使有一家集团公司经营出现了问题，也不会对家族产业产生灭顶之灾。同时，由于家族成员是3家集团的大股东，也能够很好地控制家族产业的发展。

对创业者来说，制订一个清晰的继承计划非常重要。这个计划将详细地解释创业者如何以及何时将企业所有权和控制权转移给所任命的继承人。另外，选择继承人一定要谨慎并经过所有家族利益相关者同意；否则，家族成员由于不满意创业者对继承人的选择和自己在企业里的角色或者拥有的股份，将会引起企业内部的权利斗争和内耗，最终拖垮创业者辛苦创下的基业。如前所述，大连新型企业集团是孙生有一手创立的在大连数一数二的房地产企业，在他去世后，由于子女在继承权分配上的纷争，不仅打破了家族和谐的气氛，也使得公司的正常业务受到巨大影响。

【案例】正泰集团的股权配送制度①

南存辉13岁初中刚毕业，父亲就因伤卧床不起。作为长子，南存辉辍学子承父业。从此，校园里少了一个学子，人们的视野里却多了一个走街串巷的小鞋匠。从13岁到16岁，他每天挑着工具箱早出晚归，修了3年皮鞋。生活的苦难塑造了他坚强不屈的性格，更坚定了他的生活信心。20世纪80年代初，温州掀起一阵低压电器创业潮。1984年，南存辉找了几个朋友，四处借钱，在一个破屋子里建起了一个作坊式的求精开关厂。4个人没日没夜地干了1个月，做的是最简单的低压电器开关，可赚来的第一笔钱只有35元。3个合作伙伴都沮丧极了，而南存辉却兴奋异常，因为他觉得自己终于找到了一条通往财富的路子。就从这35元的第一桶金中，他仿佛看到了创业的曙光。1984年7月，他与朋友一

① ［资料来源］摘编自：青创. 南存辉：从小鞋匠到亿万富翁. 企业文化，2006(1).

起投资5万元，在喧闹的温州柳市镇上因陋就简地办起了乐清县求精开关厂，开始了他在电气事业里的艰难跋涉。1990年开始创办温州正泰电器有限公司。

与温州老板们普遍的家族经营相比，南存辉最与众不同的地方在于：自“正泰”成立之日起，他就矢志不渝地推行股份制，以稀释股份融资和吸引人才，改善家族企业的治理结构。当他的股权从100%退到目前的不到20%时，“正泰”却在他的“减法”中发展得越来越大。

自创办之初，资金成为其首要制约因素。由于银行贷款难度大、利息重，南存辉选择了在亲戚好友中寻找合作人、吸收新股本的方法融资。他的弟弟南存飞以及亲朋朱信敏、吴炳池及林黎明相继加盟，成为股东，南存辉个人占股60%以上。这种融资，不仅使创业企业渡过了难关，也让投资者分享到了企业成功的巨大价值，是共赢的选择。

到1993年，“正泰”的年销售收入达到5 000多万元。锋芒初露的南存辉意识到，“正泰”要想继续做大，必须进行一次脱胎换骨的变革。于是，南存辉充分利用“正泰”这张牌，走联合的资本扩张之路。他先后将当地38家企业纳入“正泰”麾下，于1994年2月组建了低压电器行业第一家企业集团。“正泰”股东一下子增加到数十个，而南存辉个人股权则被稀释至40%左右。

然而他在摸索中渐渐发现，家族企业的一个致命弱点就是无法更多、更好地吸纳和利用优秀外来人才，而人才又是企业发展的第一资源。到1998年，几经思考的南存辉突破阻力，毅然决定弱化南氏家族的股权绝对数，对家族控制的集团公司核心层(低压电器主业)进行股份制改造，把家族核心利益让出来，并在集团内推行股权配送制度，将最优良的资本配送给企业最优秀的人才。就这样，“正泰”的股东由原来的10个增加到现在的100多个，南存辉的股份下降至20%多。家族色彩逐步在淡化，企业却在不断壮大，“正泰”目前已成为拥有资产30亿元、年销售额超过100亿元、年上缴税金逾5亿元的大型企业集团。对此，南存辉坦陈：“分享不是慷慨，对创业者来说，分享是一种明智。”

【案例】新希望集团的家族企业传承案例①

“富不过三代”，自古守业就比创业难。我国改革开放30多年，中国的创业者们的平均年龄为55～75岁。在改革开放初期，他们都是30～40多岁的“个体户”，到现在已经取得了一定成就。自从进入21世纪，这些中国的第一代企业家

① [资料来源]摘编自：徐晟婷.基于新希望集团案例对家族企业传承模式的研究.经营管理者，2015(4)：149-150.

们开始考虑家族企业的传承问题。有研究表明,在未来的5～10年,全国有300多万家家族企业将面临企业传承的问题。知名学者范博宏认为,一个家族企业能够顺利进行传承是十分有挑战性的,最难完成的跨时代传承是第一代到第二代。一旦一个家族企业已经传承到了第三代或者以上,那么表示这个家族企业的守业机制和传承模式都已经较为完善了,利于之后的企业传承。家族企业的代际传承是决定家族企业基业长青的重要因素。

一、新希望的传承过程

2013年5月22日,上市公司新希望的董事长刘永好在新一届年度股东大会上宣布,当他的第五届董事长任期期满后就不再担任董事长,并且宣布刘畅为第六届董事会董事长,陈春花为联席董事长兼首席执行官。刘永好,这位一手建立新希望帝国的商人在他62岁之际将他的女儿推上了董事长的职位,初步完成了企业的代际传承。这种既没有完全任用职业经理人,也没有依靠家族成员,而聘用了外来学者陈春花来担任联席董事长兼CEO的传承方式,在中国的家族企业中是绝无仅有的,开创首例。

在新希望的传承过程中,刘永好选择用十年的时间将刘畅雪藏,教她一步一步地从企业内部做起,而自己也利用其资源为刘畅的顺利接班铺路。

刘畅从14岁起就到美国留学,为之后的传承奠定文化基础。在2002年回国后,她加入金锣王广告公司,学习品牌宣传和项目策划,曾多次参加知名品牌的市场营销计划。同时,她又在新希望集团内部担任全职工作,作为办公室主任和乳业事业部副总经理负责将同期新希望收购的当地品牌牛奶进行品牌整合、融入和营销策划等事宜。乳业是新希望的主营业务,利润增长最快。但对于刚刚进入家族企业的刘畅来说,在这一次的工作中有了一次失误,浪费了一笔不小的资金。2004年,刘畅想要自主创业,她从家族企业中退出,拿着父亲给的150万资金,在成都开了一家服装店。但是结果又是失败。这让刘畅认清了自己现有水平,并且对商场有了一个深入的了解。带着两次失败总结下来的实战经验,刘畅开始了北大MBA课程的学习,系统掌握管理知识。

两年之后,刘畅带着充足的知识储备和实战经验回归新希望,开始负责上海的房地产业务,一切进行得顺利。又两年之后,2008年,刘畅把工作重心放到海外业务的拓展,因其海外留学经历和丰富的管理知识,刘畅成功地将海外投资事业经营得风生水起。

以"李天媚"之名做掩护,刘畅10年没有面对媒体,一直到2011年,刘畅就任集团团委书记,以青年领袖的姿态为新希望挖掘、培养人才,在集团的年轻员工中树立了威信,也得到了爱戴。2013年5月,刘畅正式曝光于媒体的闪光灯下，以新希望董事长的身份将家族企业从父亲手中接过。

历经10年，养精蓄锐，刘永好一步一步地以培养一个接班人的方式在教导刘畅，从出国留学到回国后进入家族外部企业的锻炼，从自主创业的失败到学习系统的MBA知识，从回归后的海外拓展业务的成功到在集团内部的年轻员工中树立威信，最后从父亲手中成功接手新希望集团，这是刘畅自己努力的结果，也离不开刘永好对于刘畅传承计划的制订。

二、家族企业传承模式

(1) 三层次代际传承模型。Eleui T. Stavruu 等人在1998年提出了家庭企业的三层次代际传承模型，将传承过程分为三个层面。在第一层面，接班候选人在成年之后，可以在企业兼职，也可以在家族外的企业中从事某种职位。第二个层面，接班候选人以公司正式职员的身份进入公司，参与公司的运营。当然，接班候选人也可以选择不进入公司。这是一个决策的过程。第三个层面，接班候选人顺利作为全职员工进入企业，慢慢变成高层管理人员。在接班候选人正式成为企业领导者之前，他要对公司管理有着足够的认识，这需要一个缓慢的过程。而不愿意接收企业的继承者在这一阶段放弃管理企业，选择其他途径。

在新希望的案例中，刘永好将刘畅雪藏10年，送她出国读书深造。在刘畅回国后让她在新希望中任职，从基层开始做起，足够让她学到更多的知识，有更宽广的视野。在初步了解新希望集团运营之后，又让她自主创业并且学习MBA系统课程。在刘畅决定回新希望集团工作后，刘永好安排刘畅作为中层管理者负责具体集团业务，之后又让她出面选拔新人才建立威信，一步一步地成为新希望集团的接班人。刘畅慢慢参与新希望的管理，同时刘永好选择退出管理层。

(2) 弯道传承模式。家族企业的代际传承中，传承的主要内容为两部分：权力和资产。权力包括所有权、经营权和决策权，资产则包括财产和其他一些如政商关系、人脉等特殊资产。

在一些大型家族企业中，经营权和决策权是分离的。由于职业经理人高管的存在，往往家族企业传承的模式并不止单单就是传给子女，更核心的问题是家族中的第二代与职业经理人之间的磨合过程。一些学者从这一角度出发，又将家族企业的传承模式分为两大类：直道加速模式和弯道超车模式。

直道加速模式是1976年就有国外学者在《哈佛商业评论》上提出的一种模式，是一种先传递经营权后传递决策权的交接。根据四个阶段，接班人应先在一线基层学习，此为见习；等慢慢熟悉业务后可以负责一些项目业务流程的操作或者担任一些管理的辅助职位；之后可以接受经营权，担当CEO；最后为董事长，初步完成传承过程。

所谓的弯道超车模式是第二代直接绕过经营权获得决策权的过程，就如新希望集团一样，第二代刘畅直接被聘为董事长，获得新希望的决策权。对于联席董事长，新希望创立了先河。这是在家族企业传承中初次使用弯道超车模式并且设立联席董事长职位的企业传承。刘永好使用这样的设定就是为了帮女儿一把。身为华南理工大学工商管理学院教授、博士生导师的陈春花之前担任过山东六和集团的总裁，并且担任多家知名企业高级管理顾问，管理企业经验丰富，可以辅助作为董事长的刘畅更好地经营新希望集团。

(3) 班纳德孙范式模型。范博宏在《关键时代》一书中提出四种企业的经营权和所有权的传承模式，认为将经营权和所有权集中交给家族后代，这是最理想的家族企业的接班模式。但是如果家族资产很难传承，即家族的资产特殊性高或者家族发展的外部环境制度的约束性强，那么就应该考虑使用职业经理人或者将股权分散传承。

在新希望集团的传承过程中，刘永好极具个人魅力。刘家四兄弟白手起家，从当初的 1 000 元发展到后来的 1 000 万元再到现在的新希望集团。除了具有商业头脑之外，刘永好曾担任全国政协常委、现任全国政协委员等职务，在政治上颇有个人建树，并且领导才能、判断力和魄力都毋庸置疑。这都是家族企业或者说刘永好的特殊资产。由家族内部人员经营能更有效地运用特殊资产，身为刘永好女儿的刘畅是继承这些特殊资产的最合适人选。

三、新希望集团传承顺利的因素

(1) 制订明确的传承计划。对于新希望集团来说，传承计划是新希望作为家族传承的典范成功的首要原因。从 10 年前，刘永好已经开始具有传承计划的意识，他用十年的时间为刘畅量身打造传承计划。刘畅则跟随着父亲的指示，一步一个脚印地走好每一步，打下接手企业的基础。在刘畅上任董事长之后，刘永好还专门聘请了职业经理人陈春花作为刘畅治理公司的坚实后盾。

(2) 员工对接班人的满意度。刘永好是白手起家将新希望集团发展到现今的规模，他的手下有一批元老忠心耿耿跟随他，对于他将他的女儿推到董事长的位置，他们毫无意见并且愿意跟随。这是新希望集团内部的运营决策方式所决定的，刘永好在集团中有着极高的威信。同时在接任之前，刘畅在年轻一代中树立了威信也得到了下属的爱戴，这使得刘畅的接任较为顺利。

(3) 接班人的接班意愿。在企业的代际传承中起决定要素的就是接班人的接班意愿。刘畅生活在一个商业大家族之内，刘氏四兄弟分别经营管理着新希望集团的各个部分。刘畅的母亲也涉足商业，其运营范围包括花卉种植、房地产等行业。刘畅在这样一个环境下长大，耳濡目染；再加上其父为她早早设定的出国留学、回国先入基层参与管理等传承路径，让刘畅自然而然地选择了接收新希望集团这一意愿。

（4）理念一致。对于新希望集团未来的发展方向，刘永好有着清晰的认识，即新希望需要打造未来农牧企业。刘永好将自己的经营理念交予刘畅，并且被刘畅所接收，两代人对双方经营企业的理念一致，可以让企业在接班之后沿着原来的方向继续更好地发展下去。

（5）外部环境制度。近几年来，中国的食品安全问题层出不穷，同时在外来奶品的冲击之下，中国奶业发展态势下滑，行业变数频生。刘永好在此多事之秋将董事长之位传给其女刘畅，也是因为他深知活力和创新是一个企业的根本，他虽然经验丰富，但是难免会受到原来商业思维的束缚。而刘畅有着国际视野、现代化的意识和良好的教育背景，可以突破传统的经营模式，将新希望领向更大的发展格局。

四、结语

新希望集团史无前例的传承模式将成为家族企业传承模式的典范。但同时，刘畅还将在国产奶行业势头下滑的大环境中碰到许多困难和挑战。刘永好此举是否正确，此次传承是否成功，这将要在接下来的时间内去验证。

参考文献

[1] 初明利，于俊如，等.创业学导论[M].北京：经济科学出版社，2009.
[2] 龚荒.管理学[M].3版.徐州：中国矿业大学出版社，2012.
[3] 龚荒.战略管理：概念、方法与案例[M].北京：人民邮电出版社，2015.
[4] 韩国文.创业学[M].湖北：武汉大学出版社，2010.
[5] 杰弗里·蒂蒙斯，小斯蒂芬·斯皮内利.创业学[M].周伟民，吕长春，译.北京：人民邮电出版社，2015.
[6] 季洛姆 A 卡茨，理查德 P 格林.小企业创业管理[M].北京：北京大学出版社，2009.
[7] 罗伯特 P 赫里斯，迈克尔 P 彼得斯，迪安 A 谢泼德，等.创业管理[M].北京：机械工业出版社，2009.
[8] 郎宏文，郝婷，等.创业管理[M].北京：科学出版社，2012.
[9] 李良智.创业管理学[M].北京：中国社会科学出版社，2014.
[10] 刘平，李坚.创业学：理论与实践[M].清华大学出版社，2009.
[11] 李时椿.创业管理[M].北京：清华大学出版社，2014.
[12] 马克 J 多林格.创业学：战略与资源[M].王任飞，译.北京：中国人民大学出版社，2006.
[13] 梅强.创业管理[M].北京：经济科学出版社，2011.
[14] 吴雅冰.创业管理[M].北京：中国人民大学出版社，2012.
[15] 夏清华.创业管理[M].武汉：武汉大学出版社，2013.
[16] 杨安，兰欣，刘玉.创业管理：成功创建新企业[M].北京：清华大学出版社，2009.
[17] 张涛，熊晓云.创业管理[M].北京：清华大学出版社，2011.
[18] 张玉利.创业管理[M].北京：机械工业出版社，2015.